Les titres de noblesse de la victime
devant la Cour pénale internationale

Guy David MBARA A BETSEM

Les titres de noblesse de la victime devant la Cour pénale internationale

Préface de Gilbert BITTI

Avant-propos du professeur Jean Claude TCHEUWA

L'Harmattan

5-7, rue de l'Ecole-Polytechnique, 75005 Paris

http://www.editions-harmattan.fr

ISBN : 978-2-343-16718-3
EAN : 9782343167183

À la mémoire de mon père qui m'a quitté très tôt !

Punir les criminels ne suffit pas. Il n'y aura pas de justice tant que justice ne sera pas rendue aux victimes. Et pour rendre justice aux victimes, la Cour Pénale Internationale doit avoir la capacité de répondre à leurs droits et leurs besoins. (Bitti G et Friman H, « Participation of victims in the proceedings », in Lee R.S, The international Criminal Court, Elements of crimes and Rules of procedure and evidence (456-474). Transnational Publisher.

REMERCIEMENTS

Que me reste-t-il comme mérite si je dois la réalisation de ce modeste ouvrage à tant **d'âmes charitables**.

Tous les mots de l'univers ne sauraient exprimer avec exactitude ma **gratitude,** peut-être, un « merci » et encore... ;

Pour votre **soutien** scientifique, matériel et affectif...

Pr Jacques Biakan, Pr Jean Claude Tcheuwa, Astres de grand éclat m'ayant guidé « lumière sur lumière » dans cette expérience de l'écriture ;

À Augustine Aurélie et le reste de ma famille pour leur affection, si j'avais agi autrement « toutes mes œuvres auraient été vaines », vous m'avez guidé « dans la bonne voie » et vous n'avez demandé pour cela « aucun salaire ».

Au Rév Dr Tsamo Martial, Maitre Bédiang Junior, Dongmo Tsafack Félécité et Nouwezem Clinton pour leurs diverses contributions.

À mes ami(es), nous avons pris « un engagement des plus solennels » pour la vie ;

SIGLES ET ABRÉVIATIONS

AEP :	Assemblée des États Parties
AFDI :	Annuaire français du Droit international
ART :	Article
BCPV :	Bureau du Conseil Public pour les victimes
BdP :	Bureau du Procureur
CADHP :	Cour Africaine des Droits de l'Homme et des Peuples
CDI :	Commission de droit International
CEDH :	Cour Européenne des Droits de l'Homme
CETC :	Chambres Extraordinaires au sein des Tribunaux Cambodgiens
CIADH :	Cour Interaméricaine des Droits de l'Homme
CIJ :	Cour Internationale de Justice
CPI :	Cour Pénale Internationale
CPJA :	Cour Permanente de Justice et d'Arbitrage
CPJI :	Cour Permanente de Justice Internationale
CICR :	Comité International de la Croix-Rouge
CSNU :	Conseil de Sécurité des Nations Unies
DIH :	Droit International Humanitaire
DUDH :	Déclaration Universelle des Droits de l'Homme
FIDH :	Fédération Internationale des Droits de l'Homme
GTDV :	Groupe de Travail sur les Droits des Victimes
HCR :	Haut-Commissariat des Réfugiés
LGDJ :	Librairie Générale de Droit et de Jurisprudence
ONG :	Organisation Non Gouvernementale

OIG :	Organisation Intergouvernementale
ONU :	Organisation des Nations Unies
PARA :	Paragraphe
PIDCP :	Pacte International Relatif aux Droits Civiques et Politiques
PUF :	Presse Universitaire de France
RCA :	République Centrafricaine
RC :	Règlement de la Cour
RDC :	République Démocratique du Congo
RFPV :	Règlement du Fonds au Profit des Victimes
RG :	Règlement du Greffe
RPP :	Règlement de Preuve et de Procédure
SPVR :	Section de la Participation des Victimes et des Réparations
TPI :	Tribunaux Pénaux Internationaux ad hoc
TPIR :	Tribunal Pénal International pour le Rwanda
TPIY :	Tribunal Pénal International pour l'ex-Yougoslavie
TSL :	Tribunal Spécial pour le Liban
TSSL :	Tribunal Spécial pour la Sierra Léone
UPC :	Union Patriotique du Congo
UVT :	Unité pour les Victimes et Témoins

PRÉFACE

En accordant une place importante aux victimes dans son statut, la Cour pénale internationale a certainement innové par rapport aux Tribunaux pénaux internationaux pour l'ex-Yougoslavie et le Rwanda qui, suivant la procédure anglo-saxonne, ne permettaient aux victimes que d'être le moyen pour le Bureau du procureur de ces Tribunaux de prouver « ses » affaires.

En ce sens, le statut de la Cour pénale internationale était une belle promesse faite aux victimes : cette promesse a-t-elle été tenue ?

Il faut d'abord rappeler qu'elle a été obtenue de haute lutte : dans son ouvrage, issu de sa thèse soutenue à l'Université de Yaoundé II au Cameroun, pays où il exerce en qualité de juge, et portant sur « Les titres de noblesse de la victime devant la cour pénale internationale », M. MBARA Á BETSEM Guy David, parle, avec raison, d'une naissance à « contrecœur ». On aurait d'ailleurs tort de penser que l'opposition au rôle donné à la victime par le statut de la Cour pénale internationale a disparu : certains pensent que la justice pénale internationale fonctionnait mieux sans elle, tout en affirmant, dans une parfaite hypocrisie, que cette justice est faite « pour les victimes ». C'est que la présence des victimes dans le prétoire international « perturbe », pour reprendre une expression justement utilisée par M. MBARA, la logique accusatoire du système anglo-saxon qui, il faut le souligner, reste prédominant dans la justice pénale internationale. Dans ce système les victimes ne sont que des témoins au service du procureur.

Quels sont donc les droits accordés aux victimes par le statut de la Cour pénale internationale ? Il s'agit du droit de participer à la procédure, à tous les stades de celle-ci, et du droit d'obtenir réparation des préjudices subis. M. MBARA fait de ces deux innovations essentielles du statut de la Cour pénale internationale, les deux parties de son ouvrage.

Il parle d'une intégration « contrôlée » des victimes dans la procédure laissant au juge un rôle essentiel dans la mise en œuvre des droits des victimes. On pourrait aller jusqu'à affirmer que cette intégration est en fait *redoutée*. M. MBARA souligne d'ailleurs dans son ouvrage, là encore à très juste titre, que la « crainte de l'influence des victimes sur le processus de répression a entraîné une immixtion en demi-teinte caractérisée par un statut étrange », un statut qu'il qualifie également de « fragile ». C'est que la victime participante dépend pour l'étendue de ses droits du bon vouloir du juge et c'est peu dire que tous ne sont pas convaincus que cette « innovation » du statut de la Cour pénale internationale était réellement nécessaire. M. MBARA souligne également que l'accès à la justice offert aux victimes est très sélectif puisque finalement très peu de victimes ont accès au prétoire international. Il faudrait pour cela leur apporter une aide bien supérieure à celle que peut leur offrir pour l'instant le greffe de la Cour pénale internationale dont les moyens sont budgétairement limités au regard de la tâche qui est immense.

En ce qui concerne le droit des victimes à obtenir réparation des préjudices subis, pour lequel l'auteur souligne le « vide » du droit des juridictions pénales internationales antérieures, cette « nouvelle » responsabilité civile de celui qui est jugé coupable de crimes de guerre, de crimes contre l'humanité ou du crime de génocide (et peut-être un jour du crime d'agression) est intimement liée à sa responsabilité pénale : il n'y a pas à la Cour pénale internationale, sans condamnation pénale préalable, d'instance civile contre la personne poursuivie qui puisse déboucher sur une ordonnance de réparation.

M. MBARA se pose des questions intéressantes sur la possibilité éventuelle pour la Cour pénale internationale, faisant un parallèle avec les juridictions régionales des droits de l'homme, de fixer des principes concernant des réformes législatives et/ou structurelles de l'État dans lesquels les crimes se sont déroulés. Cette idée doit être soutenue : l'auteur de cette préface pense que la Cour pénale internationale pourrait fixer de tels principes en application de l'article 75-1 de son statut dans le cadre d'une instance civile se déroulant après l'instance pénale, indépendamment d'ailleurs du résultat de cette instance pénale et donc y compris en cas d'acquittement lorsqu'il n'est pas possible d'ordonner des réparations contre la personne poursuivie en application de l'article 75-2 du statut de la Cour pénale internationale. Bien entendu ces « principes » n'auraient pas de force obligatoire pour l'État en question, ce qui ne veut pas dire qu'ils ne seraient pas utiles pour les victimes.

Dans sa conclusion, M. MBARA estime qu'il est trop tôt pour avoir une réponse claire sur la mise en œuvre des droits des victimes devant la Cour pénale internationale. Il parle cependant d'une transformation du procès pénal international grâce à l'amélioration de la condition de la victime en droit international en général, et devant la Cour pénale internationale en particulier. Les prérogatives procédurales des victimes sont néanmoins encore trop réduites et il propose de donner à des groupes ou des associations de victimes le droit de se constituer partie civile par voie d'action pour déclencher des poursuites, suppléant ainsi un parquet international parfois défaillant et dont le monopole actuel des poursuites est source de grandes frustrations pour les victimes. Il a parfaitement raison et ses propositions sont les bienvenues et doivent être soutenues.

Les travaux sur les droits des victimes devant la Cour pénale internationale doivent continuer pour soutenir cette nouveauté, une nouveauté encore très fragile comme le souligne M. MBARA.

Son ouvrage contribue à la lutte pour les droits de ces victimes, une lutte qui sera sans aucun doute encore très longue. Je tiens à le féliciter pour cette contribution.

La Haye, août 2018

Gilbert BITTI

Conseiller juridique hors classe – Section préliminaire

Cour pénale internationale

AVANT-PROPOS

Le droit processuel dans son volet pénal international a connu une évolution considérable depuis la clôture des activités des tribunaux de Nuremberg et de Tokyo. Tout en renouvelant la problématique et les préoccupations fondamentales autour de la justice pénale internationale, l'ouvrage intitulé « *Les titres de noblesse de la victime devant la cour pénale internationale* » s'intéresse à un sujet d'une actualité brulante au regard de l'abondante activité de la Cour Pénale internationale (CPI).

En réalité, cette contribution revêt un intérêt particulier non seulement au regard des changements majeurs que connait l'ordre juridique international actuel qui, au plan institutionnel s'enrichit chaque jour davantage, mais aussi eu égard à « l'État de droit international » qui se densifie du point de vue de la sauvegarde des droits fondamentaux.

Construit sur le fondement de l'individualisation de la victime au procès, cet ouvrage fait référence aux rapports entre la victime et le procès pénal international et propose de s'interroger sur la condition de la victime des crimes internationaux devant la CPI. Il rend en effet compte de la manière dont la victime est appréhendée dans la procédure en vigueur devant la CPI. Cette problématique met en évidence la distinction fondamentale entre « *le droit au procès* » et « le *droit pendant le procès* ». C'est suivant cette logique que le présent ouvrage a comme projet d'apporter des éléments de réponse aux questionnements pertinents que suscite le sujet, à travers les différentes physionomies de la victime devant la CPI, d'une part, considérée comme un titulaire du droit au procès et, d'autre part, comme titulaire du droit à réparation.

Titulaire du droit au procès, la victime a un droit de faire constater la commission d'un crime international et de faire établir les responsabilités qui en découlent. C'est en réalité une sorte de droit au déroulement du procès pénal proprement dit. Celui-ci s'opère notamment, si une personne est admise comme victime à travers la reconnaissance du préjudice et la possibilité de participer à titre autonome à la procédure, en vue d'exprimer ses propres vues, ses prétentions et préoccupations devant le juge. Le procès dont il s'agit ne revêt pas la qualification d'un procès « *quelconque* », mais davantage un procès fondé sur un certain nombre de garanties minimales définies par les conventions internationales relatives aux droits de l'homme dont la victime peut y accéder en vue de participer.

Titulaire du droit à réparation, la victime des crimes internationaux est cependant un véritable acteur du procès pénal international. L'interprétation des dispositions statutaires de la CPI a permis de se rendre compte de ce que les rédacteurs du statut de Rome ont clairement défini les mécanismes de réparation des préjudices des victimes. Toute chose que l'auteur analyse avec pertinence. L'indemnisation, la restitution et la réhabilitation sont considérées par l'auteur comme les modes de réparation explicitement consacrés. Ces mécanismes contribuent à la réparation des préjudices moraux et matériels des victimes mis à la disposition du juge pour répondre efficacement à leurs demandes de participation et de réparation.

À côté de ces mécanismes, la CPI a dans un arrêt du 3 mars 2015 *(chambre d'appel, 3 mars 2015, Situation en RDC, Affaire le procureur c Thomas Lubanga Dyilo*), posé le principe du recours éventuel aux modes de réparation qui ont cours devant les juridictions compétentes en matière de droits de l'homme. Certains mécanismes sont implicitement présents dans le statut de Rome. Il s'agit des mesures de satisfaction, les assurances et garanties de non-répétition de crime que l'auteur a assimilé à une réparation symbolique. C'est un complément nécessaire à la réparation des préjudices irréparables devant la CPI et au regard de son importance pratique, il serait indispensable qu'il soit explicitement contenu dans le système de réparation de la CPI. Au-delà du lien de connexité qui est fait avec le projet d'articles de la Commission du Droit International (2001), l'auteur affirme que pour accroitre les chances de réparation des victimes, la consécration de la responsabilité civile de l'État est un gage de l'efficacité d'une justice pénale internationale qui se veut aussi réparatrice. Aussi, plaide-t-il fortement pour la consécration de la responsabilité civile de l'État en vue de résorber l'indigence de l'accusé sur qui pèse en principe l'obligation de réparer. L'absence d'une responsabilité civile de l'État dans le statut de Rome n'est que l'expression d'une justice pénale internationale à l'épreuve de la souveraineté des États parties. Toutefois, l'entrée en jeu de l'accusé et du Fonds au profit des victimes, fait ainsi du système de réparation de la CPI, un système bicéphale.

La pertinence des développements contenus dans cet ouvrage, ainsi que les prises de position parfois osées, mais au demeurant claires et soutenues, en font une contribution significative pour la consolidation d'une justice pénale internationale qui semble encore chercher ses marques. /-

Jean Claude TCHEUWA

Agrégé des facultés de droit

Professeur titulaire des Universités

INTRODUCTION GÉNÉRALE

1. Le paradigme de la répression des infractions aussi bien en droit interne qu'en droit international ne repose plus sur la seule personne de l'auteur du fait criminel. Il repose de plus en plus sur la victime du crime. Sous l'impulsion des associations des victimes et des ONG mues par leurs revendications, la justice répressive s'est fondamentalement transformée pour céder la place à une nouvelle conception désormais fondée sur la considération des souffrances de la victime du crime[1]. Ces mutations qui ont donné naissance à « *une société des victimes* »[2] sont plus que jamais devenues le fondement de l'activisme incontesté des victimes sur la scène pénale au point d'en devenir une catégorie sociale à part entière au sein de la société contemporaine.

2. La justice pénale internationale n'a pas résisté à ces grands changements de l'heure. La création des juridictions[3], avec l'avènement de l'esprit de Rome pour réprimer les atteintes au droit des gens, sont autant de signes qui font des thèmes d'actualité au registre desquels, s'inscrit en bonne place l'épineuse question des titres procéduraux de la victime devant la CPI. La création audacieuse de cette juridiction[4] reconnaît pour la première fois dans l'histoire de la justice pénale internationale, l'accès à la justice des victimes des crimes de masse. Leur statut devant cette justice quoiqu'émergent reste encore fragile[5]. C'est cette fragilité qui a suscité l'engouement d'une réflexion sur le

---

[1] CARIO (R), *Victimologie*, Paris, Harmattan, 2006, p. 33.
[2] ERNER (G), *La société des victimes*, Paris, *La découverte*, 2006, cité par MAYEL (M), *La place de la victime dans le procès pénal*, mémoire, Paris II, 2004, p. 4.
[3] MAHOUVE (M), « Les juridictions pénales internationales », *Juridis périodique*, n° 59, 2004, pp. 90-107.
[4] Il a fallu deux réunions d'un comité *ad hoc* en 1998, six réunions du comité préparatoire en 1996, 1997 et 1998 et enfin la conférence diplomatique de Rome avec la participation de 160 États du 15 au 17 juillet, pour arriver à un compromis acceptable avec l'adoption de l'acte final du projet de statut.
[5] SULZER (J), « Le statut des victimes dans la justice pénale internationale émergente », *APC*, 2006/1, n° 28, pp. 29-40.

thème intitulé : « *Les titres de noblesse de la victime devant la cour pénale internationale* ».

3. L'histoire rappelle que le droit international n'a pas accordé beaucoup d'intérêts aux questions relatives à la victime de la criminalité internationale. Les juridictions d'alors chargées de punir les atteintes à l'ordre social international ont été « *fermées* » aux victimes du crime contre la paix, du crime contre l'humanité ou du crime de guerre. Devant les tribunaux militaires de Nuremberg et de Tokyo, les juges ont été mandatés pour punir certains criminels nazis et les victimes ont été absentes devant ces prétoires au lendemain de la Seconde Guerre mondiale[6]. Si considération il y en avait, la victime faisait simplement partie des éléments constitutifs du crime. C'est le cas de la qualification du crime contre la paix[7], le crime de guerre et les crimes contre l'humanité. L'absence des victimes dans ce contexte pouvait se justifier par l'abondance des preuves documentaires indispensables à l'éclosion de la vérité judiciaire. Il était alors difficile d'envisager les intérêts civils de la victime parce que ignorés du procès fondé sur le système accusatoire[8].

4. Mais, la pertinence des conventions internationales relatives aux droits de l'homme[9] a fait progresser l'idée selon laquelle les victimes ont devant les juridictions nationales et internationales un droit individuel à l'indemnisation[10]. Ce droit n'était qu'une affirmation qui n'avait aucun pendant concret sur la scène judiciaire internationale des années 1990. Les tristes évènements génocidaires des Balkans et de la région des Grands Lacs ont fait de nombreuses victimes que l'on croyait individuellement présentes devant les tribunaux pénaux internationaux *ad hoc* pour l'ex-Yougoslavie et le Rwanda. Les rédacteurs des textes fondamentaux de ces juridictions ont cru devoir accorder aux victimes

---

[6] LEMASSON (A-T), *La victime devant la justice pénale internationale*, Thèse, Limoges, 2010, p. 13.

[7] NGUELE ABADA (M) ; « Le crime d'agression ou l'arlésienne du droit international » ; *RRJ*, 2006, n° 1, pp. 279 à 316.

[8] Pour des études approfondies des systèmes accusatoires et inquisitoires, lire DAVID (R) et C. JAUFET SPINOS (C), *Les grands systèmes juridiques contemporains*, Paris, *Dalloz*, 11e édition, 2002, 533 p.

[9] Il s'agit notamment du Pacte international relatif aux droits civils et politiques de 1966 ; de la Convention contre la torture de 1984.

[10] SULZER (J), *préc.*

une place de simple témoin utile à l'accusation[11]. Dès lors, la victime qui n'est tout au plus qu'un tiers impliqué n'apparaît dans le prétoire qu'en qualité de victime-témoin. Son accès au droit et en particulier son droit à l'information est circonscrit à ce statut.

5. L'enjeu de ce statut est la protection au cours du procès[12]. En raison de l'importance de leurs témoignages, les TPI ont d'ailleurs été amenés à ajourner l'audition des victimes-témoins à charge en invoquant « *leur sécurité et l'intégrité de leurs témoignages* »[13]. Les témoins ordinaires[14] ont été de plus en plus sollicités dans la recherche de la preuve. Plus d'une centaine de témoins ont comparu devant le TPIY[15] au point de faire du témoignage la reine des preuves.

6. Les victimes-témoins devant les TPI ne disposent d'aucun moyen d'action, et ne peuvent réclamer aucune réparation. La raison est que les rédacteurs des textes instituant les TPI *ad hoc* ont voulu à tout prix punir les individus coupables de graves violations du droit international humanitaire[16]. Dans ce système, les victimes sont considérées non point comme objectif de la répression, mais plutôt comme moyen d'établir la culpabilité des accusés. Elles jouent donc le rôle de témoin pour l'une des parties au procès. L'autre raison qui justifie la mise à l'écart des victimes du prétoire est que les textes internationaux ont privilégié le droit des accusés à un procès équitable et rapide.

7. Quand bien même certains droits résiduels ont été accordés aux victimes, les instruments internationaux les ont confinées dans une

---

[11] HERDEWYN (L), « Sans témoins, il n'y aurait pas de procès » ; disponible en ligne sur *www.hirondellesnews.com,* consulté le 11 juin 2009.
[12] WALLEYN (L), « Victimes et témoins des crimes internationaux : du droit à une protection au droit à la parole », *RICR,* n° 85, mars 2002, pp. 51-77.
[13]TPIY, chambre de première instance, 11 février 2009, *Le Procureur c.Vojislav Seselj : Décision relative à la requête de l'accusation aux fins d'ajournement* avec en annexe l'opinion dissidente du juge ANTONETTI ; IT-03-67-T.
[14] LA ROSA (A-M), *Juridictions pénales internationales. La procédure et la preuve,* 1re édition ; Paris ; PUF, 3/2003, p. 261.
[15]TPIY, Chambre de première instance, 10 août 1995 *; Le Procureur c. Dusko Tadic "Dule" : Separate opinion of Judge Sir NINIAN Stephan on the prosecutor's motion requesting protective measures for victims and witnesses*, disponible sur *http//www.un.org/icty/index-f.html*; n° IT-94-I-T.
[16] ONU, Conseil de Sécurité ? *Résolution 827(1993) adoptant le statut annexé au rapport établi par le Secrétaire général en application de la résolution 808*, 25 mai 1993 ; dernier amendement le 7 juillet 2009 par la résolution 1877.

position intitulée *« protection des victimes et des témoins »*[17]. La victime ne peut intervenir que dans le cadre d'un « interrogatoire » et d'un « contre-interrogatoire » mené par les parties au procès[18]. Elle est ainsi privée des droits d'être assistée par un avocat, d'accéder au dossier de la procédure. C'est au procureur qu'appartient la prérogative de représenter les victimes au procès dans sa mission d'enquête et de poursuite ; même si sa volonté d'accélérer la procédure est très souvent contradictoire avec les intérêts des victimes. L'analyse *ad litteram* des statuts des TPI *ad hoc* et les stratégies d'achèvement de leurs travaux, a permis de réaliser que la victime est un instrument à la disposition du procureur dans la recherche de la preuve plutôt qu'un véritable acteur du procès[19].

8. Sous l'impulsion des groupes de pression au soutien des victimes et la volonté manifeste des États, une nouvelle formule de justice internationale a été pensée et concrétisée avec la création de la Cour Pénale Internationale[20]. Cette juridiction a suscité de nouveaux espoirs d'une justice internationale indépendante, pédagogique moins politisée et capable de prendre en compte des intérêts particuliers des victimes. Elle devient de plus en plus une justice protectrice des droits des victimes. Cette protection découle d'ailleurs des termes de l'article 68 du statut de Rome[21].

9. C'est cette disposition qui révolutionne le droit procédural antérieur à l'égard des victimes longtemps restées à l'écart du procès de leurs bourreaux. La victime devient alors acteur du procès pénal

---

[17] Article 22 des Statuts des TPI *ad hoc.*

[18] Voir articles 331 et 332 de la loi n° 2005/007 du 27 juillet 2005 portant code de procédure pénale camerounais.

[19] MBARA Á BETSEM (G. D), « La victime devant la justice pénale : de Charybde à Scylla », *Juridis périodique,* n° 113, pp. 97-106.

[20] ONU, Conférence diplomatique des plénipotentiaires ; Statut de Rome du 17 juillet 1998 et amendé par les procès-verbaux en date des 10 novembre 1998, 12 juillet 1999, 30 novembre 1999, 8 mai 2000, 17 janvier 2001. Il est entré en vigueur le 1er juillet 2002.

[21] *« Lorsque les intérêts personnels des victimes sont concernés, la Cour permet que les vues et préoccupations soient exposées et examinées, à des stades de la procédure qu'elle estime appropriés et d'une manière qui n'est ni préjudiciable ni contraire aux droits de la défense et aux exigences d'un procès équitable et impartial. Ces vues et préoccupations peuvent être exposées par les représentants légaux des victimes lorsque la Cour l'estime approprié, conformément au règlement de procédure et de preuve ».*

international même si ses prérogatives processuelles et substantielles ne peuvent pas être comparées dans une logique égalitaire à celles des autres parties. Il lui est désormais reconnu les droits de participation au cours du procès et les droits à réparation à l'issue de la décision de culpabilité. C'est en cela que les rédacteurs du statut ont affirmé que les victimes de crimes de guerre, du génocide ou du crime contre l'humanité, peuvent exposer leurs vues et préoccupations chaque fois que leurs intérêts personnels sont concernés. Cette disposition est une première réponse aux souffrances des victimes qui ne seront plus jamais considérées comme des meubles de musée. Le dispositif procédural leur offre une place individuelle et autonome dans le processus répressif.

10. L'autonomie procédurale leur permet de faire entendre leur voix. Les victimes demandent ainsi justice et réparation. Le procès n'est plus alors centré sur les seuls intérêts de l'accusé. La Cour est appelée désormais à prendre en compte les réclamations des victimes autorisées à participer à tous les stades du procès. L'amélioration remarquable de la condition des victimes concourt à la réussite et à l'efficacité de la CPI. Cette évolution est le fruit d'intenses bouleversements politiques, sociaux et juridiques qui ont débuté dans les années 1960 avec l'avènement des politiques étatiques d'indemnisation des victimes. L'enjeu du système procédural mis en place n'est plus exclusivement la condamnation de l'auteur, et la défense de l'ordre public, mais également la fin des souffrances des victimes afin de les aider à se reconstruire[22]. La victime sort de cet isolement et se présente à ce sujet comme partie prenante au processus judiciaire. Elle a sa place dans le décor planté devant la CPI où elle pourra affronter les parties au procès.

11. Cependant, le coût financier fort important généré par la CPI et les blocages structurels notamment, la réduction de la participation de la victime à un régime exceptionnel, ont paradoxalement favorisé des pratiques alternatives et complémentaires de justice internationale. Ces pratiques ont consisté à la mise en place des juridictions mixtes appliquant aussi bien le droit international que le droit national des pays concernés. En réalité, c'est la rencontre sur fond de négociation de deux acteurs du droit international à savoir l'ONU et l'État. C'est le cas du

---

[22] RAUSCHENBACH (M), SCALIA (D), « Victimes et justice internationale pénale : perplexité ? », *RICR*, vol 90, n° 870, pp. 441-459.

TSSL né d'un accord entre l'ONU et le Gouvernement Sierra Léonais[23]. Ce tribunal est compétent *rationae materiae* pour juger les crimes contre l'humanité[24], les crimes de guerre[25] et les crimes relevant du droit Sierra Léonais[26]. Le système ne reconnaît pas un droit de participation aux victimes et/ou un droit à réparation individuelle.

12. Les « panels spéciaux » du Timor Oriental quant à eux ont timidement reconnu l'existence individuelle de la victime. Leurs textes fondateurs sont le résultat d'une administration transitoire des Nations Unies, dirigée par un représentant spécial du Secrétaire général de l'ONU[27]. Ces formations spéciales sont compétentes pour juger le génocide[28], les crimes contre l'humanité[29], les crimes de guerre[30], la torture[31], le meurtre[32] et les violences sexuelles[33]. Les textes dérivés[34] ont consacré quelques dispositions éparses en faveur des victimes, en raison de l'héritage du système procédural d'inspiration civiliste. Les premiers signes de l'individualisation des victimes sont perceptibles dans les dispositions consacrées à leur protection pendant le procès. Un fonds de garantie a même été prévu en leur faveur. Ainsi, les autorités chargées des poursuites sont tenues de respecter les intérêts personnels des victimes et témoins[35].

---

[23] ONU et Gouvernement Sierra-Léonais ; Accord sur la création d'un tribunal spécial pour la Sierra Leone et statut du tribunal figurant en annexe de l'accord ; Freetown, 16 janvier 2002 ; disponible *sur http://www.icrc.org/fre/dih, consulté le 7 mars 2017*

[24] Article 2 du Statut du TSSL.

[25] Articles 3 et 4 du Statut du TSSL.

[26] Article 5 du Statut du TSSL.

[27] ONU, Conseil de Sécurité, Résolution 1272(1999) créant l'Administration transitoire des Nations Unies au Timor Oriental (ATNUTO) en ligne sur *http://www.un.org,* consulté le 10 juin 2013.

[28] Article 4 de la Résolution 1272

[29] Article 5 de la Résolution 1272

[30] Article 6 de la Résolution 1272

[31] Article 7 de la Résolution 1272

[32] Article 8 de la Résolution 1272

[33] Article9 de la Résolution 1272

[34] Nations Unies, ATNUTO, Représentant Spécial du Secrétaire général ;

- Regulation n°2000/11 on the organization of courts in East Timor, 6 mars 2000, p. 13.
- Regulation n° 2000/14 amending Regulation n° 2000/11, 10 mai 2000, p. 4.

[35] Article 7 du Statut des CETC.

13. Sœurs jumelles de la CPI, les chambres extraordinaires au sein des tribunaux cambodgiens ont mis sur pied un système de constitution de partie civile calqué sur le modèle français. C'est la loi du 10 août 2001 qui crée les formations extraordinaires au sein des tribunaux cambodgiens. Elles sont compétentes pour juger les crimes graves commis durant la période du Kampuchéa démocratique du 17 avril 1975 au 6 janvier 1979. Elles sont aussi compétentes pour examiner les violations incriminées par le droit interne cambodgien. Après avoir adopté la résolution intitulée les « *Khmers rouges* »[36], l'ONU et le Gouvernement cambodgien se sont accordés le 6 juin 2003, sur la nécessité de poursuivre conformément au droit cambodgien, les auteurs des crimes commis pendant la période du Kampuchéa démocratique[37].

14. Les victimes jouent un rôle assez important devant ces chambres. Le droit de participation fait des victimes devant les CETC les acteurs du procès pénal, dans la mesure où ces juridictions mixtes qui fonctionnent au sein de la structure judiciaire cambodgienne sont encadrées par les règles de droit interne relatives à la participation des victimes[38]. Leur règlement intérieur reconnaît aux victimes des prérogatives de protection, de participation et de réparation.

15. La nature mixte de ces formations extraordinaires est la traduction concrète, des principes d'accès à la justice pour les victimes de violations graves des droits de l'Homme, et le droit des victimes dans les procédures nationales sous supervision internationale. Cependant, l'institution des CETC vient confirmer et renforcer la volonté de la communauté internationale d'associer les victimes au processus de répression des crimes internationaux. La reconnaissance des prérogatives d'action, améliore ainsi la condition de la victime devant ces juridictions. Toutefois, comparativement aux efforts consentis à la poursuite et la

---

[36] Nations Unies ; Assemblée générale : Résolution 57/228 A : Procès des Khmers Rouges, 18 décembre 2002, 3p, disponible dans [en ligne] *http //www.un.org,* consulté le 10 juin 2013.

[37] Accord concernant la poursuite, conformément au droit cambodgien, des auteurs des crimes commis pendant la période du Kampuchéa démocratique ; entré en vigueur le 29 avril 2005 ; 17p, disponible en ligne sur *http://www.un.org,* consulté le 10 juin 2013.

[38] RYNGAERT (C), « La participation des victimes et les questions de parti au sein des tribunaux cambodgiens. Décisions de la Chambre préliminaire dans l'affaire contre Nuon Chea », *Journal judiciaire de La Haye*, vol 3, n°1/2008, pp. 76-91.

condamnation des individus responsables de ces crimes, peu d'attention a été consacrée sur le concept de victime que sur les notions voisines.

16. Le mot victime[39] est très souvent utilisé en droit interne, mais aucun contenu juridique ne lui a été donné. Sa définition et sa conceptualisation n'ont véritablement pas encore été une préoccupation dans les registres juridiques que nous avons consultés. C'est la raison pour laquelle l'essai d'une définition de la victime est un exercice périlleux. Néanmoins, deux conceptions de la victime seront envisagées ici : l'une sociologique et l'autre juridique.

17. La victimologie considère la victime comme *« toute personne en souffrance, dès lors que cette souffrance est personnelle, réelle et socialement reconnue comme inacceptable »*[40]. Ainsi considérée, la souffrance est l'élément essentiel de la définition de la victime réifiée et traumatisée par des faits d'une violence inouïe.

18. Le Code camerounais de procédure pénale par exemple, fait référence à l'action civile pour désigner la victime comme étant une personne ayant directement subi le dommage causé par l'infraction[41]. Cette absence de définition en droit positif traduit encore la volonté des rédacteurs du statut de Rome qui sont restés dans une logique essentiellement répressive. Or, la victime réclame aussi un procès équitable devant le juge pénal[42] dès lors qu'elle a été reconnue au début du XXe siècle, comme pouvant mettre en mouvement l'action publique[43].

19. Une première reconnaissance des victimes s'est faite à travers des instruments internationaux déclaratifs[44]. Ces textes multilatéraux

---

[39] L'étymologie enseigne que le mot latin *victima* désigne à l'origine la créature vivante offerte aux dieux en sacrifice.

[40] CARIO (R), *Victimologie*, *op.cit.*, p. 3.

[41] Articles 71 et suivants de la loi n° 2005/007 du 27 juillet 2005 portant Code de procédure pénale Camerounais.

[42] LAZERGES (C), « Le renforcement des droits des victimes par la loi n° 2000-516 du 15 juin 2000 » *; APC*, 2002/1, n° 24, pp. 15-25.

[43] Cour de cassation française, chambre civile 1 ; Arrêt Laurent ATTALIN, 8 décembre 1906

[44] ONU : Déclaration universelle des droits de l'Homme adoptée par l'ONU le 10 décembre 1948, le Pacte international relatif aux droits civils et politiques du 16 décembre 1966 ; La Convention contre la torture et autres peines ou traitements cruels, inhumains ou dégradants adoptée par la Résolution 39/46 des Nations Unies en 1984.

ont fait bénéficier aux victimes un statut réel au sein du procès, sans toutefois le définir. Mais, c'est en 1985 qu'une première définition de la victime a été donnée avec l'adoption d'une résolution des Nations Unies à la suite du sixième congrès pour la prévention du crime et le traitement des délinquants, au cours duquel il a été rappelé que l'ONU devait poursuivre « *ses activités présentes d'élaboration de principes directeurs et de normes relatifs à l'abus de pouvoir économique et politique* »[45]. L'adoption de cette résolution est le point de départ en droit international d'une véritable définition des victimes de la criminalité internationale[46].

20. C'est une première affirmation sans équivoque des droits à réparation et du droit à la justice reconnus aux victimes en droit international. Les *« principes Van Boven/Bassiouni »* contenus dans une autre résolution des Nations Unies[47] ont suivi la résolution 1985 en apportant une nouvelle définition de la victime. Elle inclut non seulement le préjudice individuel, mais aussi la dimension collective des violations graves du droit international des droits de l'Homme. C'est dans ce sens que le Conseil de l'Union européenne a adopté le 15 mars 2001 une décision-cadre relative au statut des victimes dans le cadre des procédures pénales[48], remplacée par une directive européenne du 15 octobre 2012[49]. L'exploitation de ces instruments internationaux

---

[45] ONU : Résolution 40/34 des Nations Unies du 29 novembre 1985 : Déclaration des principes fondamentaux de justice relatifs aux victimes de la criminalité et aux victimes d'abus de pouvoir.

[46] Les victimes sont des *« personnes qui individuellement, ont subi un préjudice, notamment une atteinte à leur intégrité physique, une souffrance morale, une perte matérielle, ou une atteinte grave à leurs droits fondamentaux en raison d'actes ou omission qui enfreignent les lois pénales en vigueur dans un État membre, y compris celles qui prescrivent les abus criminels de pouvoir »*. De même, les victimes d'abus de pouvoir selon cette déclaration sont celles qui, *« individuellement ou collectivement, ont subi des préjudices (...) en raison d'actes ou d'omission qui ne constituent pas encore une violation des normes internationales reconnues en matière de droits de l'homme »*.

[47]ONU : La Résolution 60/147 des Nations Unies du 16 décembre 2005 : Principes fondamentaux et directives concernant le droit à un recours et à réparation des victimes de violations flagrantes du droit international des droits de l'Homme et de violations graves du droit international humanitaire.

[48] Conseil de l'Europe, Décision cadre relative au statut des victimes dans le cadre des procédures pénales ; 15 mars 2001 ; 2001/220/JAI.

[49]Conseil de l'Europe, Directive 2012/29/UE du Parlement européen et du Conseil du 25 octobre 2012, établissant des normes minimales concernant les droits, le soutien et la protection des victimes de la criminalité.

traduit la volonté des acteurs du droit international de prendre en considération les intérêts individuels des victimes du crime de masse pour contrecarrer à jamais le phénomène d'impunité. Le siècle en cours est le véritable « *temps des victimes* »[50] dont les droits ont été proclamés au plus haut niveau du DIH.

21. Dans le cadre de la réparation, le droit dérivé de la CPI a considéré la victime comme « *toute personne physique qui a subi un préjudice du fait de la commission d'un crime relevant de la compétence de la Cour* » ou « *toute organisation ou institution dont un bien consacré à la religion, à l'enseignement, aux arts, aux sciences ou à la charité, un monument historique, un hôpital ou quelque autre lieu ou objet utilisé à des fins humanitaires a subi un dommage direct* »[51].

22. Pour le moment, la participation de l'État comme victime n'est pas encore autorisée devant la Cour Pénale Internationale, si ce n'est en qualité d'*amicus curiae* malgré la consécration en droit international du crime d'agression relevant désormais de la compétence de la CPI.

23. On ne saurait se limiter à la notion de victime au singulier. L'envisager ainsi serait trahir la notion de victime en droit pénal. À côté de la victime qui subit personnellement et directement un préjudice, d'autres personnes peuvent également subir le contrecoup des conséquences des crimes du fait de leur proximité émotionnelle avec les victimes directes. La notion de victime fait allusion dans son sens générique à plusieurs victimes individuelles regroupées en une seule victime. C'est pour ces raisons qu'on utilisera invariablement la notion de victime au singulier et celle de victimes au pluriel.

24. L'application pratique de cette définition a donné lieu à des interprétations jurisprudentielles restreintes. L'éligibilité d'une personne au statut de « *victime* » conformément à la règle 85, obéit à un test en quatre parties. Il est élaboré par la Chambre préliminaire I de la CPI,[52] et suivi plus tard par d'autres chambres avant d'être confirmé en appel[53].

---

[50] ELIACHEFF et LARIVIÈRE (S), *Le temps des victimes*, Albin Michel, 2007, p. 294.
[51]Règle 85 du RPP.
[52] CPI, Chambre préliminaire, 17 janvier 2006, *Situation en RDC, affaire Le Procureur c. Thomas Lubanga Dyilo : Décision sur les demandes de participation à la procédure présentées par les demandeurs VPRS1 à VPRS6*, n° ICC-01/04-101.
[53] CPI Chambre d'appel, 11 juillet 2008, *Situation en RDC, Affaire Le Procureur c. Thomas Lubanga Dyilo* : Judgment on the Appeals of the Prosecutor and the Defense

Les demandeurs au procès, doivent prouver leur identité, l'existence d'un dommage réel, qu'un crime de la compétence de la Cour a été commis et démontrer enfin le lien de causalité direct entre le dommage et le crime commis. Ce même test a été repris pour le compte des victimes personnes morales[54]. La jurisprudence[55] semble prendre en considération les intérêts individuels des membres de la famille proche ou les parents les plus proches, qui ont souffert du préjudice de la victime directe. La Cour a ainsi conclu que *« les requérants ont subi un préjudice psychologique en conséquence de la perte d'un membre de leur famille »*. Le comité des droits de l'Homme des Nations Unies a établi ce principe, en référence aux membres survivants de la famille qui ont droit à une indemnisation à la suite du préjudice physique ou psychologique causé à une victime directe[56].

25. Le statut de « *victime* » a également été reconnu aux ayants droit des victimes décédées à la seule condition de leur représentation[57] par un ayant- droit participant au procès[58]. C'est sous la qualité d'ayant droit que la CPI a accepté la participation des victimes indirectes contrairement aux juridictions qui l'ont précédée[59].

26. En tout état de cause, la notion de *« victime »* est strictement encadrée par les textes et par la jurisprudence. La conséquence est qu'il est ainsi difficile d'acquérir le statut de victime devant la CPI. L'accès

---

against Trial Chamber I. Decision on victims' Participation of 18 January 2008, n° ICC-01/04-01/06-1432.

[54] CPI, Chambre préliminaire, 24 décembre 2007, *Situation en RDC, Affaire Le Procureur c. Thomas Lubanga* Dyilo : Décision sur les demandes de participation à la procédure déposées dans le cadre de l'enquête en République Démocratique du Congo par a/0004/06 à a/0009/06 ; a/0016/06 à a/0063/06 ; ICC-01/04-42.

[55] CPI, Chambre d'appel, 23 février 2009, *Situation en République d'Ouganda, Affaire Le Procureur c. Joseph Kony,* Arrêt aux appels interjetés par la Défense contre les décisions rendues par la Chambre préliminaire II relativement aux demandes de participation des victimes ; ICC-02/04-01/05-37.

[56] ONU, Comité des droits de l'homme des Nations-Unies, 31 mars 1983, *Antonio Viana Acosta v Uruguay*, committee, communication n° 110/1981 ; UN Doc ; *Quinteros v Uruguay,* affaire n° 107/1981.

[57] CPI, Chambre préliminaire III, 12 décembre 2008, *Situation en RCA, Affaire Le Procureur c. Jean-Pierre Bemba Gombo*, juge unique Hans Peter-Kaul, *4e décision sur la participation des victimes*, n° ICC-01/05-01/08-320.

[58] *Ibid*, para 44.

[59] RPP du TPIY, IT/32/Rev.37, art 2(A). Voir aussi l'art 1.a de la décision-cadre du Conseil du 15 mars 2001 relative au statut des victimes dans le cadre des procédures pénales.

à la justice pour les victimes des violations des droits de l'Homme et du DIH devient alors très sélectif. Cette sélectivité enracinée dans l'objectif même des poursuites est justifiée par le fait que la justice pénale internationale s'intéresse plus à la répression des crimes les plus haineux, commis par les auteurs les plus coupables[60], qu'à la réhabilitation de nombreuses victimes qui ne demandent que le vouloir vivre ensemble[61].

27. La *justiciabilité* des droits substantiels et procéduraux reconnus à la victime du crime international se heurte à la cohabitation entre deux grands systèmes juridiques issus du droit anglo-saxon et romano-germanique au sein de la CPI. L'accès de la victime à des droits subjectifs devient difficile, d'où les harmonisations des modalités d'accès à des droits subjectifs[62]. La difficile cohabitation des systèmes juridiques sus évoqués soulève donc le problème de la condition très controversée de la victime devant la CPI dont le présent ouvrage ambitionne de définir et de promouvoir à partir du droit pour les victimes de participer désormais au procès.

28. L'innovation de cette étude est l'expérimentation, quoiqu'encore théorique, des recours en justice comme la pratique de l'action en représentation conjointe qui s'installe progressivement devant le juge pénal international. Certes, les praticiens du droit international pénal disposent de multiples ouvrages à caractère pratique et méthodologique, afin de guider leur action élaborée par des structures administratives de la CPI à l'instar du BCPV[63] qui a mis sur pied un manuel à l'usage pratique des représentants légaux. Il en est de même d'un guide d'information sur la participation des victimes aux procédures de la Cour. Ces documents et ouvrages composés de fiches techniques et opérationnelles facilitent la compréhension et l'appropriation des textes et procédures en vigueur devant la CPI. L'exploitation des ouvrages

---

[60] BAUMGARTNER (E), « Aspects de la participation des victimes à la procédure de la cour pénale internationale », *RICR*, vol 90, n° 870, pp. 409-440.

[61] FERNANDEZ (J), « Variations sur la victime et la justice pénale internationale » ; *Revue de la civilisation contemporaine de l'université de Bretagne occidentale*, disponible en ligne sur *www.univ-brest.fr/amnis/* ; pp. 1-10.

[62] DEZALLAI (A), « Les relations entre l'émetteur de l'accès au droit et son destinataire : proposition d'analyse de l'harmonisation plurielle de l'accès au droit de la victime d'un crime international », *Juris doctoria* n° 1, 2008 ; pp. 117-142.

[63] CPI, SVPR : *Représenter les victimes devant la Cour pénale internationale ;* Manuel à l'usage des représentants légaux ; décembre 2011 ; 79 p.

existant en droit international pénal a permis de faire des analyses théoriques. Les développements subséquents présentent l'originalité d'associer aussi bien les aspects théoriques que pratiques du traitement des victimes des crimes de masse en justice.

29. L'accès à la justice est un vaste chantier qu'il convient d'achever pour donner aux victimes un véritable statut de partie prenante au processus de répression des crimes internationaux[64]. Peut-on espérer la fin de l'impunité et le rétablissement des victimes dans leur dignité ? Les combats prolongés en RDC et en RCA continuent de faire des victimes qui peinent encore à retrouver le chemin du juge. La communauté internationale qui veut ressasser les souvenirs des victimes de la dictature de M. HISSEN HABRÉ tire encore la sonnette d'alarme sur le sempiternel phénomène de l'impunité. Les chambres extraordinaires au sein des tribunaux sénégalais peuvent être considérées comme la formule trouvée pour juger les crimes que ce dernier a commis[65]. Le phénomène criminel international n'est plus l'apanage exclusif des instances juridictionnelles internationales. La question de la condition des victimes se pose aussi devant les tribunaux dits d'« opinion » ou de la société civile internationale[66]. C'est encore cette actualité qui fait croire que le débat sur la victime du crime international est loin d'être épuisé et l'impunité loin d'être endiguée.

30. L'utilité de la thématique tient également à la discussion qu'elle suscite. Les droits subjectifs reconnus aux victimes peuvent entrer en conflit avec le droit à un procès équitable de l'accusé. C'est cette épreuve que le juge pénal international est appelé à résoudre en conciliant les intérêts des victimes et ceux de l'accusé. L'épicentre du conflit se situe au niveau du droit des accusés d'interroger ou de contre-interroger les témoins à charge et obtenir leur comparution au même titre que ceux à décharge[67], qui semble incompatible avec les mesures de protection accordées aux victimes. La coopération des États et le

---

[64] PAVIA (M-L), « La place de la victime devant les tribunaux pénaux internationaux » ; *APC,* 2002/1, n° 24, p. 66

[65] Accord entre le gouvernement de la République du Sénégal et l'Union africaine sur la création des chambres africaines extraordinaires au sein des juridictions sénégalaises du 22 août 2012.

[66] ABDELGAIVARD (E. L) ; « La prolifération de tribunaux parallèles pour la dénonciation des crimes internationaux », *Revue de science criminelle*, 2006 ; pp. 1-12.

[67] CEDH, arrêt *Szwabowicz c. Suède* ; 30 juin 1959 *; Delcourt c. Belgique*, 17 janvier 1970.

manque des moyens financiers sont aussi des facteurs qui peuvent constituer des obstacles aux droits procéduraux des victimes[68].

31. L'immixtion de la victime au procès pénal international justifie encore l'engouement d'une étude sur cette thématique. La cohabitation des systèmes juridiques anglo-saxons et continentaux, avec la montée croissante de droits procéduraux de la victime, a fondamentalement transformé la physionomie du procès. D'un duel opposant l'auteur des faits à l'accusation, s'est discrètement ajouté une victime exigeant réparation et écoute, faisant ainsi évoluer ce pas de duo en trio dans une chorégraphie à l'équilibre encore fragile[69].

32. La CPI est le modèle d'une nouvelle forme de justice réparatrice. Ses organes tels que la SPVR et le BCPV[70] sont des illustrations de la volonté de ménager une place de choix à la victime[71]. L'ensemble du système de protection est alors fondé non point sur des catégories de personnes comme en DIH, mais sur l'individu en tant que personne humaine. Si les échanges et les conflits internationaux de la société actuelle se font entre masses, leur règlement en droit international pénal se fait entre individus, ce qui explique la place grandissante et bien faite de la personne humaine comme sujet de droit international[72].

33. Le lien indéfectible de la théorie et de la pratique du droit international met en relief l'action processuelle de la victime des crimes internationaux. Cette action est différente et parallèle à celle du

---

[68] CPI ; Chambre préliminaire, 7 août 2012, *Situation en RDC, Affaire Le Procureur c. Thomas Lubanga Dyilo* Décision fixant les principes et procédures applicables en matière de réparation, n° ICC-01/04-01/06, para 52.

[69] MAYEL (M), *La place de la victime dans le procès pénal,* mémoire, Paris II, 2010, p. 58.

[70] Les membres du BCPV sont liés par le code de conduite professionnelle de conseils ; ICC-ASP/4/Res.1 ; adoptée à l'occasion de la quatrième session de l'Assemblée des États parties des Nations-Unies. Des développements y seront d'ailleurs consacrés à la deuxième partie de ces travaux.

[71] RONDEAU (S), *Violations du droit international humanitaire et réparation : la place de la victime individuelle ;* mémoire, Montréal ; mars 2008, p. 1.

[72] CASSIN (R), « L'Homme sujet de droit international et la protection des droits de l'homme dans la société nouvelle », in *la technique et les principes du droit public,* mélanges en l'honneur de Georges Scelle ; Tome 1 : Paris 1950, p. 5 et 68.

ministère public international, même si la victime n'est qu'un passager clandestin du prétoire[73].

34. D'un point de vue processuel, les victimes se déploient par l'intermédiaire du mécanisme de la représentation en justice. L'action en représentation conjointe qui peut en découler et dont on souhaite expressément la consécration est le gage d'une justice rationnelle, efficace et rapide. Elle rejaillit nécessairement sur la condition d'individu de la victime.

35. La victime est devenue un véritable enjeu de politique criminelle. Pour autant, la première véritable action de politique internationale à l'égard des victimes n'intervient qu'avec l'adoption et l'entrée en vigueur du statut de Rome. Le droit de la CPI renforce ainsi la protection de la présomption d'innocence et les droits de la victime. À la question de savoir quelle est la condition de la victime au procès, le statut de Rome la considère simplement comme titulaire aussi bien du droit au procès (Partie I) que du droit à réparation (Partie II).

---

[73]. DEJEMEPPE (B), « Les droits de la victime au stade de l'information » ; in *La place de la victime dans le procès pénal* ; *le cahier de l'institut d'études sur la justice*, 6 Bruylant, Bruxelles, p. 102.

PARTIE I

LA VICTIME : TITULAIRE DU DROIT AU PROCÈS

36. L'accusé et le procureur sont présentés dans la procédure accusatoire comme des *« parties »* au procès[74]. Une telle présentation méconnaît *a priori* la victime dans les débats judiciaires, et semble même l'exclure du procès. Elle ne peut intégrer l'arène judiciaire si et seulement si le droit et la jurisprudence internationaux lui accordent une place de choix au sein du procès pénal.

37. La dynamique se situe dans le travail d'amélioration de la condition de la victime et la restauration de l'ordre public international. Cette dynamique progresse vers la reconnaissance du rôle de la victime comme partie au procès. C'est en cela que s'apprécie l'action de la victime dans le processus de répression des crimes internationaux. L'intervention de la victime a ainsi pour conséquence son émancipation et l'autonomie de son droit au procès[75].

38. La CPI autorise les victimes à participer à la procédure dès le stade de l'enquête[76]. Une participation à ce stade contribue à la réalisation des droits procéduraux des victimes. Ce droit de prendre part aux enquêtes est une question de politique criminelle internationale[77], non révélée par les rédacteurs du statut de Rome qui entendent intégrer les victimes dès l'orée du procès, dans le but bien précis de contribuer à la recherche et à la manifestation de la vérité.

39. Qu'est-ce donc le droit au procès dont la victime en est titulaire ? Ce droit exalté en faveur des victimes reste encore une notion aux contours flous. Le phénomène de *triangularisation* qui découle de l'intégration de la victime au procès permet de relever que le procès dont il s'agit, est l'ensemble des règles qui permettent aux victimes de

---

[74] Article 2 du Règlement de procédure et de preuve du TPIY a considéré le Procureur et l'Accusé comme parties au procès pénal.

[75] La notion d'autonomie participe de la définition de la place de la victime encore innommée et objet de conjecture. Elle est l'un des objectifs fondamentaux de la justice pénale internationale en termes d'autonomie judiciaire.

[76] CPI, Chambre préliminaire, 17 janvier 2006, *Situation en RDC, Affaire Le Procureur c. Thomas Lubanga Dyilo*, Première décision sur la participation des victimes, *préc,* para 37.

[77] Sur l'ensemble de la question, lire DELMAS-MARTY (M), *Quelle politique criminelle pour l'Europe ?* Paris, 1993, CHRISTINE LAZERGES, Les problèmes actuels de la politique criminelle, in *Problèmes actuels de science criminelle*, vol v, PUAM, 1992, p. 93 et s ; Donnedieu De Vabres, *La politique criminelle des États autoritaires*, 1949 ; MARC ANCEL, *Pour une étude systématique des problèmes de politique criminelle. Arc de politique criminelle,* 1975, n° 1, p. 15 et s.

comparaître volontairement (chapitre 1), afin de participer[78] d'une certaine manière au processus de répression [79](chapitre 2).

[78] Les opposants de cette thèse de l'intervention de la victime au procès pénal international redoutent son autonomie au risque de saper l'équilibre du procès fondé sur la relation bipolaire entre l'accusation et l'accusé.
[79] ROYER (G), « La victime et la peine : contribution à la théorie du procès pénal post sententiam », *Dalloz*, 2007, p. 1745.

CHAPITRE 1 : LA COMPARUTION VOLONTAIRE

40. C'est pour des raisons de célérité de la justice que les victimes ont été tenues à l'écart du procès. Tantôt considérées comme témoin, victime-témoin, elles ont été acceptées comme de véritables parties prenantes du procès. Il existe désormais un droit à la justice reconnu à la victime qui réclame cependant des conditions favorables d'accès au prétoire. Mais, son droit au procès est timidement admis en droit international pénal.

41. L'accès à la CPI n'est pas un boulevard ouvert à toutes les victimes, malgré les dispositions du statut de Rome qui lui sont favorables. Le droit d'accès au juge ne doit pas être théorique ou illusoire, mais concret et effectif pour les victimes des crimes internationaux. Il recouvre ainsi comme l'a relevé la CEDH, le droit à l'assistance, le droit à la représentation et le droit à une aide judiciaire[80]. Le droit d'accès à la procédure ne figure pas de façon tout à fait claire dans le statut de Rome. Il résulte de l'interprétation des dispositions de l'article 68.3 du statut de Rome[81], précisées par la Chambre préliminaire de la CPI dans sa décision fondatrice du 17 janvier 2006[82], que l'accès au juge est en réalité un *principe d'accès général des victimes à la procédure devant la Cour*[83].

42. Si juridiquement ce droit existe et semble être le gage d'une justice protectrice des droits individuels des victimes, il reste purement théorique dès lors que son exercice est laissé à l'appréciation du juge. Malgré cette restriction, la comparution reste un moyen privilégié pour

---

[80] CEDH, *Airey*, 9 octobre 1979, série A, n° 32.

[81] Cet article dispose que : « Lorsque les intérêts personnels des victimes sont concernés, la Cour permet que leurs vues et préoccupations soient exposées et examinées, à des stades de la procédure qu'elle estime appropriés et d'une manière qui n'est ni préjudiciable ni contraire aux droits de la défense et aux exigences d'un procès équitable et impartial. Ces vues et préoccupations peuvent être exposées par les représentants légaux des victimes lorsque la Cour l'estime approprié, conformément au Règlement de procédure et de preuve ».

[82] CPI, Chambre de 1re instance, 17 janvier 2006, *Situation en RDC, Affaire Le Procureur c. Thomas Lubanga Dyilo, préc.*

[83] CPI, Chambre préliminaire, 17 janvier 2006, *Situation en RDC, Affaire Le Procureur c. Thomas Lubanga Dyilo, Décision sur les demandes de participation à la procédure de SVPR* 1 à 6, La Haye, 43 p.

les victimes d'accéder volontairement à la procédure (Section 1) et d'exprimer leurs vues et préoccupations (Section 2).

Section 1- La volonté d'accéder à la procédure

43. Pour garantir la comparution de la victime et la prise de parole devant la CPI, le statut de Rome a élaboré à cet effet les techniques de protection et d'accompagnement qui ont cours avant (A) et pendant le procès (B).

Paragraphe 1- Une comparution garantie avant le procès

44. La victime bénéficie des mesures qui lui permettent non seulement de comparaitre devant le juge international, mais aussi de s'activer tout au long de la procédure. Il s'agit en réalité des mesures d'accompagnement judiciaire (1) et psychologique prévues par le système de la CPI (2).

A- L'accompagnement judiciaire de la victime

45. La CPI a l'obligation d'assurer la comparution des victimes ou des témoins en recourant aux mesures adéquates telles que l'assistance (1) et la représentation (2).

1- L'assistance judiciaire

46. Le droit à la protection et le droit à l'assistance font partie des défis à relever par la CPI. Leur absence dans les instruments internationaux ne veut pas dire qu'ils sont sans intérêt dans un contexte de violation massive du DIH. L'assistance judiciaire emporte pouvoir et devoir de conseiller une partie au procès et de présenter sa défense. Son objet porte non seulement sur le conseil qui être donné à l'orée du procès, mais aussi pendant ou après celui-ci. Elle n'implique pas l'accomplissement des actes de procédure au profit de la victime.

47. Le régime de l'assistance met ainsi en exergue l'obligation de plaider même si elle n'engage pas la partie assistée. Le droit à l'assistance est un nouveau droit en droit international pénal et voisin au droit à la protection ; raison pour laquelle on les a toujours assimilés, peut-être à cause de la portée très limitée et l'insuffisance des mesures pratiques du droit à l'assistance.

48. L'UVT est ainsi le principal organe à qui revient la charge de mettre en place des mesures d'assistance à l'égard des victimes ou des témoins qui courent un risque à tous les stades de la procédure même après le procès pour avoir participé[84]. Cette unité doit s'assurer que des mesures efficaces de protection, de soutien et d'assistance sont mises en place pour les victimes qui exercent leur droit de participer aux procédures devant la CPI. Ces mesures ne dépendent pas d'une décision du juge. L'UVT apprécie l'opportunité d'une mesure d'accompagnement. Les victimes peuvent être transportées[85], logées adéquatement lorsque cela est nécessaire pour les besoins de la Cour. La section d'assistance aux victimes et aux témoins des TPI *ad hoc* a même proposé dans certains cas, des programmes d'assistance fonctionnant 24/24 avec des « assistants de témoins » chargés de les soutenir[86].

2- La représentation judiciaire

49. Les avocats ou représentants judiciaires assurent la représentation des victimes au procès. Ils émanent pour la plupart du barreau pénal international[87]. La CPI a institué un système de la représentation légale « *mixte* ». Il permet aussi bien aux victimes ou à un groupe de victimes, désirant participer au procès, de se faire représenter par un avocat[88]. Les avocats sont investis de la mission de représenter les victimes qui participent individuellement ou en groupes. Pour cela, le juge fera plus recours au mécanisme de la représentation conjointe dans l'intérêt de la justice. La représentation conjointe par un ou plusieurs avocats semble prendre de l'ampleur au procès pénal international, comme une technique de droit commun utile au traitement de plusieurs demandes de participation. La pratique en vigueur renvoie à une organisation des avocats majoritairement formés autour des ONG[89]. Si l'accès des associations de victimes au prétoire international n'est pas encore reconnu comme en droit interne ou devant les CETC[90], les juges de la

---

[84] Article 43 du Statut de Rome, Règle 17 du RPP.

[85] Norme 81.1 du Règlement du Greffe.

[86] INGADOTTIR, NGENDAHAYO (T), SELLERS (P.V), *The international criminal court: The victim and witnesses unit (Article 43.6 f the Rome Statute), a Discussion Paper, project on the international courts and tribunals,* mars 2000, p.31.

[87] Regroupement de plusieurs associations, des ordres nationaux et régionaux d'avocats, le barreau pénal international a été créé le 15 juin 2002 à la conférence de Montréal sur le fondement de la Règle 2 du RPP de la CPI.

[88] FIDH, « Les droits des victimes devant les chambres extraordinaires au sein des tribunaux cambodgiens », p 33.

[89] *Ibid,* p. 35.

[90] CETC, La règle 23 du règlement intérieur des CETC a prévu la possibilité de solliciter la création et l'inscription d'une association de victimes, par laquelle un

CPI autorisent néanmoins les victimes à se regrouper pour être représentées par un avocat commun choisi sur la liste des avocats disponibles à la CPI.

50. Compte tenu de la complexité de la procédure pénale en vigueur devant la CPI, les plaideurs doivent remplir un certain nombre de conditions pour mieux assurer non seulement l'efficacité de la procédure, mais surtout l'effectivité des droits des victimes. Ces conditions qui sont pour la plupart relatives aux aptitudes professionnelles et qualités techniques, tirent leur fondement des textes dérivés de la CPI. Au même titre que les qualifications pour les conseils de la défense[91], les avocats communs des victimes doivent, être d'une compétence reconnue en droit international ou en droit pénal et en matière de procédures, avoir acquis l'expérience nécessaire du procès pénal en exerçant des fonctions de juge, de procureur, d'avocat ou quelque autre fonction analogue[92] pour ainsi garantir la représentation autour du BCPV.

51. Le BCPV[93] a été créé pour mieux appréhender la question du nombre très élevé des victimes qui pourraient participer aux procédures devant la CPI. Bien que relevant administrativement du Greffe, ce bureau est fonctionnellement indépendant du Greffe. Ses membres qui sont pour la plupart des conseils travaillent indépendamment du Greffe. La mise en place de cet organe au sein de la CPI, est une étape marquante pour la représentation légale des victimes dans le contexte des procédures menées devant la Cour[94].Au-delà de son mandat d'aide et d'assistance des conseils externes des victimes, le BCPV apporte à ces dernières une fonction utile à la représentation conjointe quand elles ne sont pas représentées dès l'entame de la procédure. Toutefois, on maintient qu'une telle représentation devrait être temporaire, comme un conseil, en attente de l'assignement d'un conseil permanent de la liste. Il ne devrait pas rivaliser avec un conseil inscrit sur la liste de

---

groupe de victimes peut choisir d'exercer son action civile. En application de ce principe, une association de victimes a déjà vu le jour au Cambodge : Association de victimes des Khmers rouges au Cambodge (AVKRC).

[91] Règle 22.1 du code de conduite professionnelle des conseils.

[92] Règle 90.6 du RPP, Norme 67.1 du Règlement de la Cour.

[93] Règle 81 Règlement de la Cour.

[94] CPI, BCPV, « Aider les victimes à faire entendre leur voix », ISBN, n° 92-9227-193-8, n° ICC-OPCV-B-001/10_Fra, 13 p.

représentants des victimes[95]. L'action du BCPV commence à partir du dépôt de la demande de participation jusqu'à ce qu'un représentant légal soit choisi par la victime ou nommé par le juge. Dans le souci de regrouper les victimes en équipes de participation, la chambre préliminaire II, dans l'affaire *Joseph Kony* a, le 29 février 2009, pris une décision sur la représentation légale commune en invitant les victimes à se ranger en deux groupes[96]. Le premier groupe concernait les victimes de la « *situation* » en Ouganda et le second groupe s'intéressait aux victimes de « *l'affaire* » qui avaient besoin d'un représentant spécifique. Ainsi, le juge unique dans cette affaire a révoqué la nomination de Mme Adesola Adeboyejo, mais a nommé Mme Paolina Massida, conseil principal du BCPV, en tant que représentant d'un premier groupe de victimes et Mme Sarah Pellet, siégeant au conseil du BCPV comme représentant de la deuxième catégorie de victimes[97].

B- L'accompagnement non judiciaire de la victime

52. Le greffe à travers l'UVT ne s'arrête pas seulement à accompagner les victimes au plan judiciaire. Il se déploie aussi le cade de l'accompagnement psychologique (1) et médical des victimes (2).

1- Le soutien psychologique

53. Un programme de soutien est mis sur pied afin d'offrir une assistance, des conseils psychologiques et sociaux aux victimes. Un soutien psychologique doit notamment être apporté aux enfants, aux personnes handicapées, aux personnes âgées et aux victimes de violences sexuelles. Il en est de même des personnes qui accompagnent les victimes.

2- L'aide médicale

54. Les soins et assistance médicaux doivent être disponibles, quand cela est nécessaire pour les victimes qui comparaissent devant la Cour,

---

[95] Redress, Seeking Reparations for torture survivors ; Le rôle central des victimes dans l'accomplissement du mandat CPI : Document préparé pour la 8e Assemblée des États parties. La Haye, 18-26 novembre 2009, p8

[96] CPI, Chambre préliminaire II, 29 janvier 2009, *Situation en Ouganda, Affaire Le Procureur c. Joseph Kony et Vincent Otti*, n° ICC-02/04-01/05. 41 personnes ont été autorisées à participer à la procédure en qualité de victimes.

[97] Victim's Rights Working Group : « Le droit des victimes devant la cour pénale internationale », 20 avril 2009, p. 10.

et les personnes qui courent un risque pendant la durée de leur séjour au siège de la CPI. Le Greffe se doit de développer des réseaux locaux afin de veiller, en particulier sur le terrain, à la santé et au bien-être des victimes. Bien qu'il faille reconnaitre que les ressources de l'UVT sont limitées, voire sérieusement insuffisantes, il n'en demeure pas moins que les mesures qu'elle peut prendre ne soient pas adéquates. Les victimes ont aussi le droit d'être médicalement suivies après le procès. L'aide médicale se rapporte ici à la période pendant laquelle la victime comparait en personne devant la CPI. Cet accompagnement dépendra des derniers disponibles. En pareille situation, l'UVT pourra coopérer avec certaines organisations caritatives pour s'assurer du suivi médical des victimes.

Paragraphe 2- Une comparution garantie pendant le procès

55. Le statut de Rome a élaboré des techniques de protection garantissant la comparution (A) et dont la mise en œuvre participe de la reconnaissance de la victime (B).

A- Les techniques de protection

56. Pour assurer la sécurité, le bien-être physique, psychologique, la dignité et le respect de la vie privée des victimes, la Cour a développé une série de mesures de protection pendant (1) et après le procès (2).

1- Les techniques de protection pendant le procès

57. À l'orée du procès, il revient au juge de déterminer les mesures de protection soit d'office ou à la demande des victimes. Le juge pénal international peut ordonner des mesures tendant à garder secret les informations privées sur victimes. Il s'agit notamment de la confidentialité par l'expurgation d'informations les concernant[98]. Cette mesure de protection correspond au défaut de divulgation de l'identité des victimes. Elle tend à assurer partiellement l'anonymat de leur état civil. La Cour procède ainsi à la réévaluation des besoins pour ordonner une telle mesure en fonction des circonstances liées à la participation des demandeurs au procès[99].

---

[98] L'article 69.1 du Statut de Rome.

[99] CPI, Chambre de première instance I, 8 février 2011, *Situation in The Republic Democratic of Congo, in case of the prosecutor v. Thomas Lubanga Dyilo,* « Redacted version of corrigendum of decision on the application by 15 victims to participate in the proceedings » ; n° ICC-01/04-01/06-2659, para 37.

58. La mesure d'expurgation est diligentée conformément à la procédure de dépôt des demandes de participation au Greffe de la Cour. En pratique, le greffe les communique à la chambre compétente ainsi qu'à la défense et au procureur. À cet effet, la SVPR de l'unité d'aide aux victimes doit proposer au juge aux fins de révision, des expurgations des demandes de participation qu'elle considère nécessaire, pour protéger les victimes concernées conformément au principe de proportionnalité posé par l'article 68.1 du statut de la CPI[100]. Les versions expurgées doivent être transmises au procureur et à la défense en même temps qu'elles sont aussi transmises à la chambre saisie. Les parties sont invitées à présenter leurs observations si elles le souhaitent, dans un délai de deux semaines à compter de la notification des demandes[101].

59. Le code de conduite professionnelle des conseils, fait obligation aux parties de ne pas divulguer aux tiers, l'identité des victimes autorisées à participer à la procédure. Il en est de même des personnes autorisées à y participer au nom des victimes décédées. Ce code prescrit la divulgation de ces informations à un nombre restreint de membres de leurs équipes. Pour ce faire, la Cour peut faire recours à l'utilisation des pseudonymes, les audiences fermées au public, le témoignage masqué par un écran, un rideau ou un miroir sans tain, le témoignage par télévision en circuit fermé ou par liaison audiovisuelle et la distorsion du visage et de la voix ou la délocalisation du procès.

60. Quant à l'anonymat, c'est un complément logique de la confidentialité par expurgation d'informations. Il entend garder l'identité des victimes dans un secret absolu[102]. C'est en tout état de cause un dilemme[103], une mesure qu'il faut appliquer avec prudence parce qu'elle peut constituer un obstacle aux droits de la défense[104], même si le statut de Rome accepte le témoignage anonyme[105]. L'anonymat est admis lorsqu'il existe une crainte fondée sur la sécurité

---

[100] Règle 89 du RPP.

[101] CPI, Chambre préliminaire II, 30 mars 2011, *Situation in the Republic of Kenya in the case of The Prosecutor v. Francis Kirimi Muthaura, Uhuru Kenyata,* « Decision on the confirmation of charges pursuant to article 61(7)(a) and (b) of the Rome Statute ; n° ICC-01/09-01/11-17, 30 mars 2011, para 22 ; ICC-01/09-02/11-23, 30 mars 2011, para 22.

[102] Règle 75 du RPP et article 68 du Statut de Rome.

[103] WALLEYN (L), *préc,* p. 10.

[104] CEDH, arrêt *Kostovski,* 20 novembre 1989, série A, vol 166.

[105] CEDH, arrêt *Doorson,* 26 mars 1996, Rec, 199-II.

du témoin, de sa famille ou l'importance du témoignage pour l'accusation. La prise en compte par le juge, du programme de protection des témoins se limite à des mesures nécessaires de protection[106]. Cette limitation ne peut mettre en cause la crédibilité du témoin, même si dans l'affaire *Blaskic*[107], les témoins ont comparu dans l'anonymat total. Le contexte de violence et d'insécurité peut aussi justifier le recours à une telle mesure[108]. La CPI est ouverte au témoignage anonyme même si elle semble réservée et prudente sur la question[109]. En réalité, le véritable problème des témoignages anonymes ne porte pas sur l'admissibilité de ses éléments, mais plutôt sur leur valeur probante. Ces témoignages ne peuvent prospérer que s'ils corroborent d'autres éléments de preuve[110].

61. Le huis clos[111] est une méthode de protection qui permet aux victimes de témoigner ou de présenter leurs vues et préoccupations à l'abri du public et en toute sécurité. Le juge peut ordonner que la presse et le public soient exclus pendant tout ou partie de l'audience pour assurer la sécurité et la protection d'une victime, ou pour éviter la divulgation de son identité. C'est une exception au principe de la publicité des débats. Cependant, les juges sont tenus de prononcer publiquement leurs jugements quoi que les débats menés à l'abri du regard du public.

62. Il n'est pas toujours évident pour les victimes et témoins de déposer ou d'exprimer leurs vues et préoccupations surtout avec

---

[106] TPIY, Chambre de 1re instance ; *Le Procureur c/ Dusko Tadic*, 10 août 1995, ICTY-94-1-PT.

[107] TPIY, Chambre de 1re instance, *Le Procureur c. Blaskic*, décision du 10 juillet 1997, ICTY-94-1-PT.

[108] CPI, Chambre préliminaire I, 22 septembre 2006 ; *Situation en RDC, Affaire le Procureur c. Thomas Lubanga* Dyilo : Décision sur les modalités de participation des victimes à l'audience de confirmation des charges ; La Haye ; 10p ; disponible en ligne sur *www.icc-int/home.html8l=fr;* n° ICC-01/04-01/06, p.6.

[109] CPI, Chambre de 1re instance I, 18 janvier 2008, *Situation en RDC, Affaire Le Procureur c. Thomas Lubanga Dyilo* : Décision sur la participation des victimes, 68 p, disponible en ligne sur *www.icc-cpi/home.html8l=fr*, n°ICC-01/04-01/06, para 130-131.

[110] CPI, Chambre de 1re instance, 29 janvier 2007, *Situation en RDC, Affaire Le Procureur c. Thomas Lubanga Dyilo :* Décision sur la confirmation des charges ; La Haye, 134 p, disponible en ligne sur *www.icc-cpi.int/home.html8l=fr;* n°ICC-01/04-01/06-803 ; para 103 et 106.

[111] Article 20, 21 et 67 du Statut de Rome.

l'éloignement du *locus commisci delicti* de la CPI. Les rédacteurs du statut de Rome ont pris des dispositions pour assurer l'entrée des victimes à La Haye en allégeant les conditions d'obtention du visa ou de titre de séjour. Une fois accédé à l'intérieur du pays hôte, les témoins et victimes bénéficient d'une liberté d'aller et de venir pour les besoins du procès. Cette liberté est relative à l'expression des opinions, sans que ces derniers ne courent le risque d'être inquiétés par leur prise de position. Leur accès au prétoire est également garanti par la police qui est très souvent active pour assurer le maintien de l'ordre dans les salles d'audience. Une attention particulière est aussi réservée aux avocats des victimes, aux experts, témoins ou autres personnes dont la présence est requise au siège de la Cour conformément à l'Accord sur les privilèges et immunités[112]. L'obligation de sécurité s'impose également à la juridiction qui en prend les dispositions en vue de faciliter la comparution des victimes.

63. Une police est très souvent assurée dans les salles d'audience et même dans toute l'enceinte de la CPI pour maintenir l'ordre et garantir la sécurité psychologique des victimes et témoins. Les victimes et témoins sont protégés toutes les fois qu'ils sont en contact avec la CPI à La Haye. Cette responsabilité incombe ici à cette juridiction et aux autorités des Pays-Bas qui doivent prendre des dispositions nécessaires pour leur éviter des arrestations, poursuites ou détention sur le territoire[113]. De même, le changement d'identité peut aussi être considéré dans la nomenclature des mesures de protection, comme une technique pour accroître la protection et la sécurité personnelles des victimes.

2- Les techniques de protection après le procès

64. La réinstallation est une autre mesure de protection. Elle apparaît comme une réponse donnée aux victimes dont la vie est sérieusement

---

[112] CPI, États parties ; Accord sur les privilèges et immunités de la Cour pénale internationale ; New York, signé le 9 septembre 2002, entrée en vigueur le 22 juillet 2004, 18p, disponible dans en ligne : *www.icc-cpi.int/home.html8l=fr.*

[113] ONU et Pays Bas ; Accord conclu concernant le siège du tribunal international chargé de poursuivre les personnes présumées responsables de violations graves du droit international humanitaire commises sur le territoire de l'ex-Yougoslavie depuis 1991 ; New-York, 27 mai 1994, 21 p, disponible en ligne *www.un.org* ;
ONU et Tanzanie ; Accord concernant le siège du tribunal international pour le Rwanda ; New-York, 31 août 1995 ; 30 p ; disponible en ligne :
http://www.ictr.org/FRENCH/index.htm, consulté le 27 novembre 2014

menacée au point de ne pas retourner dans leur pays d'origine à cause du témoignage en justice. Seules la victime et sa famille proche peuvent en bénéficier. Mais seulement, la réinstallation est un choix difficile en raison de son caractère permanent et de l'attitude des États tiers, qui très souvent ne sont pas enclins à accueillir des victimes et témoins sur leur territoire. Quand bien même ils le feront, les autorités locales leur accordent exceptionnellement le statut de réfugié, qui ne leur permet pas de travailler par exemple afin de retrouver une vie normale. Ceci est encore plus difficile du fait que les victimes et témoins sont généralement contraints de rompre tous liens personnels et, parfois vivre dans un environnement culturel qui leur est étranger. Le juge peut ainsi ordonner la protection physique d'une victime en résidence sécurisée à La Haye ou à l'étranger.

65. L'interprétation de l'article 68.1 du statut de Rome et la règle 87 du RPP, montre que la liste des mesures de protection n'est pas exhaustive, dans la mesure où la Cour peut ordonner d'autres mesures dans l'intérêt des victimes, dans un contexte d'insécurité durable et réelle. Le greffier peut ainsi négocier au nom de la Cour, des accords de réinstallation et de soutien aux victimes[114]. Il procède ainsi à l'évaluation des besoins et services de réinstallation, le coût financier, la méfiance des États tiers et les attitudes protectionnistes des frontières. Il faudra envisager la possibilité de réimplantation des victimes au Rwanda, en Yougoslavie ou dans d'autres pays théâtre de violations massives du DIH, avant de penser à une mesure de réinstallation. Ces mécanismes de protection ont permis à 4000 personnes de bénéficier du programme de protection en 2013 tel qu'il ressort des statistiques du greffe de la CPI. Les mesures de protection sus examinées ne peuvent produire des effets escomptés qu'avec l'intervention de certains acteurs.

B- Les débiteurs de l'obligation de protéger les victimes

66. La mise en œuvre des techniques de protection[115] incombe au juge(1) et au greffe (2).

---

[114] Règle 16 du RPP.

[115] SCOMPARIN (L), « La victime du crime et la juridiction pénale internationale », *in Mario Chiavario ; La justice pénale internationale entre passé et avenir, Dalloz, Giuffre editore*, 2003, pp. 335 à 352.

1- Le rôle du juge

67. Le juge doit prendre des mesures propres à assurer la sécurité, le bien-être physique et psychologique, la dignité et la vie privée des victimes et témoins. Il tient compte de tous les facteurs pertinents, notamment l'âge, le sexe, et l'état de santé, ainsi que la nature du crime lorsqu'il s'accompagne de violences à caractère sexuel et sexiste. Ces mesures ne doivent être ni préjudiciables ni contraires aux droits de la défense et aux exigences d'un procès équitable et impartial. Tous les organes, lorsqu'ils s'acquittent de leurs fonctions, doivent tenir compte des besoins des victimes et des témoins. Le mandat des chambres en rapport avec la protection des victimes et témoins est d'ordonner les mesures de protection et de s'assurer qu'elles ont été mises en place par les organes de la Cour. C'est ainsi que la chambre préliminaire de la CPI, a donc l'obligation d'assurer en cas de besoin, la protection et le respect de la vie privée des victimes et des témoins[116]. Elle prend à cet effet des mesures nécessaires à la protection des informations, des documents et la sécurité des demandeurs. C'est pour cela que dans les *situations* en Ouganda[117], en RDC[118] et au Soudan[119], le juge a décidé de tenir des audiences relatives aux mesures de protection de victimes. Le procès doit être conduit de façon équitable et avec diligence, dans le respect des droits de l'accusé, et en ayant pleinement égard à la nécessité d'assurer la protection des victimes et témoins.

---

[116] Article 57.3 du Statut de Rome.

[117] CPI, Chambre préliminaire, 17 juin 2005, *Situation en Ouganda,* Décision de tenir une audience sur la protection des victimes et témoins dans le contexte de la requête au Procureur aux fins de délivrance de mandats d'arrêt et de la requête du Procureur datée du 13 juin 2005, ICC-02/04-13.

[118] CPI, Chambre préliminaire, *Situation en RDC*, Décision de convoquer une conférence de mise en état sur la situation en RDC, 21 février 2005 ; Audience relative à la protection des victimes en RDC, 8 juillet 2005, disponible sur *http://www.icc-cpi.int/cases/RDC/S0104/S0104_pr20050708=fr.html.*

[119] CPI, Chambre préliminaire, *Situation au Soudan*, Décision invitant à la présentation d'observation en application de la règle 103 du Règlement de procédure et de preuve, icc-02-05, 24 juillet 2006 ; observations on issues concerning the protection of victims and the preservation of evidence in the proceedings, on Darfur pending before the international criminal court, icc-02/05-14, 31 août 2006 (uniquement en anglais) disponible en ligne : *www.icc-cpi.int/cases/Darfur/S014/S014_pr20050708=fr.html.*

2- Le rôle du Greffe

68. Il est créé au sein de la CPI un greffe qui sert d'interface entre les victimes et le juge. Cet organe administratif fait partie intégrante de l'armature de la CPI sans lequel le travail judiciaire serait paralysé. En plus de la sensibilisation et l'information qu'il peut apporter au public, ou le soutien qu'il offre à toutes les chambres de la CPI et du Bureau du procureur, ainsi que les services administratifs opérationnels, le greffe est responsable de l'administration de la justice[120]. Il doit soutien et assistance aux victimes et témoins. Il fait alors parvenir à leurs représentants des avis, des notifications et des aides. Le greffe fournit à ces derniers, l'aide, le soutien et les informations appropriées, y compris les installations dont ils peuvent avoir besoin pour exercer directement leurs fonctions, en vue de protéger leurs droits à toutes les phases de la procédure.

69. Le greffe peut prendre des mesures sexo-spécifiques[121] pour faciliter la participation à toutes les phases de la procédure des victimes de violences sexuelles. Le Greffier assume les fonctions d'information sur les droits de toutes personnes dont la déposition peut faire courir un risque. Il renseigne sur la disponibilité de la Division d'aide aux victimes et aux témoins et s'assure que les victimes sont effectivement informées en temps utile des décisions de la Cour. Il peut par ailleurs tenir un registre spécial des victimes qui ont manifesté l'intention de participer à la procédure relative à une affaire donnée.

70. Le greffe apporte davantage un soutien direct au processus judiciaire par l'intermédiaire des services et Divisions de la Cour. La division et les unités sont des structures spécifiques du greffe les plus appropriées pour les victimes. Elle a pour mission, en consultation avec le Bureau du procureur, de conseiller et d'aider de toute manière appropriée, les témoins, victimes qui comparaissent devant la Cour et les autres personnes auxquelles les dépositions des témoins peuvent faire courir un risque, ainsi que de prévoir les mesures et les dispositions à prendre pour assurer leur protection, leur soutien, leur sécurité et leur assistance[122].

---

[120] Règle 16 du RPP.

[121] Cette expression renvoie à des mesures de protection utiles aux personnes victimes de crimes sexuels.

[122] Article 43 du Statut de Rome.

D'une manière générale le Greffe :

- Assure la protection et la sécurité des victimes par des mesures adéquates ;

- Établit les plans de protection à court et à long terme ;

- Recommande aux organes de la Cour d'adopter des mesures de protection ;

- Aide les victimes et témoins à obtenir les soins médicaux, psychologiques ou autres dont ils ont besoin ;

- Met à la disposition de la Cour et des parties, une formation en matière de traumatisme, de violences sexuelles, sécurité et confidentialité ;

- Coopère au besoin avec les États pour prendre les mesures de protection et conseiller les témoins sur les moyens d'obtenir un avis juridique aux fins de protéger leurs droits, notamment à l'occasion de leur déposition ;

- Les aide quand ils sont appelés à déposer devant la Cour[123].

La Cour prête attention aux besoins particuliers des enfants, des personnes âgées et des handicapés. Elle désigne aussi pour les enfants et avec l'accord des parents ou de leurs tuteurs légaux, un accompagnateur qui les aide à toutes les phases de la procédure. Pour pouvoir s'acquitter utilement et efficacement de ces fonctions, elle respecte les intérêts des témoins, assure la formation de son personnel dans les matières de sécurité, d'intégrité et la dignité des victimes et témoins.

71. Service interne au greffe, l'UVT[124] intervient aussi dans le cadre des mesures ordonnées par l'une des chambres de la CPI. Son action est surtout tributaire de ressources à elle allouées et de sa présence sur le terrain. C'est la cheville ouvrière du système de mise en œuvre des mesures de protection. Elle s'assure fondamentalement de l'exercice effectif des droits des victimes. Sa mission se résume en la formation et au conseil. Elle facilite l'interaction entre les victimes, les témoins et la Cour. Elle fournit soutien, protection et assistance aux témoins et aux victimes qui comparaissent devant la Cour, s'assure de leur dignité et les préserve d'une victimisation secondaire. Elle propose ses conseils, notamment à travers des formations aux organes de la Cour. Elle est par

[123] Règle 17 du RPP.

[124] Article 43.3 du Statut de Rome.

ailleurs tenue au principe de confidentialité et d'impartialité. Elle s'efforce d'appliquer les standards les plus élevés reconnus en droit international dans toutes ses opérations vis-à-vis des victimes et témoins. Elle est tenue de fournir sans discrimination, la même protection aux témoins à décharge qu'à charge, ainsi qu'aux témoins des victimes[125].

72. La Cour tient compte de tous les facteurs pertinents, notamment l'âge, le sexe, et l'état de santé, ainsi que la nature du crime lorsqu'il s'accompagne de violences à caractère sexuel et sexiste. Ces mesures ne doivent être ni préjudiciables ni contraires aux droits de la défense et aux exigences d'un procès équitable et impartial. Tous les organes, lorsqu'ils s'acquittent de leurs fonctions, doivent tenir compte des besoins des victimes et des témoins[126]. Le mandat des chambres de la CPI en rapport avec la protection des victimes et témoins, est d'ordonner les mesures de protection et de s'assurer qu'elles ont été mises en place par les organes de cette juridiction. C'est ainsi que la chambre préliminaire a l'obligation d'assurer en cas de besoin, la protection et le respect de la vie privée des victimes et des témoins[127]. Elle prend à cet effet des mesures nécessaires à la protection des informations et des documents, la sécurité des demandeurs. La Cour a décidé, s'agissant des cas de l'Ouganda[128], de la RDC[129] et du Soudan[130], de tenir des audiences à part entière relatives aux mesures

---

[125] S'interrogeant sur l'efficacité du travail de l'UVT, la FIDH a estimé que les enquêtes et poursuites menées par la CPI, relèvent généralement des situations de conflits armés en cours et que les ressources de la cour sont limitées. In *Les droits des victimes devant la cour pénale internationale, chapitre IV, protection, soutien et assistance*, p 5.

[126] Règle 86 du RPP.

[127] Article 53.3.c du Statut de Rome.

[128] CPI, Chambre préliminaire, *Situation en Ouganda,* Décision de tenir une audience sur la protection des victimes et témoins dans le contexte de la requête au Procureur aux fins de délivrance de mandats d'arrêt et de la requête du Procureur datée du 13 juin 2005, 17 juin 2005, ICC-02/04-13.

[129] CPI, Chambre préliminaire, *Situation en RDC*, Décision de convoquer une conférence de mise en état sur la situation en RDC, 21 février 2005 ; Audience relative à la protection des victimes en RDC, 8 juillet 2005, disponible sur : *http://www.icc-cpi.int/cases/RDC/S0104/S0104_pr20050708=fr.html.*

[130] CPI, Chambre préliminaire, *Situation au Soudan*, Décision invitant à la présentation d'observation en application de la règle 103 du Règlement de procédure et de preuve, n° ICC-02-05, 24 juillet 2006 ; observations on issues concerning the protection of victims and the preservation of evidence in the proceedings on Darfur pending before

de protection des victimes. Le procès doit également être conduit de façon équitable et avec diligence, dans le respect des droits de l'accusé, et en ayant pleinement égard à la nécessité d'assurer la protection des victimes et témoins. Il en est de même du Bureau du procureur qui doit mener avec efficacité les enquêtes et les poursuites dans le strict respect des droits des victimes en général et ceux des victimes vulnérables en particulier. C'est la raison pour laquelle une unité de violences sexistes et des enfants a d'ailleurs été créée au sein de la Division des enquêtes du Bureau du procureur[131] pour faciliter la comparution des victimes vulnérables. Ces mesures et organes de protection renforcent la capacité des victimes à participer aux procédures devant la CPI.

Section 2- La volonté d'exprimer les vues et préoccupations

73. La comparution des victimes devant la CPI permet de comprendre les raisons de leur intervention (Paragraphe 1) dans des procédures appropriées à l'expression de leurs préoccupations (Paragraphe 2).

Paragraphe 1- Les raisons de la participation de la victime au procès

74. Les victimes ne peuvent être admises à participer au procès que lorsqu'elles ont des prétentions personnelles à faire valoir dans l'intérêt de la justice (A) et dans leur propre intérêt (B).

A- L'expression des prétentions personnelles dans l'intérêt de la justice

75. Les victimes ont intérêt à apporter des renseignements auprès du bureau du procureur (1) et s'attendre à ce qu'elles soient autorisées à contribuer à la recherche des preuves (2).

1- La fourniture des renseignements

76. Si les victimes des crimes internationaux ne peuvent pas directement saisir la CPI, elles peuvent néanmoins apporter des renseignements susceptibles de provoquer l'ouverture d'une enquête judiciaire par le procureur

---

the international criminal court, ICC-02/05-14, 31 août 2006 (uniquement en anglais) disponible sur *www.icc-cpi.int/cases/Darfur/S014/S014_pr20050708=fr.html.*

[131] A.E.P, projet de budget-programme pour 2004, ICC-ASP/2/2, 23 mai 2003, p. 47.

77. En pareilles circonstances, celui-ci peut recueillir des dépositions écrites ou orales auprès des ONG, sur le fondement du principe de coopération[132]. Ainsi donc, les victimes ne jouent aucun rôle officiel de manière à préserver leurs propres intérêts, si ce n'est porter à la connaissance du procureur des renseignements utiles. Ce n'est pas parce que la victime ne joue aucun rôle qu'on va négliger les informations qu'elle apporte, même si les juges sont peu disposés à utiliser ces renseignements, compte tenu de la nature controversée de ces renseignements et de leur caractère peu fiable.

78. Néanmoins, l'ouverture d'une enquête sur le fondement des renseignements apportés par les victimes, ne leur confère pas la qualité procédurale de partie civile ou partie obligée dans le processus de répression des crimes internationaux, pas plus du reste qu'une participation quelconque. Le rôle quelconque ou l'absence de rôle à l'enquête résulte de l'influence des juristes anglo-saxons, qui a conduit à faire du système de la justice pénale internationale un mélange encore hétérogène du *civil Law* et du *Common Law*. L'absence d'un droit d'initiative procédurale ou mieux la négation d'une constitution de partie civile se justifie par le fait que l'intervention des victimes peut déséquilibrer la procédure. Comment réduire les victimes à un rôle aussi précaire que la transmission, alors même qu'elles constituent une véritable source d'informations souvent utiles à l'ouverture d'une enquête ? À la vérité, la victime à l'enquête est un sujet passif du crime international plutôt qu'un agent martial[133]. Même si les victimes à cette étape de la procédure influencent positivement le choix des politiques de poursuite, leur apport n'occulte pas le risque de les voir demeurer dans une situation de passivité à cause de larges pouvoirs du procureur international.

2- La production des preuves

79. Les parties principales au procès ont le droit de produire toutes pièces, documents ou de faire des témoignages à l'appui de leur argumentation. Le système judiciaire de la CPI reconnait néanmoins à la victime « un droit de regard », telle une « garantie de sécurité juridique » dans un « procès manichéen » entre l'accusation et la défense. Les preuves que la victime peut apporter peuvent contribuer à

---

[132] Article 15 du Statut de Rome.

[133] CARBONNIER (J), *Droit et passion du droit sous la Vème République*, Flammarion, 1997, p. 147.

l'établissement de la vérité et assurer la transparence des débats. Elle peut alors discuter les éléments de preuve produits par les parties principales au procès, mais également produire ses propres pièces et documents à condition qu'elle soit autorisée par le juge. En qualité de partie *potentielle* ou *contingente* au procès, la victime peut être habilitée à participer aux débats en apportant en son propre nom des éléments de preuve aussi bien documentaires que testimoniaux[134]. Ainsi la victime peut, sous la direction du juge, relater spontanément son expérience des faits avant d'être interrogée par les parties.

80. La jurisprudence consacre le droit pour la victime de prendre part activement à l'administration judiciaire de la preuve. Elle est autorisée à soumettre des éléments de preuve, à interroger les témoins sans se limiter aux questions relatives aux réparations. La victime peut aussi discuter de l'admissibilité ou la pertinence des preuves produites au débat. Le droit de produire des éléments de preuve pendant le procès n'est donc pas un droit réservé aux seules parties principales au procès[135]. Dans le respect de la présomption d'innocence, « la victime présente donc un intérêt propre à intervenir dans la procédure en vue de faciliter l'administration de la preuve contre une personne suspectée. Sa préoccupation purement personnelle a pour but de contribuer à l'établissement de la faute ; tout comme la recevabilité de cette démarche ne doit en aucun cas glisser vers un comportement vindicatif ou provocateur »[136].

B- L'expression des prétentions personnelles des victimes

81. Si on peut déceler dans la comparution des victimes une intention de vengeance, il n'en demeure pas moins que l'expression des vues et préoccupations dans le cadre de la répression des crimes internationaux, permet aux victimes de se faire reconnaitre comme telles (1) et de se faire rétablir dans leurs droits (2).

---

[134] DONAT-CATTIN (D) ; « Article 68-Protection of victims and witnesses and their participation in the proceedings » ; in *Triffterer* O. *Commentary on the Rome Statute of the ICC.*

[135] CPI, Chambre de 1re instance I, 18 janvier 2008 ; *Situation en RDC, Affaire Le Procureur c. Thomas Lubanga Dyilo, préc ,* n° ICC-01/04-01/06, 68 p.

[136] LEMASSON (A-T), *La victime devant la justice pénale internationale, op.cit.*, pp. 52 et suivants.

1- La recherche de la reconnaissance de la qualité de victime

82. La reconnaissance est la motivation principale de l'action des victimes devant la CPI. Que ce soit une thérapie dès le dépôt des demandes de participation ou la comparution devant le juge, la victime formule toujours la demande directe ou indirecte, consciemment ou inconsciemment, d'être reconnue comme telle. L'amplification du regard judiciaire porté sur les victimes interpelle tout le monde. La CPI est devenue un espace d'expression et de revendication. Être victime c'est en quelque sorte endosser une nouvelle identité. Cette nouvelle identité vient de placer la victime au même pied d'égalité que l'accusé. La reconnaissance apparait ainsi comme la seule manière de restaurer le lien social, de permettre à la victime de réintégrer le groupe humain[137] et d'éviter une victimisation secondaire. La prise en charge de la victime par la société et sa reconnaissance lui permet d'accéder à la résilience[138] à travers l'écoute et la parole.

83. Le droit à l'écoute ou le droit d'être entendu n'est pas contenu dans les textes de droit international. Néanmoins, ce droit est consacré par les dispositions qui régissent la procédure pénale française. C'est la loi du 15 juin 2000 renforçant la protection de la présomption d'innocence et les droits des victimes qui a introduit ce droit en droit positif français sous la forme du droit à la parole[139]. C'est l'un des besoins des victimes des crimes internationaux, voire le plus fondamental. Le juge a ainsi l'obligation de les écouter dans le cadre de la répression des violations du DIH et des droits de l'homme. Ce sont les conventions relatives aux droits de l'homme et surtout le statut de Rome qui ont favorisé l'admission de l'idée d'un droit à l'écoute des victimes des crimes internationaux.

84. Quant au droit à la parole, elle permet aux victimes de raconter leur histoire, les faits vécus, d'exprimer leurs traumatismes et leur ressenti. La prise de parole semble être un début de reconnaissance dans la mesure où les victimes peuvent se libérer psychologiquement du

---

[137] CARIO (R), « Les victimes et la médiation pénale en France », *in Justice réparatrice et médiation pénale. Convergence ou divergence ?* M. Jaccoud, *L'Harmattan,* Sciences Criminelles, éd, 2005.

[138] C'est l'adaptation fonctionnelle de la victime à une situation pathogène. Voir à ce sujet, G. LOPEZ, S. PORTELLI et S. CLEMENT, Les droits des victimes, victimologie et psycho traumatique, *Dalloz*, État de droit, 2003, p. 264.

[139] LAZERGES (C), « Le renforcement des droits des victimes par la loi n° 2000/516 du 15 juin 2000 », *préc,* p. 20.

mutisme et l'isolement dans lequel la victimisation les a confinées. Le droit à l'écoute et le droit à la parole ont donc pour finalité de prévenir une seconde victimisation. Ces droits convergent indissociablement avec le droit à la reconnaissance. L'intérêt légitime des victimes est ainsi de faire entendre davantage leur voix sur les conséquences de leur victimisation, à communiquer avec l'auteur des faits et à obtenir des excuses et une réparation[140]. La reconnaissance internationale des droits à l'écoute et à la parole, est la preuve de l'amélioration de la condition juridique de la victime en droit international.

2- La recherche d'une satisfaction des intérêts individuels

85. La satisfaction des intérêts personnels est le premier objectif des victimes des crimes internationaux lorsqu'elles expriment leurs *vues et préoccupations*. Il s'agit d'un objectif de compensation des pertes subies pendant les conflits. *« Le second objectif est plus moderne. Il est lié au progrès de la notion de dignité humaine : c'est un objectif de considération pour la victime »*[141]. Le droit de la CPI intègre en partie cet objectif puisqu'il prévoit des dispositions permettant de régler le conflit pénal par la simple réparation de la victime des crimes internationaux[142]. La pratique judiciaire en cours devant la CPI enseigne que la victime exprime avant tout un besoin de réparation personnelle et psychologique et non de répression exemplaire ni de sévérité accrue à l'encontre de l'accusé. Elle a besoin de comprendre, de questionner son agresseur sur ses agissements et sur sa personnalité. Il s'agit d'une démarche œuvrant à la réparation, à la reconnaissance et à la réhabilitation. Ainsi, le préjudice ou la situation de la victime entre souvent en ligne de compte pour déterminer la réponse pénale et même la voie procédurale à emprunter pour *rétribuer* l'auteur des crimes internationaux.

86. La jurisprudence et la doctrine s'accordent à reconnaitre aujourd'hui en faveur des victimes un droit à la réparation[143]. La CPI est compétente pour la première fois de l'histoire de la justice pénale

---

[140] Conseil de l'Europe, Recommandation R(99)19 du comité des ministres aux États membres sur la médiation en matière pénale.
[141] PIN (X), « La privatisation du procès pénal », *RSC*, 2002, p. 245 et s.
[142] Article 75 et s du Statut de Rome.
[143] LARGUIER (J), *Remarques sur l'action civile exercée par une personne autre que la victime*, in Mélanges Patin, 1966, p385 et s- J.P Marchât, *L'intervention dans le procès pénal*, Thèse, Paris, 1961, p. 150 et s.

internationale, pour décider d'une manière autonome du rétablissement des victimes.[144] En tant qu'acteur émergent de la justice pénale internationale, la victime doit jouer un rôle éminent dans les débats relatifs à la répression du crime et à l'indemnisation. Garant de ses propres intérêts, elle est la seule créancière de l'obligation d'indemnisation et donc demanderesse potentielle à la réparation. Elle a donc des intérêts civils à faire valoir même si sa place au procès pénal est encore ambigüe à cause de la nébuleuse qui plane encore sur les raisons de son intervention au procès[145]. À cet égard, la victime a un véritable intérêt à agir. Le rétablissement de la victime dans ses droits et dans sa dignité devient alors en effet, une finalité parmi d'autres dans le procès initialement orienté vers la sauvegarde de l'ordre public international et la réhabilitation de l'auteur du fait criminel.

87. À travers l'analyse du système répressif de la CPI, la victime apparait comme un paramètre déterminant de la réponse pénale aux crimes internationaux. Ses intérêts personnels *« deviennent ainsi un élément permettant de fixer selon quel processus le responsable sera sanctionné, c'est-à-dire, s'il faut lui appliquer une peine et dans ce cas, déclencher des poursuites pénales, ou seulement l'amener à réparer le dommage occasionné ».*[146]

Paragraphe 2- Le champ d'expression des vues et préoccupations

88. Pour que les victimes soient reconnues et rétablies dans leur dignité humaine, elles doivent exprimer leurs vues et préoccupations au cours des étapes dites de la *situation* (A) et de l'*affaire* (B).

A- La phase dite de la *situation*

89. La procédure est un enchainement des actes et les formalités devant conduire à la prise d'une décision, ainsi que les règles et principes qui gouvernent cet enchainement[147]. Ainsi, le mot « *procédure* » revient très souvent dans la jurisprudence de la CPI. Les intérêts personnels des victimes concernent de manière générale l'ensemble de la procédure, y

---

[144] Article 75 du Statut de Rome.

[145] FORTIS (E), « Ambiguïtés de la place de la victime dans la procédure pénale », *APC*, 2006/1, n° 28, p. 41 et s.

[146] TADROUS (S), *La place de la victime dans le procès*, Thèse, Montpellier I, 2014, p. 314.

[147] NORMAND (J), « Procédure », in. Cadiet (L) (dir), *Dictionnaire de la justice*, Paris, PUF, 2004, p. 1053.

compris l'enquête, puisque la participation des victimes à ce stade permet de clarifier les faits, de sanctionner les auteurs et de solliciter réparation des[148]. Elles sont à ce stade de la procédure considérées comme des victimes de la *situation*. La phase dite de la « *situation* » n'est pas une expression consacrée par les textes fondamentaux ou dérivés du statut de Rome. Elle est déduite de l'organisation de la procédure devant la CPI qui commence par une enquête. On entend par phase de « *situation* », les paramètres temporels et territoriaux qui peuvent inclure un grand nombre d'incidents, de coupables présumés et donc d'actes d'accusation potentiels[149]. C'est la phase d'enquête diligentée par le procureur. À ce stade, les victimes reconnues comme « *victimes de la situation* »[150] peuvent être dès lors nombreuses puisqu'une *situation* englobe généralement un État ou une région très vaste[151]. Cependant, c'est au cours de cette phase que le travail de reconnaissance va s'effectuer, c'est-à-dire l'individualisation par l'identification. Les victimes peuvent y participer en posant des actes de procédure[152].

90. L'expression « *phase de la situation* » a été utilisée pour la première fois par la Cour dans sa décision fondatrice[153] lorsqu'elle se prononçait sur le droit des victimes de participer aux enquêtes menées par le Bureau du procureur. Elle a estimé que la situation « *est généralement définie par des paramètres temporels, territoriaux et éventuellement personnels [qui] font l'objet de procédures prévues par le statut afin de décider si une situation donnée doit faire l'objet d'une enquête pénale, et de l'enquête en tant que telle* »[154]. Cette définition découle de l'interprétation du dispositif normatif de la CPI. Faudrait-il s'en référer avec Élisabeth Baumgartner que la distinction entre la

---

[148] CPI, Chambre préliminaire II, 10 août 2007; *Situation en Ouganda, Affaire Le Procureur c. Joseph Kony, Vincent Otti,Okot Odhiambo et Dominic Ongwen: Decision on victims' applications for participation* ; La Haye; n°ICC-02/04-01/05; 62 p.

[149] BAUMGARTNER (E), « Aspects de la participation des victimes à la procédure de la Cour pénale internationale », *préc,* p. 415 et s.

[150] Tiré de la décision fondatrice du 17 janvier 2006 rendue par la chambre préliminaire de la CPI sur la participation des victimes : CPI, Chambre préliminaire, 17 janvier 2006, *Situation en RDC, Affaire Le Procureur c. Thomas Lubanga Dyilo, préc.*

[151] Actuellement en RDC, en Ouganda, au Darfour et en RCA.

[152] Elles peuvent par exemple soumettre des demandes de participation, demander communication des pièces de procédure, etc.

[153] CPI, Chambre préliminaire, 17 janvier 2006, *Situation en RDC :* Décision sur les demandes de participation à la procédure de SPVR 1 à 6, *préc* ; La Haye 43 p.

[154] *Ibid*, para 65.

« *situation* » et l'« *affaire* » découle de la structure du statut[155]. Une situation est appelée comme telle lorsqu'un ou plusieurs des crimes définis à l'art 5 du statut de Rome semblent avoir été commis. Les intérêts personnels des victimes sont concernés de manière générale au stade de l'enquête puisque la participation des victimes à ce stade permet de clarifier les faits, de sanctionner les responsables des crimes commis et de solliciter réparation des préjudices subis[156]. Les intérêts personnels de toutes les victimes sont alors « *concernés* » au stade de l'enquête. D'une manière synthétique, la « *situation* » peut inclure un grand nombre d'incidents, de coupables présumés et d'actes d'accusation potentiels. Elle englobe aussi un État ou une région très vaste.

91. La phase de la situation est déterminée par les « *motifs de croire* », que la Cour doit vérifier pour admettre les prétentions des victimes. Cette dernière expression est non plus définie par le statut de Rome. Mais, la Cour l'a utilisé pour admettre la participation de la victime au stade de l'enquête. « *Eu égard au pouvoir d'appréciation laissé à la chambre par le statut et le RPP, elle considère qu'un tel critère peut être également appliqué aux droits procéduraux dont bénéficient les victimes* »[157]. Celles-ci peuvent participer au stade de l'enquête et jusqu'à la délivrance d'un mandat d'arrêt ou d'une citation à comparaitre. Cette position non équivoque de la Cour est une réponse donnée au Bureau du procureur et à la défense, sur la question de savoir si les victimes peuvent participer à une telle phase de la procédure.

B- La phase dite de l'*affaire*

92. Au regard des dispositions du statut, « *l'affaire* » englobe la phase de confirmation des charges jusqu'au prononcé de la peine. Les victimes peuvent y participer lorsque leurs intérêts personnels sont concernés. C'est l'article 61 du statut de Rome et les règles 121 et suivants du RPP qui déterminent les règles de procédure en la matière. Dans un délai raisonnable et après la remise de la personne ou sa comparution volontaire devant la Cour, la chambre préliminaire tient une audience pour confirmer les charges sur lesquelles le procureur

---

[155] BAUMGARTNER (E), « Aspects de la participation des victimes à la procédure de la Cour pénale internationale », *op.cit.*, p. 420.
[156] *Ibid.*
[157] *Ibid*, para 99.

entend se fonder pour requérir le renvoi en jugement[158]. Des droits procéduraux ont été reconnus à la victime à ce stade, notamment le droit de présenter ses intérêts personnels. Il a également été reconnu pour la première fois que les victimes peuvent participer à cette audience de confirmation des charges en exposant leurs vues et préoccupations afin de contribuer utilement à la répression des crimes dont elles allèguent avoir souffert et de pouvoir le cas échéant, obtenir ultérieurement réparation. Dans l'affaire mettant en cause M. Laurent Gbagbo, les victimes ont été autorisées à exposer leurs vues et préoccupations[159] au cours de l'audience de confirmation des charges en se limitant aux charges présentées par l'accusation.

93. Les victimes peuvent aussi faire valoir leurs propres intérêts au cours du procès organisé au chapitre VI du statut de Rome, même si leur participation est encore faible[160]. Elles ont un intérêt personnel qui consiste à assister aux audiences et conférences de mise en état des dossiers de la procédure, à consulter les pièces et les écritures, à condition qu'ils soient publics[161]. Pour des audiences à huis clos, la chambre décide au cas par cas si les intérêts des victimes sont concernés[162] avant de déposer des requêtes pour déclencher une procédure et le droit de faire des déclarations liminaires. En tout état de cause, il y a lieu de relever que les victimes peuvent faire valoir leurs intérêts dans l'ensemble de la procédure. Il s'agit d'un droit général consacré implicitement par les textes et clarifié par la jurisprudence. La capacité de la victime de comparaître devant la CPI ou de présenter ses vues et préoccupations conduit inéluctablement à l'examen de la portée du droit de participer reconnu aux victimes.

---

[158] CPI, Chambre préliminaire I, 29 janvier 2007, *Situation en RDC*, *Affaire Le Procureur c. Thomas Lubanga Dyilo*, Décision sur la confirmation des charges, n° icc-01/04-01/06-803.

[159] CPI, Chambre préliminaire I, 22 septembre 2006, *Situation en République de Côte d'Ivoire, Affaire le Procureur c. Laurent Gbagbo*, Décision sur les modalités de participation des victimes a/001/06, a/002/06 et a/003/06 à l'audience de confirmation des charges, n° ICC-01/04-01/06-462.

[160] BRACQ (N), « Analyse comparée de la participation des victimes devant la cour pénale internationale et devant les juridictions pénales des pays de tradition romano-germanique », *La revue des droits de l'homme*, (en ligne), *http://revdh.revues.org/316*, pp. 1-35.

[161] CPI, Chambre de 1re instance I, 17 janvier 2006, *Situation en RDC, Affaire Le Procureur c Thomas Lubanga Dyilo*, *préc,* para 105 à 113.

[162] *Ibid.* para 118.

Conclusion du chapitre 1

L'accès de la victime à la justice pénale internationale permet une mise en œuvre plus équilibrée et impartiale de la compétence de la CPI, et accroit les possibilités de faire de cette juridiction un instrument efficace de lutte contre l'impunité. Loin d'être un boulevard, l'accès au procès n'est qu'un droit symboliquement consacré qui participe de la reconnaissance et de l'amélioration de la visibilité des victimes sur la scène pénale internationale. Il dépend en grande partie du système procédural hybride en vigueur devant la CPI, qui d'inspiration anglo-saxonne, prend la forme d'une procédure romano-germanique dans la mise en œuvre des droits des victimes. Afin d'assurer un accès effectif au procès, le droit de la CPI devait théoriquement permettre aux victimes de remettre en cause la décision du Bureau du procureur de ne pas enquêter, même si en l'état actuel du droit positif, elles ne sont pas autorisées à saisir directement le juge par des mécanismes particuliers de participation.

CHAPITRE 2 : LA PARTICIPATION SINGULIÈRE

94. Ce sont des formalités pratiques exigées pour permettre aux victimes d'exprimer leurs vues et préoccupations. La victime prend désormais part aux débats judiciaires dans un procès essentiellement accusatoire. Son activité qui commence dès l'enquête se prolonge dans la phase de l'exécution de la peine. En effet, le statut de Rome lui reconnait des prérogatives qui lui permettent de participer presque à égalité avec les parties au procès. Le droit de la CPI offre ainsi à la victime la faculté d'apporter des renseignements utiles et nécessaires à la manifestation de la vérité. Ce rôle participatif correspond à l'étape strictement pénale du procès, étant entendu que l'action publique relève des prérogatives exclusives du procureur international. L'action des victimes des crimes internationaux porte sur des procédes de nature à contribuer au processus de répression. C'est aussi un« *droit de regard* » reconnu aux victimes sur le déroulement de l'action publique[163]. Laissant au juge la charge de déterminer les modalités de participation, les rédacteurs du statut de Rome l'ont organisé à l'art 68.3 en ces termes : « *Lorsque les intérêts des victimes sont concernés, la cour permet que les vues et préoccupations soient exposées et examinées à des stades de la procédure qu'elle estime appropriée et d'une manière qui n'est ni préjudiciable ni contraire aux droits de la défense et aux exigences d'un procès équitable et impartial. Ces vues et préoccupations peuvent être exposées par les représentants légaux des victimes lorsque la cour l'estime approprié, conformément au règlement de procédure et de preuve* ».

94 bis. Malgré l'influence relative[164] du droit continental sur la procédure en vigueur devant la CPI, la participation des victimes diffère fondamentalement de celle des États de tradition juridique romano-germanique ou anglo-saxonne. La cohabitation de ces deux systèmes a mis en place un régime *sui generis* de participation (Section 1) qui se rapproche non pas du modèle français de l'action civile, mais du

---

[163] SEGAUD (J), *Essai sur l'action publique*, Thèse, Université de Reims Champagne-Ardenne, 2010, p. 317.

[164] BRACQ (N), « Analyse comparée de la participation des victimes devant la cour pénale internationale et devant les juridictions pénales des pays de tradition romano-germanique », *Revue des droits de l'homme*, 2003, 4/2003, p.5.

mécanisme d'une simple plainte accessoire qui ne confère aucun statut procédural aux victimes, mais leur permet néanmoins de participer au procès d'une certaine manière (Section 2).

Section 1- La particularité du régime de participation

95. Il résulte des dispositions du statut de Rome que la participation des victimes est subordonnée à l'ouverture des poursuites (Paragraphe 1). Elle confère aux victimes des pouvoirs exceptionnels d'intervention (Paragraphe 2).

Paragraphe 1- Des conditions générales de participation

96. La demande de participation de la victime est recevable si elle respecte certaines conditions de forme (A) et de fond (B).

A- Les conditions de forme

97. La possibilité de participer de manière très significative est tout d'abord et dans une large mesure liée à la saisine du juge (1) et du dépôt des demandes de participation (2).

1- Le préalable de la saisine du juge

98. La Cour peut exercer sa juridiction si elle est saisie soit par le Conseil de Sécurité des Nations Unies[165], en cas de menace, rupture de la paix ou de crime d'agression, soit par un État partie, soit par le Bureau du procureur qui agit d'initiative sur la base des renseignements reçus[166]. C'est sur le fondement du chapitre VII de la Charte des Nations Unies que le Conseil de Sécurité a déféré à la Cour, la « *situation* » au Darfour[167] par une résolution historique[168]. Le procureur international a été saisi pour sa part, des situations dans lesquelles les crimes auraient été commis en RDC[169], en Ouganda et en

---

[165] Article 13 du Statut de Rome.

[166] Article 15 du Statut de Rome, Règle 39 du RPP.

[167] ONU, conseil de sécurité, Résolution 1593 du 31 mars 2005.

[168] AUMOND (F), « La situation au Darfour déférée à la cour pénale internationale- Retour sur une résolution historique du conseil de sécurité », *Revue de l'association française pour les Nations-Unies*, n° 20 et 21-2006, pp. 198-221.

[169] Par lettre signée le 19 avril 2004, le président de la République Démocratique du Congo a saisi le Procureur de la situation dans laquelle des crimes relevant de la compétence de la Cour, semblaient avoir été commis sur le territoire de la RDC depuis le 1er juillet 2002.

RCA[170]. Ces cas sont les illustrations de la coopération des États parties avec la CPI dans le cadre des enquêtes, des arrestations et la présentation des moyens de preuve[171]. La restriction du droit de la saisine de la CPI résulte de la crainte qu'ont les États parties au statut de Rome, de voir le prétoire submergé des demandes de participation des victimes qui peuvent être politiquement instrumentalisées.

99. Quelle que soit la personne qui saisit le juge, le procureur dresse contre les personnes susceptibles d'être poursuivies, des actes d'accusation, requiert devant la chambre préliminaire les mandats d'arrêt. L'acte d'accusation est un document qui contient un exposé des faits et un certain nombre de chefs d'accusation. Il peut mettre en accusation plusieurs personnes simultanément. Il n'est pas exclu que les actes d'accusation soient disjoints au cours du procès, pour éviter tout conflit d'intérêts de nature à causer un préjudice grave à un accusé ou à la justice[172].

2- Le dépôt d'une demande de participation

100. La victime qui présente une demande de participation doit remplir un formulaire mis à sa disposition par le Greffe ou disponible sur le site internet de la Cour. La demande contient ainsi la date et le lieu des crimes allégués, la description du préjudice subi du fait de la commission d'un crime relevant de la compétence de la Cour. La victime demanderesse doit aussi indiquer si elle dispose d'un avocat ou si elle souhaite que lui soit communiquée la liste des avocats pour qu'elle effectue son choix. Une fois rempli, le dossier doit être transmis à l'adresse du Greffe par courrier postal recommandé. Il n'y a pas *a priori* un délai pour le faire, si ce n'est le temps pour une étape de la procédure. Ces formalités conditionnent la recevabilité des demandes de participation, le souci étant d'éviter d'engorger le prétoire des demandes incomplètes. Le greffe, organe administratif de la Cour, veille à lui présenter les seules demandes complètes et notifier aux demandeurs des informations qui manquent. C'est ainsi que le greffier

---

[170] Lettre au nom du gouvernement de la RCA reçu par le bureau du procureur courant janvier 2005, déférant la situation des crimes relevant de la compétence de la cour commis sur le territoire de la RCA depuis le 1er juillet 2002.
[171] FOMÉTÉ (J.P) et ADJOVI (R), « Les relations entre le tribunal pénal international pour le Rwanda et les États. L'obligation de coopération dans l'exécution du mandat du tribunal », *AFRI*, vol vi, 2005, pp. 180-196.
[172] Article 82 du RPP du TPIY.

sollicite des victimes des informations supplémentaires relatives à la complétude de leurs demandes[173].

101. La condition de la demande complète ne transparaît pas de la règle 85 du RPP. Elle est déduite de l'application pratique de cette disposition et des recommandations de la Cour adressées au Greffe pour faciliter les demandes de réparation. La vérification du caractère *complet* des demandes de participation relève pour le moment d'une fonction administrative du Greffe. Il n'est pas exclu que la Cour sollicite la preuve du consentement express de la victime si la demande est faite en son nom, un justificatif du lien familial ou de représentation légale du tuteur lorsque la victime est un mineur[174], une signature ou empreinte du pouce sur le document et au moins sur la dernière page de la demande. La Cour a précisé qu'il faut des documents recevables pour prouver l'identité, le lien de parenté ou de la tutelle légale.

102. Le formulaire de réparation donne la possibilité aux victimes de fournir des informations sur leurs préjudices individuels. L'ONG *Redress* estime que ce formulaire devrait aussi permettre aux victimes d'indiquer les types de réparations collectives qu'elles considèrent appropriés en application de la règle 97 du RPP[175].

B- Les conditions de fond

103. En plus des conditions de forme, les victimes doivent rapporter la preuve de leur identité personnelle (2) et la preuve de ce qu'elles ont subi un préjudice (3) né de la commission d'un crime relevant de la compétence de la CPI (1).

1- La commission d'un crime relevant de la CPI

104. Les crimes relevant de la compétence de la CPI sont pour la plupart des violations simples et graves du DIH[176]. Ces violations sont dites simples parce qu'elles ne visent pas spécifiquement une intention

---

[173] Règle 94 du RPP et Norme 88(2) du Règlement de la Cour.

[174] CPI, Chambre préliminaire I, 3 juillet 2008, *Situation en RDC, Affaire Le Procureur c. Thomas Lubanga Dyilo, préc*, jugement unique, n° ICC-01/04-505, para 31.

[175] Redress Ending, Torture, Seeking Justice for survivors ; « Justice pour les victimes : Le mandat de réparation de la cour pénale internationale », 20 mai 2011, p. 35, en ligne sur *www.redress.org; www.vrwg.org*.

[176] Sur la distinction entre infractions graves et infractions simples, voir WENBOU (D), « La répression des crimes de guerre et des autres violations graves du droit humanitaire », *RADIC*, 1999, vol, 11, p. 378 et s

discriminatoire de la part de leurs auteurs. Elles sont graves à cause de la gravité de l'horreur. Ce sont des violations délibérées et ignominieuses des droits fondamentaux d'un individu ou d'un groupe d'individus inspirés par des motifs politiques, philosophiques, raciaux ou religieux. Si les premières prennent la forme des atteintes sexuelles ou des crimes de guerre[177], les secondes sont des crimes de génocide et crime contre l'humanité.

105. Les crimes de guerre sont des infractions graves aux conventions de Genève de 1949, lorsqu'elles visent des personnes ou des biens protégés par ces conventions. En revanche, le crime contre l'humanité renvoie à plusieurs types de comportements qui dans certains ordres constituent des délits. Les crimes contre l'humanité sont en réalité des crimes commis dans le cadre d'une attaque généralisée ou systématique, dirigée contre une population civile, quelle qu'elle soit, en raison de son appartenance nationale, politique, ethnique, raciale ou religieuse[178]. Le crime contre l'humanité quant à lui se distingue du crime de guerre par le fait que les victimes sont des personnes et jamais des biens[179].

106. L'incrimination de génocide cependant, a pris corps avec l'adoption par l'Assemblée générale des Nations Unies et de la convention du 9 décembre 1948 sur la prévention et la répression du crime de génocide[180]. Le génocide est un crime d'une gravité exceptionnelle commis en temps de guerre comme en temps de paix. Il vise les atteintes volontaires à la vie ou à la destruction d'un groupe. C'est une forme de crime contre l'humanité dont les éléments constitutifs s'apprécient indépendamment d'un état de guerre[181] tel qu'on le considère comme le crime des crimes[182]. Pour qu'il soit établi,

---

[177] Article 8 du Statut de Rome.

[178] TRUCHE (P) et BOURET (P), « Crimes de guerre-crime contre l'humanité », Répertoire de droit pénal et procédure pénale, *Dalloz*, p. 38.

[179] ABI-SAAB, « Les crimes de guerre », *in Droit international pénal, RCADI*, 1977, IV, vol, 165, pp. 353-446.

[180] ONU, Résolution 260 A (III) du 9 décembre 1948 et entée en vigueur le 12 janvier 1951.

[181] TPIY, Chambre de 1re instance I, jugement du 2 août 2001, *Affaire Le Procureur c. Radislav Krstic*, IT-98-33-T, para 681.

[182] TPIR, Chambre de 1re instance I, jugement, *Le Procureur c. Jean Paul Akayesu*, affaire n° ICTR-96-4-T, 2 septembre 1998.

son auteur doit avoir une intention spécifique de détruire tout ou partie d'un groupe national, ethnique ou religieux[183].

2- La preuve du statut de victime

107. La notion de victime s'entend à la fois comme une personne physique qui a subi un préjudice du fait de la commission d'un crime relevant de la compétence de la CPI, ou une personne morale « *dont un bien consacré à la religion, l'enseignement, aux arts, aux sciences ou à la charité, un monument historique, un hôpital ou quelque autre lieu ou objet utilisé à des fins humanitaires a subi un dommage direct*[184] ». Cette définition a été rappelée par la décision sur *« les demandes de participation à la procédure déposées dans le cadre de l'enquête en RDC »*[185].

108. La preuve de la qualité de victime personne physique, consiste à produire des documents ou des pièces sur son identité. L'identité de la victime doit être confirmée par une autorité publique reconnue, indiquant le nom, la date de naissance des détenteurs des documents, et sur lequel figure une photographie du détenteur du document. Néanmoins, le juge considère qu'il n'est pas évident, pour des populations issues des zones de conflits de fournir de tels documents[186]. Il a ouvert la voie à une approche souple de la preuve de l'identité[187]. La carte nationale d'identité, le passeport, acte de mariage, de naissance, de décès, le livret familial, testament, permis de conduire, carte d'une agence humanitaire, carte de vote, d'étudiant, d'élève, lettre d'une autorité locale, carte d'enregistrement, les documents afférents à un traitement médical, la carte d'employé, de baptême, le certificat ou attestation de perte de document, documents scolaires, carte d'église, de membre d'un parti politique ou d'une association, des documents délivrés dans des centres de réhabilitation pour les enfants associés à

---

[183] *Ibid*, para 518-519.

[184] Règle 85 du CPI.

[185] CPI, Chambre préliminaire, 31 janvier 2008, *Situation en RDC, Affaire Le Procureur c. Thomas Lubanga* Dyilo, *préc*, n° ICC-01/04-423.

[186] CPI, Chambre préliminaire II, 10 août 2007, *Situation en RDC, Affaire Le Procureur c Thomas Lubanga Dyilo, préc,* Décision relative aux demandes de participation des victimes a/0010/06, n° ICC-12/04-101, para 16-21.

[187] CPI, Chambre préliminaire I, 17 août 2007, Décision relative aux demandes du représentant légal des demandeurs concernant les modalités de demande de participation des victimes à la procédure et celles de leur représentation légale, n° ICC-01/04-374.

des groupes armés sont désormais reçus[188] pour prouver le statut de victime devant la CPI. Cette liste est indicative et d'autres documents susceptibles de prouver l'identité peuvent être reçus[189]. Il a été indiqué dans le même sens qu'à défaut d'obtenir ces documents, il peut être admis une déclaration signée par deux témoins qui attestent de l'identité du demandeur. La déclaration en question doit être accompagnée d'un justificatif d'identité des deux témoins[190].

3- La preuve de l'existence d'un préjudice

109. La définition du préjudice n'a pas intéressé les rédacteurs du statut de Rome. La jurisprudence relative à la participation des victimes a indiqué que le terme préjudice désigne un tort, une blessure ou un dommage[191]. La lecture de la règle 85 du RPP permet de conclure à une pluralité de préjudices réparables. Il s'agit d'une manière générale de préjudices physique, matériel, moral voire économique[192].

110. Lorsqu'il est invoqué, le préjudice doit nécessairement être direct, personnel actuel et non éventuel pour prospérer devant le juge international. Les demandeurs au procès doivent également rapporter la preuve de ce qu'il existe un lien de causalité entre le crime allégué et la douleur subie. Cette dernière condition offre l'occasion de distinguer la victime directe de la victime indirecte, au demeurant toutes recevables devant la CPI.

---

188 *Ibid*, para 14.

189 CPI, Chambre préliminaire I, 14 mars 2008, *Situation en Ouganda, Affaire Le Procureur c. Joesph Kony et autres,* Décision sur les demandes de participation des victimes, n° ICC-02/04-125, para 12.

190 CPI, Chambre préliminaire I, 12 décembre 2008, *Situation en RCA, Affaire Le Procureur c. Jean Pierre Bemba*, 4e décision sur la participation des victimes, *préc*, para 35, disponible en ligne sur *http://www.icc-cpi.int/iccdocs/doc/doc610092.pdf*.

191 CPI, Chambre d'appel, 11 juillet 2008, *Situation en RDC, Affaire Le Procureur c. Thomas Lubanga Dyilo,* arrêt relatif aux appels interjetés par le Procureur et la Défense contre la décision relative à la participation des victimes rendue le 18 janvier 2008 par la chambre de première instance I, n° ICC-01/04-01/06-1432, para 31.

192 SIMMALA (D. S), « La participation de la victime à la procédure devant le tribunal spécial pour le Liban », *Revue québécoise de droit international*, 25.2 (2012), pp. 144-174.

Paragraphe 2- Des pouvoirs exceptionnels d'intervention

111. La victime peut mettre en œuvre ses attributs à toutes les étapes de la procédure (A) quelles que soient ses moyens d'intervention (B).

A- Les attributs du droit de participer

112. La victime ne peut contribuer efficacement à la manifestation de la vérité (2) que si elle est effectivement informée de ses droits procéduraux pendant le procès (1).

1- Le droit à l'information pendant le procès

113. Le droit d'accès à la procédure ne peut être effectif que si la victime est réellement informée de l'existence d'une procédure judiciaire[193]. Cette nouvelle tendance de prise en compte de la victime a été reprise par l'art 68.3 du statut de Rome. L'ouverture du prétoire international aux victimes fait croire que le procès pénal n'est plus le lieu où s'exprime de manière privilégiée, la puissance des États ou du Conseil de Sécurité. Les rédacteurs du statut de Rome semblent vouloir instituer un équilibre même encore fragile, entre les droits de l'accusé et ceux de la victime. Le procès acquiert une nouvelle physionomie, confirmant ainsi le retour de l'intérêt de la victime sur le devant de la scène pénale internationale[194]. En vertu du droit de participer, il est devenu de plus en plus légitime et obligatoire d'informer ou de recueillir les observations de la victime au cours du procès.

114. Le droit pour les victimes d'être informées prend la forme d'une obligation à la charge des organes de la CPI. Appelé à informer les victimes du déclenchement et du déroulement de la procédure, le Greffe assume cette responsabilité au quotidien en mettant à leur connaissance des informations sur le mandat de la Division d'aide aux victimes et aux témoins, s'assure que les victimes sont informées en temps utile des décisions de la Cour qui peuvent affecter leurs intérêts. Il leur fait parvenir des avis et notifications, leur accorde des aides qui peuvent

[193] Ce droit est consacré à l'article 6(a) de la déclaration de 1985 qui dispose : « La capacité de l'appareil judiciaire et administratif de répondre aux besoins des victimes doit être améliorée (...) en informant la victime de son rôle et des disponibilités de recours qu'il offre, des dates et du déroulement des procédures et de l'issue de leurs affaires spécialement lorsqu'il s'agit d'actes criminels graves et lorsqu'elles ont demandé ces informations ».

[194] D'HAUTEVILLE (A), « Les droits des victimes », *Revue de sciences criminelles*, 2001, p. 107 et s.

faciliter leur participation au procès selon qu'elles sont des victimes individuelles ou collectives[195]. Au cours de la phase préliminaire, lorsque le procureur entend demander l'autorisation d'ouvrir une enquête, il en informe les victimes qu'il connait ou qui sont connues du Greffe[196]. Il peut même annoncer son intention par des moyens de diffusion générale afin d'atteindre des groupes de victimes. Le Greffe a aussi l'obligation d'informer les victimes qui communiquent avec la Cour, sur les questions portant sur sa compétence ou la recevabilité d'une affaire[197].

115. La Cour a aussi l'obligation pendant la phase intermédiaire, de notifier aux victimes la décision du procureur de ne pas ouvrir d'enquête ou de ne pas engager des poursuites, ainsi que la décision de tenir une audience de confirmation des charges[198]. La qualité de « *participant* » emporte le droit à l'information sur l'évolution de la procédure. Le greffier informe les victimes en temps utile, du déroulement de la procédure en ses dates d'audience, de report ainsi que de la date du prononcé du jugement[199]. Ces dernières ont le droit d'être informées aussitôt que possible sur les décisions rendues par la Cour à chaque étape de la procédure à laquelle elles ont participé. Ces informations sont données en principe par écrit ou éventuellement sous toute forme appropriée y compris par la voie de signification.

116. Les victimes ont également le droit d'être d'informées de la condamnation de l'auteur du crime et des modalités de réparation. Elles doivent surtout recevoir des informations sur les mécanismes de réparation pour leur permettre de solliciter une indemnisation effective[200].

2- Le droit d'agir au cours du procès

117. La victime devant la CPI est titulaire d'un droit d'initiative procédurale même s'il parait encore théorique. Ce droit consiste pour les victimes à présenter leurs vues et préoccupations et de déposer des pièces en rapport avec une des phases quelconque de la procédure générale

---

[195] Norme 86 paragraphe 9 du Règlement de la Cour.
[196] Règle 50 du RPP.
[197] Règle 89 du RPP.
[198] Règle 92.3 du RPP.
[199] Règle 92.4 du RPP.
[200] COUVRAT (P), « L'indemnisation des victimes d'infraction, essai d'un bilan », *RSC*, 1983, p. 577 et s.

nonobstant toute procédure spécifique[201]. Le droit d'agir a été davantage affirmé par la chambre préliminaire II de la CPI[202] sur les modalités de participation de la victime à l'enquête. La participation des victimes à ce stade a donc un but répressif puisque l'art 68.3 du statut de Rome confère aux victimes, le droit de participer à la lutte contre l'impunité en phase d'affaire « *en exposant leurs vues et préoccupations afin de contribuer utilement à la répression des crimes dont elles allèguent avoir souffert et de pouvoir, le cas échéant, obtenir ultérieurement réparation des préjudices subis* »[203].

118. Pour cela, les victimes peuvent limitativement avoir accès aux seuls documents publics, faire des déclarations au début et à la fin des audiences auxquelles elles sont conviées, à demander aussi l'autorisation d'intervenir lors des sessions publiques de l'audience de confirmation des charges[204], à la seule condition qu'elles soient connues. À cet effet, les victimes ont un droit d'accès général à l'ensemble des documents et décisions contenus dans un dossier, lesquels peuvent être publics ou confidentiels. Elles peuvent aussi présenter des conclusions sur toute question relative à la recevabilité et la valeur probante des éléments de preuve, interroger les témoins, assister à toutes les audiences publiques ou à huis clos, présenter oralement ou par écrit des requêtes, réponses et conclusions[205].

119. Il n'est pas exclu que les victimes apportent des éléments de preuve sur la responsabilité pénale de l'accusé[206]. Le droit de produire

---

[201] CPI, Chambre préliminaire, *Situation en RDC, Affaire Le Procureur c. Thomas Lubanga Dyilo,* Décision sur les demandes de participation à la procédure, *préc*, para 71.

[202] CPI, Chambre préliminaire II, 10 août 2007, *Situation en Ouganda*, Decision on victim's participation, a/0010/06, a/0064/06, to a/0070/06, a/0081/06 to a/0104/06 and a/0111/06 to a/0127/06, *préc*, para 98 et 99.

[203] CPI, Chambre préliminaire I, 22 septembre 2006, *Situation en RDC, Affaire Le Procureur c. Thomas Lubanga Dyilo*, Décision sur les modalités de participation des victimes à l'audience de confirmation de charges, n° ICC-01/04-01/06-462.

[204] I*bid*, para 53.

[205] CPI, Chambre préliminaire I, 13 mai 2008, *Situation en RDC, Affaire Le Procureur c. Germain Katanga et Mathieu Ngudjolo Chui,* Décision relative à l'ensemble des droits procéduraux associés à la qualité de victime dans le cadre de la procédure préliminaire, n° ICC-01/04-01/07-474-tFRA.

[206] CPI, Chambre de 1re instance I, 18 janvier 2008, *Situation en RDC, Affaire Le Procureur c. Thomas Lubanga* Dyilo, Décision relative à la participation des victimes, n° ICC-0/04-01/06-119.tFRA, para 84.

la preuve a été confirmé par la jurisprudence[207] qui a contribué à l'augmentation quantitative des pouvoirs d'intervention de la victime. La chambre d'appel de la CPI a considéré à cet effet que *« pour que l'esprit et l'intention de l'article 68.3 du statut se traduisent dans les faits lors du procès, cet article doit être interprété de manière à ce que la participation des victimes soit significative. Des éléments de preuve soumis lors du procès qui seraient sans rapport avec la culpabilité ou l'innocence de l'accusé seraient très vraisemblablement considérés comme irrecevables ou sans intérêts. Si les victimes se voyaient de manière générale et en toutes circonstances, dans l'impossibilité de présenter des éléments de preuve touchant à la culpabilité ou à l'innocence de l'accusé, et de contester l'admissibilité ou la pertinence d'autres preuves, leur droit de participer au procès pourrait devenir sans effet »*[208]. La victime internationale participe ainsi en principe, à l'établissement de la culpabilité de l'auteur du crime[209], en contribuant à la manifestation de la vérité.

120. Les représentants légaux ont la possibilité de faire comparaitre les victimes en tant que témoins[210] ou de suggérer les noms des témoins qui déposeront devant Cour[211].

B- Les moyens de participation à la procédure

121. Par la voie du dépôt d'une demande ou du témoignage, les victimes s'immiscent directement (1) ou indirectement au procès (2).

---

[207] CPI, Chambre d'appel, 11 juillet 2008, *Situation en RDC, Affaire Le Procureur c. Thomas Lubanga Dyilo,* Arrêt relatif aux appels interjetés par le procureur et la défense contre la Décision relative à la participation des victimes rendue le 18 janvier 2008 par la Chambre de 1re instance I, n° ICC-01/04-01/06-1432-tFRA.

[208] *Ibid,* para 97.

[209] VITU (A), « La collaboration des personnes privées à l'administration de la justice pénale », *Rev, sc crim*, 1956, p. 675 et s

[210] CPI, Chambre de 1re instance II, 22 janvier 2010, *Situation en RDC, Affaire Le Procureur c. Germain Katanga et Mathieu Ngudjolo chui,* Décision relative aux modalités de participation des victimes au stade des débats sur le fond, n° ICC-01/04-01/07-1788, para 85 à 97.

[211] CPI, Chambre de 1re instance II, 9 novembre 2010, *Situation en RDC, Affaire Le Procureur c. Germain Katanga et Mathieu Ngudjolo Chui,* Décision aux fins d'autorisation de comparution des victimes a/0381/09 ; a/0018/09 ; a/0191/08 ; et a/0363/09 agissant au nom de a/0363/09, n° ICC-0/04-01/07-2517.

1- L'intervention directe au moyen de la demande de participation

122. La demande de participation est le moyen par lequel les victimes interviennent à la procédure. Certes, elle ne produit aucun effet sur l'action publique internationale, mais plutôt sur les victimes elles-mêmes, dans la mesure où elles peuvent acquérir le statut de victime si elles sont autorisées à participer. Une telle demande permet aux victimes de corroborer ou d'influencer certainement l'action du procureur. Elle se présente sous forme de formulaire que la victime qui prétend être lésée par le crime doit remplir. L'objectif du formulaire est de recueillir des informations suffisantes pour permettre aux juges de la Cour de décider, si une victime a le droit d'intervenir dans la procédure. Le fait de remplir un formulaire ne donne pas automatiquement le droit de participer à la procédure. Les formulaires de participation peuvent s'obtenir gratuitement auprès de la SVPR ou être téléchargés à partir du site internet de la CPI.

123. Les formulaires de demande accompagnés des documents (nécessaires pour l'identification du demandeur) doivent être transmis à l'attention du SVPR au siège de la Cour ou aux bureaux extérieurs. Cet organe peut fournir des copies des formulaires de demande, organiser la distribution et la collecte, et indiquer auprès de qui trouver de l'aide pour les remplir. Chaque demande reçue fait l'objet d'un accusé de réception sur lequel figure un numéro d'enregistrement, que le demandeur doit utiliser lorsqu'il communique avec la Cour. Si ce dernier transmet des informations supplémentaires à la Cour, il doit indiquer le numéro de référence pour que la demande soit dûment mise à jour. Les victimes ou le cas échéant, leurs représentants judiciaires seront informés sans délai de la décision des juges. La procédure de demande est longue et la Cour peut mettre un certain temps avant de rendre sa décision.

124. Le procès devant la CPI est quasiment gratuit quelle que soit l'étape de la procédure. Le formulaire de demande de participation concerne toute personne ayant subi un préjudice et souhaitant contribuer à la manifestation de la vérité. Si une famille demande à participer au procès, chacun de ses membres doit remplir et signer un formulaire[212]. Les demandeurs doivent utiliser l'anglais ou le français comme langue de travail en vigueur devant la CPI.

125. Si une victime n'est pas en mesure de fournir les informations demandées dans l'une des deux langues, il lui est recommandé d'en informer la CPI ou ses bureaux extérieurs au préalable. En cas de rejet éventuel et exceptionnel de la demande de participation, la victime en est informée et peut présenter une nouvelle demande de participation à une date ultérieure. Elle devra alors indiquer le numéro d'enregistrement qui lui avait été attribué initialement.

2- L'intervention indirecte au moyen du témoignage

126. Le témoignage est le mécanisme indirect par lequel la victime intervient au procès. Il est le plus ancien puisqu'il a précédé la participation autonome de la victime. Les victimes sont invitées au procès au soutien des intérêts d'une partie. C'est le moyen privilégié par lequel les tiers peuvent participer indirectement à la procédure. Devant la CPI, on distingue deux types de témoins : le témoin ordinaire et les témoins-experts. Le témoin ordinaire relate les faits dont il a eu connaissance à l'instar des enquêteurs ou d'une partie au procès[213] si elle le souhaite pour corroborer ses prétentions. Les témoins-experts cependant, comparaissent pour donner une opinion sur une question de droit ou de fait. Une fois la déclaration solennelle prononcée, le témoin devient témoin de la vérité[214]. La victime peut dans cette situation, être aussi témoin de la Cour dans l'optique de rechercher la vérité, surtout lorsqu'elle est citée en cette qualité.

127. On peut envisager le témoignage par procuration[215] comme un moyen d'intervention indirecte, à l'image du procureur de la CPI qui

---

[212] Le formulaire peut être utilisé par les personnes suivantes : une victime qui demande à participer à une procédure portée devant la cour ; une personne qui agit au nom d'une victime si celle-ci est un enfant ou souffre d'un handicap qui l'empêche d'agir en personne ; une personne qui peut présenter sa demande avec le consentement de la victime.

[213] TPIY, Chambre de 1re instance, arrêt *celebici,* cas IT-96-21, décision relative à la requête introduite par l'accusation aux fins de permettre aux enquêteurs d'assister au procès pendant les dépositions des témoins, 20 mars 1996, para 10-11.

[214] TPIY, Chambre d'appel, arrêt *Mrksic,* cas n° IT-95-13, 30 juillet 2003, para 15, Décision relative à l'appel interlocutoire de la défense concernant la communication avec des témoins potentiels de la partie adverse.

[215] Le terme procureur vient du latin « *procurator* » qui désigne étymologiquement « celui qui prend soin de quelque chose » ou celui qui s'occupe de ses affaires pour

intervient au procès en représentation et préservation des intérêts de l'Humanité. Le régime de la participation a conduit à analyser les préalables de l'action de la victime. Toutefois, s'il est reconnu à cette dernière le droit de participer, en revanche, l'exercice de ce droit est laissé à l'appréciation du juge garant des droits des victimes.

Section 2- La particularité dans la mise en œuvre du droit de participer

128. La procédure pénale en vigueur devant la CPI a mis en place un système d'encadrement juridictionnel et non juridictionnel des droits de la victime, ignoré du droit romano-germanique (Paragraphe 1), et inconnu des juridictions internationalisées (Paragraphe 2).

Paragraphe 1- L'encadrement juridictionnel ignoré de la procédure romano-germanique

129. D'une manière générale, la procédure romano-germanique est favorable à l'émancipation, et surtout à la participation significative de la victime au procès pénal devant un juge impartial. Mais, la CPI qui s'en est inspirée fait du juge la sentinelle des droits procéduraux de la victime[216] (A) tel qu'il lui est loisible de déterminer les modalités de mise en œuvre (B).

A- Le contrôle souverain par le juge

130. L'acceptation à contrecœur de la participation de la victime au prétoire international, a donné lieu à un contrôle de légalité (1) et un contrôle d'opportunité (2).

1- Le contrôle de légalité

131. Le contrôle de légalité est effectué sur le fondement des instruments internationaux des droits de l'homme et du statut de Rome. Il s'inscrit dans « *le respect général des exigences du procès*

---

un autre acte, c'est-à-dire son mandataire. Si le titre romain de procurateur d'une province impériale disparait avec l'Empire, le terme procureur réapparait en France à partir du 12e siècle. Il désigne alors l'intercesseur qui a le pouvoir de gérer les affaires d'une autre personne, d'administrer ses biens et/ou de représenter en justice.

[216] Dans ce sens, lire DONAT-CATTIN (D), The role of victims in ICC proceedings, in Essays on the Rome Statute of the international criminal court, sous la dir de F. Lattanzi, W.A. Schabas, L'Aquila 1999, p. 262 et s.

équitable[217] ». Le juge doit veiller à ce que les prérogatives procédurales des victimes ne soient pas contraires et préjudiciables aux droits de la défense et au procès équitable. Les droits de la défense sont considérés en droit international par les principes généraux de droit. Ils sont entendus comme l'ensemble des garanties de bonne organisation et de bon fonctionnement de la justice, et illustrent *« le principe fondamental de la prééminence du droit »*[218]. Ils protègent l'accusé ainsi que les intérêts de la justice. Il ne fait l'ombre d'aucun doute que les juridictions pénales internationales se sont arrimées à cette exigence[219]. Les droits de la défense correspondent à un certain nombre de garanties procédurales favorables à l'accusé[220]. Il s'agit de l'égalité des armes et de la présomption d'innocence.

132. L'égalité des armes se traduit par le droit de l'accusé d'interroger ou de faire interroger les témoins à charge, et obtenir la comparution ou l'interrogatoire des témoins à décharge dans les mêmes conditions que les témoins à charge. L'accusé a également le droit de faire valoir ses moyens de défense et de présenter ses éléments de preuve en vertu du statut de Rome. Ce droit met en évidence l'idée d'un équilibre entre les parties et le respect du contradictoire. Il a été consacré par la Cour de Strasbourg sur le fondement de l'art 6.1 de la convention[221]. Dans cet équilibre, la victime est susceptible de perturber le système dualiste entre l'accusation et la défense. C'est d'ailleurs la raison pour laquelle le juge doit contrôler l'action de la victime. Ce principe a été appliqué en février 2007 dans une décision relative à la situation en Ouganda. Dans cette affaire, le juge Mauro Politi a ordonné que les demandes de participation soient expurgées de toutes informations relatives à leurs identités. Ces demandes expurgées ont été transmises en l'état au procureur et à la défense, puis admises en vertu

---

[217] LEMASSON (A-T), *La victime devant la justice pénale internationale*, *op.cit.*, p.172.

[218] MARGUÉNAUD (J.P), *La Cour européennes des droits de l'homme ;* 4ᵉ éd, Paris, Dalloz, 2008, p. 96.

[219] Les articles 20 et 19 des Statuts des TPIY et TPIR.

[220] MARGUÉNAUD (J.P), ANDRIANTSIMBAZOVINA (J), GOUTTENOIRE (A), LEVINET (M), *Les grands arrêts de la Cour européenne des droits de l'homme* ; 5ᵉ éd, France ; PUF, 2009, pp. 85 à 98.

[221] CEDH, Chambre, 27 juin 1968 ; affaire *Neumeister c. Autriche* : Arrêt principal accompagné de deux opinions dissidentes ; Strasbourg ; 44p ; disponible sur *http://cmiskp.echr.coe.int*; (Requête n°1936/63).

du droit à l'égalité des armes reconnu aux parties et aux victimes participantes[222].

133. La présomption d'innocence quant à elle, est un droit fondamental des droits de l'homme. Il fait interdiction aux autorités judiciaires ou administratives de considérer avant un jugement, l'accusé comme coupable d'office. Il influence le droit de la preuve en matière pénale et met à la charge de l'accusation l'obligation de rapporter la preuve. Ainsi, toute personne est présumée innocente jusqu'à ce que sa culpabilité ait été établie devant la Cour. Il incombe donc au procureur de prouver la culpabilité de l'accusé au-delà de tout doute raisonnable.

134. Le souci de protection de l'accusé justifie la crainte de voir l'intervention de la victime porter atteinte à la présomption d'innocence, dans la mesure où nul ne peut être entendu dans la même affaire à la fois comme témoin et partie. La procédure pénale en vigueur au Cameroun[223] par exemple, admet la victime au procès en qualité de témoin lorsque le prévenu ou l'accusé plaide non coupable. Elle ne peut se constituer partie civile qu'après la déclaration de culpabilité. La jurisprudence internationale admet un double statut de victime et de témoin dans la recherche de la vérité. *A priori*, ce statut ne saurait constituer un obstacle à la présomption d'innocence en ce que « *la chambre est d'ailleurs convaincue que les victimes sont souvent capables de donner des éléments de preuve directs sur les crimes allégués et que par conséquent, limiter leur participation dans les cas où elles pourraient être citées ès qualité de témoin serait contraire à l'objet et au but de l'art 68 du statut et à l'obligation pour la cour de rechercher la vérité. Toutefois, lorsque la chambre de première instance examinera la demande d'une victime possédant cette double qualité, elle déterminera si la participation d'une victime qui est également un témoin peut avoir des effets adverses sur les droits de la défense à un stade particulier de l'affaire. Elle peut prendre en considération les modalités de la participation des victimes ayant cette double qualité, le caractère nécessaire ou non de leur participation et*

[222] CPI, Chambre préliminaire II ; 1er février 2007 ; *Situation en Ouganda ; Affaire Le Procureur c. Joseph Kony, Vincent Otti, Raska Lukwiya, Okot Odhiambo et Dominic Ongwen, préc*, Décision sur la représentation légale, la désignation d'un conseil de la Défense, les mesures de protection et les délais pour la présentation d'observations relatives aux demandes de participation ; en ligne sur *http://www.icc-cpi.int; n°ICC-02/04-01/05*, 20 p.
[223] Article 365 et suivants du Code camerounais de procédure pénale.

le droit de l'accusé à un procès équitable et rapide »[224] qui n'exclut pas un contrôle d'opportunité.

2- Le contrôle d'opportunité

135. Le juge vérifiera toujours si l'intervention des victimes ne constitue pas une menace pour l'équité et la célérité de la procédure. Cette vérification prend la forme de ce qu'Aurélien Thibault Lemasson a appelé « *le contrôle de l'intervention de la victime en opportunité* »[225], « *laissé à la discrétion de la Cour* »[226]. Ce contrôle d'opportunité est justifié par l'emploi du terme « *approprié* » à l'article 68 du statut de Rome. Le régime de la procédure pénale internationale reprend l'intégralité des concepts génériques du procès équitable. L'exigence du procès équitable qui fonde le contrôle du juge découle des règles de procédure en vigueur devant la CPI. L'autorité de ces règles tendant à l'équité du procès est sensiblement limitée à l'impartialité, la célérité et la publicité de la procédure. L'équité procédurale est principalement garantie par le respect d'exigences de fond et de forme de la procédure.

136. Le statut de la CPI a prévu le droit pour l'accusé d'être entendu de façon impartiale et le juge donne des instructions nécessaires pour que les droits de la victime ne préjudicient pas aux exigences d'une procédure impartiale. Conformément à l'adage « *nul ne saurait être juge et partie* », le RPP sanctionne toute manifestation évidente de partialité de la procédure. Pour prévenir ces violations, les négociateurs du statut de Rome ont soumis la participation des victimes à une autorisation préalable sur les questions de culpabilité. Même s'il a été admis en 2006 que les droits procéduraux de la victime contribuent à la répression des crimes, une opinion contraire et dissidente a été développée par le juge Pikis. Cette opinion tend à exclure la victime des questions de culpabilité. Prouver ou réfuter les charges, une question directement liée à l'admission des preuves, n'est pas l'affaire des victimes a conclu ce juge[227].

---

[224] CPI, Chambre de 1re instance I, 18 janvier 2008, *Situation en RDC, Affaire Le Procureur c. Thomas Lubanga Dyilo, préc,* para 132 à 137.
[225] LEMASSON (A-T), *La victime devant la justice pénale internationale,* Thèse, *op.cit.*, p. 188.
[226] *Ibid*, p. 187.
[227] CPI, Chambre d'appel, 11 juillet 2008, *Situation en RCA, Affaire c. Jean Pierre Bemba, préc,* para 4 à 19.

137. La publicité de la procédure relève de la théorie de la participation indirecte du public à l'œuvre de justice. Sous l'effet de la Convention européenne des droits de l'homme, la publicité est devenue un élément essentiel, une formalité substantielle du procès pénal international. Les États parties au statut de Rome se sont alors engagés dans un processus d'adhésion à la conception anglo-saxonne de visibilité de la justice : « *justice must be seen to be done* ». La jurisprudence du TPIY a rappelé ce principe en relevant que le principal avantage de l'accès du public et de la presse est d'aider à s'assurer qu'un procès est équitable[228]. En droit international pénal, la règle de la publicité impérative est le principe et celle de non publicité est l'exception. Les débats sont donc menés publiquement et les arrêts rendus en audiences publiques. La problématique à résoudre est la difficile conciliation entre les impératifs de protection de l'accusé et la participation des victimes. Quoi qu'il en soit, la pratique judiciaire internationale fait prévaloir les droits de la défense sur les droits des victimes.

138. L'entrée de la victime au procès peut retarder le cours de la procédure et par conséquent affecter l'équité du procès. Sous le vocable de délai raisonnable, la célérité de la procédure est très souvent reconnue à l'accusé. Devant les juridictions pénales internationales, l'accent a été mis sur cette exigence. L'examen des affaires devant la CPI par un juge unique, par dérogation au principe général de collégialité, a eu à notre sens un effet positif dans le traitement urgent des affaires.

B- La détermination par le juge des modalités de participation

139. Le statut de Rome n'ayant pas concrètement défini les droits de participation des victimes, a dévolu cette tâche au juge. Celui-ci apprécie les modalités de participation par la détermination des droits procéduraux en premier ressort (1) et la restriction de l'étendue de ces droits en appel (2).

1- La détermination des droits procéduraux en premier ressort

140. En premier ressort, les droits procéduraux des victimes varient selon qu'il s'agit de l'enquête, la phase de confirmation des charges et le procès. La mise en œuvre de ces droits montre qu'il est encore

---

[228] TPIY, Chambre de 1re instance, 10 août 1995 ; *Le Procureur c. Dusko Tadic alias Dule, préc,* para 31 à 35.

difficile de les réaliser. Pendant la phase dite de la *situation*, les droits des victimes sont des droits minimaux relatifs à l'information et la notification. C'est la raison pour laquelle le juge a déterminé *in abstracto* les modalités de participation des victimes au stade de l'enquête[229]. Ainsi, les victimes peuvent présenter leurs vues et des observations ou produire des pièces de procédure, participer à des procédures spécifiques et demander au juge d'ordonner des mesures spécifiques[230]. En 2007 cependant, les modalités de participation ont été discrétionnairement déterminées par le juge non pas en considération du droit d'accès général à la procédure, mais plutôt en considération des procédures judiciaires. En 2008, la chambre d'appel confirmant cette position a limité la participation de la victime aux seules procédures judiciaires au stade de l'enquête[231] en la confinant au seul cadre des procédures judiciaires spécifiques[232].

141. Sans préciser ce à quoi renvoient les procédures spécifiques, il semble que la Cour fait référence aux articles 53.3, 56 et 57.3 du statut de Rome[233]. La combinaison de ces dispositions indique les procédures dans lesquelles la chambre peut examiner la décision du procureur de ne pas poursuivre ou la possibilité de prendre des mesures de protection à l'égard des victimes et des mesures visant à préserver les preuves. L'art 56 du statut de Rome donne encore l'occasion au juge de la chambre préliminaire d'apprécier l'intervention de la victime dans la procédure spécifique d'obtention des renseignements.

---

[229] CPI, Chambre préliminaire I, 17 janvier 2006, *Situation en RDC, Affaire Le Procureur c. Thomas Lubanga Dyilo,* préc.

[230] CPI, Chambre préliminaire I, 17 janvier 2006, *Situation en RDC, Affaire Le Procureur c. Thomas Lubanga Dyilo, préc,* para 59, 75 73 et 76.

[231] CPI, Chambre d'appel, 19 décembre 2008, *Situation en RDC, Affaire le Procureur c. Thomas Lubanga Dyilo, préc,* Arrêt relatif à la participation des victimes au stade de l'enquête dans le cadre de l'appel interjeté par le BCPV pour la défense contre la décision rendue le 7 décembre 2007 par la chambre préliminaire I et de l'appel interjeté par le BCPV pour la défense et le Procureur contre la décision rendue le 24 décembre par la chambre préliminaire, n° ICC-01/04-556-tFRA.

[232] La chambre peut déclencher des procédures de sa propre initiative. Par exemple, en application de la Règle 103 du RPP. Elle décidera au moment où de telles procédures seront initiées si les personnes ayant la qualité de victime peuvent y participer.

[233] Ces dispositions font allusion aux pouvoirs du Procureur pendant les enquêtes et poursuites, au rôle de la chambre préliminaire dans le cadre des renseignements périssables et aux fonctions et pouvoirs de la chambre préliminaire.

142. Pendant l'audience de confirmation des charges, les victimes peuvent y participer en exposant aussi des vues et préoccupations. Ce droit est limité aux charges présentées par le procureur qui ne peut pas les modifier. Les victimes ne peuvent ni contester la sélection d'une affaire en phase de *situation* ni contester la sélection des charges. Les modalités de participation à ce stade se résument en l'anonymat et la possibilité de faire des déclarations au début et à la fin des audiences auxquelles elles sont conviées. Dans l'affaire *Thomas Lubanga Dyilo*, la chambre a défini les modalités de participation telles *« qu'en principe, la participation anonyme desdites victimes à ce stade de la procédure devrait se limiter à un accès aux documents publics uniquement ; mais que la chambre se réserve la possibilité de faire une exception à ce principe en cas de circonstance exceptionnelle ; qu'en vertu de la règle 89.1 du Règlement, les victimes ont la possibilité de faire des déclarations au début et à la fin des audiences auxquelles elles sont conviées... »*[234]. Il faut alors reconnaitre qu'une telle participation des victimes se limite en fait essentiellement à la présence de leurs représentants légaux dans la salle d'audience, c'est-à-dire une participation « de façade ». Il en est de même des droits des victimes à ce stade puisque la Chambre préliminaire a encore précisé que *« les modalités de participation peuvent être limitées par la chambre, de sa propre initiative ou à la demande des parties, du greffe ou de tout autre participant s'il est démontré qu'une telle limitation est nécessaire afin de sauvegarder un intérêt concurrent, protégé par le statut et le règlement, tel que l'enquête, de l'accusation, la sécurité nationale ou le bien-être physique ou psychologique des victimes et des témoins. Toutefois, cette limitation doit respecter strictement le principe de proportionnalité »*[235].

143. Les modalités de participation ainsi définies ont la particularité que les victimes n'interviennent que sur des questions qui ont un lien direct avec la preuve du fait criminel. Le droit de produire la preuve contribue à l'individualisation des victimes et dépend en grande partie

---

[234] CPI, Chambre préliminaire I, 22 septembre, *Situation en RDC, Affaire Le Procureur c. Thomas Lubanga Dyilo,* para 103.

[235] CPI, Chambre préliminaire I, 6 octobre 2009, *Situation au Darfour, Affaire Le Procureur c. Bahan Idriss Abu Garda*, Decision on victim's modalities of participation at the pre-trial stage of the case, n° ICC-2/05-02/09-136, para 9.

des pouvoirs du juge qui apprécie l'opportunité de donner effet à leurs droits procéduraux.

2- La restriction des droits procéduraux en instance d'appel et de révision

144. Les droits procéduraux des victimes dans l'exercice des voies de recours sont encore limités. Pas plus qu'en premier ressort, le juge pénal international a encore opté pour la restriction des droits procéduraux des victimes dans l'exercice de l'appel et de la révision comme voie de recours ordinaire et extraordinaire. Certainement cette restriction découle de la conception étroite de ces voies de recours[236]. Le droit de la CPI a fait de l'appel un domaine réservé à la défense et au procureur. Seuls le procureur et la défense peuvent soumettre une requête en révision à la chambre qui a prononcé le jugement ou l'arrêt définitif. Le droit d'interjeter appel ou de soumettre des requêtes en révision n'est pas reconnu aux victimes. Toutefois, en vertu du principe de l'accès général à l'ensemble de la procédure, la victime peut participer aux procédures d'appel et de révision devant la CPI. Le juge apprécie une fois de plus l'opportunité d'accorder aux victimes le droit de faire valoir leurs préoccupations, si elles parviennent à démontrer qu'elles ont un intérêt personnel ayant un lien direct avec les procédures d'appel et de révision. Le juge d'appel détermine alors les modalités de participation afin qu'elle soit conforme au procès équitable[237]. S'il est établi que le droit d'appel ou le droit de révision des arrêts de la Cour n'est pas reconnu aux victimes, celles-ci peuvent néanmoins exercer un recours en appel contre toute décision portant sur les mesures de protection ou les mesures d'aménagement spécial de la procédure ordonnées en leur faveur.

145. La détermination en appel des modalités de participation est l'expression du refus de reconnaître un droit d'appel ou de révision autonome en faveur des victimes. Celles-ci peuvent en revanche exercer ces voies de recours sur les seuls intérêts civils. Les victimes

---

[236] Article 25 du statut du TPIY, article 24 du statut du TPIR, articles 81, 82 du Statut de Rome, 105 du règlement des CETC.

[237] CPI, Chambre d'appel, 27 octobre 2008 *; Situation en Ouganda, Affaire Le Procureur c. Joseph Kony, Vincent Otti, Okot Odhiambo et Dominic Ongwen* : Decision on the participation of victims in the appeal (accompagné de deux opinions individuelles) ; La Haye ; 16p : *http://www.icc-cpi.int/home.html=fr*; n°ICC-02/04-01/05-oA2 ; para 7-8.

négativement affectées par une ordonnance de réparation peuvent interjeter appel contre une telle ordonnance[238]. En effet, elles ne peuvent non plus être considérées comme des parties autonomes, au cours d'une procédure d'appel initiée contre une décision interlocutoire[239]. La seule hypothèse, dans laquelle elles peuvent être considérées comme telles, est lorsque la décision de réparation affecte leurs intérêts civils. La Cour dispose d'un large pouvoir discrétionnaire et souverain pour déterminer les modalités d'intervention des victimes au cours des procédures ordinaires et extraordinaires. Les restrictions sus-évoquées trouvent encore leur fondement sur l'effectif pléthorique des victimes demanderesses au procès. Ce régime n'est pas sans conséquence sur la fonction du juge et l'ensemble de la procédure. La conséquence immédiate est que le juge pénal international devient juge-tuteur des victimes dont les droits peuvent aussi bénéficier d'un encadrement non juridictionnel.

Paragraphe 2- L'encadrement non juridictionnel inconnu des juridictions pénales internationalisées

146. Le système de participation des victimes devant les CETC ou le TSL ne consacre pas une tribune aussi large aux États ou aux ONG dans la mise en œuvre du droit de participer. Devant la CPI en revanche, cette tâche concerne principalement les États parties au statut de Rome (A), mais des organes dont la mission est la défense des droits des victimes (B).

A- Le rôle des États parties au statut de Rome

147. Le rôle des États parties au statut de Rome consiste notamment en la définition d'une politique criminelle[240], nécessaire à

---

[238] ROTH (R) et HENZELIN (M), « The appeal procedure of the international criminal court », *the Rome statute of the international criminal court: a commentary*, volii; Antonio Cassese, Paola Gaeta et John RWD. Jones eds, Oxford University Press, New-York, 2002, p1542, cité par TRACOL (X), *Les procédures d'appel et de révision devant les juridictions pénales internationales : une synthèse inégale entre les influences des systèmes nationaux romano-germanique et de Common Law*, Thèse, Paris Ouest Nanterre, 2009, p. 45.

[239] Article 82 du Statut de Rome.

[240] ANCEL (M), Pour une étude systématique des problèmes de politique criminelle, *Arch. Pol. Crim*, 1975 (n° 1), p. 15 et s – R. SCHMELECK, Où en est la « politique criminelle » ? Pouvoirs 1981 (n° 16) – LAZERGES (C), Les problèmes actuels de la politique criminelle, in Problèmes actuels de science criminelle, vol. V, PUAM, 1992, p. 93 et s.

l'émancipation des droits des victimes sur la scène judiciaire internationale. L'objet principal de la politique criminelle internationale est donc de définir, de hiérarchiser les contentieux, de déterminer les priorités que commande la justice pénale internationale à travers ses enjeux répressifs classiques et par l'émergence de nouveaux enjeux. Cette question emporte la mise sur pied d'un système cohérent de rôles et d'actions qui s'articulent dans un cadre global notamment la recherche, la poursuite, le jugement des auteurs et l'exécution des sentences répressives.

148. La poursuite des auteurs des crimes internationaux est un enjeu naturel de politique criminelle internationale. Le droit international pénal, pilier de l'ordre social et politique est une source de stratégies politiques dont la répression en est l'objectif. Elle est attachée au caractère rétributif[241] de la peine. La communauté internationale lésée par les crimes de masse inflige au coupable une peine en compensation du mal qu'elle a elle-même subi. C'est un moyen de rechercher une équivalence entre le crime commis et la peine. À l'utilitarisme correspond une conception de la répression liée à la peine. Le but utilitaire[242] de la peine consiste à servir la répression dans l'intérêt de la justice internationale.

149. Le jugement des auteurs et l'exécution des peines constituent même la finalité de la justice pénale internationale, *l'Ultima ratio* des politiques de sécurité. La question de l'exécution des peines devant la justice pénale internationale se pose avec insistance à la lumière de certains mandats d'arrêt émis par la CPI qui sont jusqu'à ce jour restés non exécutés[243]. Aux côtés des enjeux classiques, la prise en considération des intérêts des victimes est un nouveau choix de politique criminelle.

150. La place de la victime devant la CPI est encore ambigüe. S'il n'est plus possible depuis l'avènement de l'esprit de Rome, d'ignorer les besoins des victimes, de tranquillité et de sécurité, la crainte de leur influence sur le processus de répression, a entrainé une immixtion en

---

[241] Sur le caractère rétributif de la peine, lire PONCELA (P), « Par la peine, dissuader ou rétribuer », *Archives de philosophie du droit*, 1981, t 26, p. 59 et s.

[242] Sur l'utilitarisme, lire PONCELA (P), *L'empreinte de la philosophie utilitariste sur le droit pénal français, La peine, quel avenir* ? Cerf, Paris, 1983, p. 51 et s.

[243] CPI, Chambre préliminaire I, 4 mars 2009, *Situation au Darfour (Soudan), Affaire Le Procureur c Omar Hassan Ahmad Al Bachir,* n° ICC-02/05-01/09.

demi-teinte, caractérisée par un statut étrange fait de possibilités juridiques éventuelles et d'intermédiaires[244]. Il est donc de l'intérêt de la communauté internationale, qu'un comportement transgressant la norme pénale soit sanctionné[245].

151. Le système actuel de politique criminelle défini par les États parties, a certainement pris en compte l'influence grandissante du système continental de procédure. Il est alors question de présenter une nouvelle perception de la victime au procès pénal international. Les rédacteurs du statut de Rome ont orienté la problématique de la victime dans le sens de l'humanisation. C'est ainsi que les victimes ont reçu une série de droits individuels et procéduraux dont le rôle prééminent est de contribuer à l'œuvre de justice sous le regard bienveillant du juge.

B- Le rôle des intermédiaires de la CPI

152. À cause de l'éloignement très souvent déploré, la CPI est difficile d'accès aux victimes. Dans le souci de rapprocher la justice pénale internationale des victimes, il s'est développé le phénomène des « *intermédiaires* ». Ceux-ci facilitent l'accès des victimes à la CPI et servent généralement d'interface entre elles, les organes et unités de la Cour. Pour une justice de proximité, les intermédiaires se présentent comme un maillon non négligeable dans la mise en œuvre des droits des victimes.

153. Étant donné que les ONG travaillaient déjà avec les victimes dans des zones de conflit, il s'est développé une pratique à la Cour, qui consiste à utiliser des « *intermédiaires* » pour entrer en communication avec les victimes qui entendent bénéficier d'un soutien des services spécialisés de la CPI. Le système normatif de cette juridiction est resté silencieux sur ce qui peut être leur statut. En réalité, ce sont des ONG, les associations sur le terrain des conflits, des particuliers, d'autres organisations ou groupements qui s'activent en la matière. Un intermédiaire peut être dans certaines circonstances une organisation internationale ou une agence opérant dans un pays où une enquête de la

---

[244] MAYEL (M), *La place de la victime dans le procès pénal*, op.cit, p 41.
[245] KOERING-JOULIN (R) et PRADEL (J), *Les rapports entre l'organisation judiciaire et la procédure pénale en France,* RIDP, 1989, p. 799.

CPI est en cours[246]. Son rôle prend généralement la forme d'une assistance aux victimes et témoins qui veulent entrer en contact avec la CPI. Les intermédiaires contribuent au succès de la CPI à remplir son mandat en ce qui concerne les droits des victimes.

154. Ces derniers reçoivent des informations personnelles des victimes sur leur situation, leur sécurité et leur apportent des conseils d'ordre général. Dans le cadre de leurs activités, les intermédiaires informent les victimes sur leurs droits et sur le fonctionnement de la Cour. Ils les aident également à remplir les formulaires de participation, à les tenir informé des procédures, à recueillir des informations ou la documentation nécessaire et les transmettre à la Cour. Les victimes doivent par ailleurs être informées des conséquences néfastes du fait d'entrer en contact avec la CPI. Une fois le contact établi avec les services administratifs de la Cour, les ONG peuvent contribuer à la formation des avocats qui souhaitent représenter les victimes pendant le procès. Elles facilitent l'action du procureur sur le terrain en l'aidant à trouver et contacter des témoins au cours des enquêtes, ou d'établir les liens entre le Bureau du procureur et les témoins, ainsi qu'à assurer leur sécurité. C'est ainsi que plusieurs organisations locales en *Ituri* (RDC) ont collaboré avec le Bureau du procureur pour lui permettre de disposer des orientations nécessaires à la conduite de ses investigations criminelles. Ils assistent également le greffier dans ses relations avec les victimes et témoins. Aide celui-ci à apporter toutes informations nécessaires aux victimes.

155. Il est l'heure pour la CPI de mettre en place un dispositif juridique de protection des intermédiaires[247] dans la mesure où leur action porte d'une manière ou d'une autre, sur le partenariat avec les victimes dont le droit international entend restaurer la dignité. Nulle part un programme proactif de protection des intermédiaires n'a été prévu. Pourtant, ces acteurs et non les moindres de la justice pénale internationale courent dans l'exercice de leurs fonctions, des dangers graves et imminents qui menacent leur sécurité. Si un dispositif de protection des intermédiaires est absent du droit de la CPI, il n'existe

[246] Cette définition est proposée par le Groupe de Travail sur les droits des victimes. *Commentaire sur le rôle et les relations des intermédiaires avec la CPI*, 6 février 2009, 10 p.
[247] PENA (M), « L'heure est venue pour la cour pénale internationale de se pencher sur la protection des intermédiaires et des avocats », *bulletin du GTDV*, n° 13, p. 4.

non plus de dispositif l'interdisant, dès lors qu'il ne s'agit pas seulement d'une obligation juridique, mais davantage un devoir moral [248] de protéger ces acteurs particuliers de la justice internationale.

156. La CPI devrait établir un plan de protection pour les intermédiaires dès le premier contact. Elle doit vérifier à cet effet que ceux-ci sont informés des risques et des incidences du fait de la coopération avec elle, afin qu'ils puissent agir en connaissance de cause. Cette juridiction devrait en outre prendre des mesures appropriées pour s'assurer que les intermédiaires obtiennent un soutien psychologique et les soins nécessaires pour leur travail[249].

Conclusion du chapitre 2

157. L'accès de la victime au procès présente plusieurs visages par l'entremise du droit de participer par voie d'intervention. La participation sous le contrôle du juge et l'accompagnement des intermédiaires préoccupés par l'amélioration de la condition des victimes de la criminalité internationale. L'intervention de plusieurs acteurs dans la réalisation des droits des victimes fait de la participation un droit assisté. Ce contrôle exercé par le juges suscite des critiques de la doctrine, des praticiens du droit international, des victimologues, mais aussi des représentants des victimes devant la CPI. La puissance du juge face à de simples prérogatives d'accompagnement des acteurs comme les intermédiaires tend à maintenir la victime dans une posture d'acteur assisté et en quête d'émancipation. Croyant faire sortir la victime de l'instrumentalisation du procureur des TPI *ad hoc*, le droit international pénal s'est heurté de nouveau aux pouvoirs de contrôle du juge intéressé par la recherche de la vérité[250].

---

[248] *Idid.*

[249] Les intermédiaires chargés par exemple d'obtenir les témoignages de violences sexuelles sur le terrain des conflits auront par exemple besoin d'un soutien financier, matériel et logistique ainsi qu'une formation appropriée, car ils n'ont pas très souvent une expérience sur les questions des violations de droits humains et droits de l'homme.

[250] MBARA Á BETSEM (G.D), « La victime devant la justice pénale internationale : de Charybde à Scylla », *préc*, p. 103 et s.

Conclusion de la Partie I

158. L'article 68.3 du statut de Rome est le socle sans lequel le droit au procès serait une vue de l'esprit cartésien devant la CPI. L'affirmation selon laquelle la victime est titulaire du droit au procès découle du droit d'accès général à la justice. Le procès en question est aussi le lieu d'expression et d'exaltation des intérêts des victimes de la criminalité internationale. Les droits d'accéder et de participer aux procédures confirment le paradigme à partir duquel le procès pénal international participe de la satisfaction des victimes par la mise en œuvre des modes de réparation des préjudices subis.

PARTIE II

LA VICTIME : TITULAIRE DU DROIT À RÉPARATION

159. Le statut de Rome a consacré à l'article 75 la réhabilitation, la restitution et l'indemnisation comme modes de réparation des préjudices nés de la criminalité internationale. Dans le dessein de compléter cette nomenclature, la jurisprudence de la CPI a posé le principe du recours aux modes de réparation en cours devant les instances régionales de droits de l'homme. C'est ainsi que la chambre d'appel de la CPI a admis dans son arrêt du 3 mars 2015[251], sans pour autant les déterminer[252], le recours aux mécanismes de réparation collective en raison du nombre pléthorique de victimes et de la complexité des préjudices à réparer. Cet arrêt s'inscrit dans le registre des innovations de la CPI en matière de justice réparatrice. Le droit à réparation est essentiel pour les victimes des crimes internationaux. Il découle du fait que la réparation est directement axée sur la situation des victimes, puisque ce droit vise à offrir une compensation pour les droits violés, les dommages subis et les outrages endurés. Il sert de base à la reconnaissance des violations du passé et à mettre en exergue la responsabilité non seulement des auteurs du crime, mais aussi de l'État qui est tenu de mettre en œuvre les ordonnances de réparation.

160. Le système de réparation de la CPI tente de combler le vide du droit des juridictions pénales internationales antérieures, en admettant le droit pour les victimes d'obtenir directement réparation devant elle. Il ne s'agit pas d'un système plaqué ou imposé, mais d'un système issu de la volonté des États parties au statut de Rome qui ont choisi de satisfaire les victimes et exceptionnellement les groupes ou communautés de victimes.

161. Sous une apparente simplicité, la réparation cache mal sa dimension protéiforme et sa raison d'être. Devant la CPI, elle a pris une signification bien précise et dépasse le cadre de la réparation matérielle classique. Par réparation, il faut comprendre toute une série d'actions qui expriment la reconnaissance et l'acceptation de la responsabilité[253]

---

[251] CPI, Chambre d'appel, 3 mars 2015, *Situation en République démocratique du Congo, Affaire Le Procureur c. Thomas Lubanga Dyilo,* Arrêt sur les appels contre la décision de la chambre de 1re instance I Décision fixant les principes et procédures applicables en matière de réparation, n° ICC-01/04-01/06.

[252] On peut penser à des modes de réparation tels que les excuses de l'accusé, les assurances et garanties de non-répétition qui rentrent dans le chapitre de ce que la chambre d'appel a considéré comme réparation collective dont il convient d'ajouter à côté de ce type de réparation les mécanismes de réparation à portée collective.

[253] FERNANDEZ (L), « Possibilities and limitations of reparation for the victims of human rights violations" in South Africa », *in confronting past injustices-Approaches*

dans une perspective de généralisation des préjudices subis par les victimes[254]. Il s'agit d'un dédommagement obtenu par de personnes, à la suite de la violation de leurs droits. Mais la gravité des crimes de masse rend complexe la détermination des mécanismes adéquats de réparation.

162. Les différentes formes de réparation prévues par le statut de Rome se situent au confluent de nombreux impératifs contradictoires qui varient entre besoins collectifs de la communauté internationale et nécessités individuelles des victimes. La liberté pour le juge ou les victimes de choisir une des formes de réparation s'exerce donc sur un ensemble de mécanismes expressément consacrés (chapitre 1) par le statut de Rome au détriment des modes innovants de réparation collective implicitement aménagés (chapitre 2).

---

to amnesty, punishment, reparation and restitution in South Africa and Germany (sous la direction de M Rwelamira et G Werle) Human Rights and constitutional Law series of the community Law centre, F. Elbert Stifting, Butterworths, Durban, 1996, p. 65.

[254] BESSE (T), « Les droits des victimes devant la justice pénale internationale : entre certitude et doutes », op cit, p. 20 et s.

CHAPITRE 1 : LES MODES DE RÉPARATION EXPLICITEMENT CONSACRÉS

163. La Cour peut rendre contre une personne condamnée une ordonnance indiquant la réparation adéquate qu'il convient d'accorder aux victimes ou à leurs ayants droit. Les États parties au statut de Rome ont ainsi fait de la réparation une peine à part entière.

164. Le statut de Rome est la preuve de ce que le droit de la CPI est un droit taillé à la mesure des victimes, et qui de ce fait se veut réparateur et protecteur[255]. Ce sont les mécanismes de restitution, d'indemnisation et de réhabilitation qui constituent l'essentiel du droit de la réparation en vigueur. L'accusé condamné au pénal supporte en principe la charge du versement d'une somme d'argent à titre de condamnation civile[256].

165. La condamnation civile prend ainsi la forme d'une ordonnance de réparation. Cet acte juridictionnel n'est que le résultat d'un procès mené conformément aux règles de la procédure. L'introduction des modes de réparation dans le droit positif de la CPI n'est pas sans conséquence sur l'étendue de la compétence du juge. La prorogation de compétence et la relativité de l'ordonnance de réparation sont des effets attendus.

166. Sur le fondement de la règle du « *criminel tient le civil en état* », la responsabilité civile de l'accusé est intimement liée à sa responsabilité pénale internationale. Cette responsabilité n'est établie devant la CPI qu'à l'aune de ce qui aura été préalablement décidé sur les faits et leur qualification juridique. Il s'ensuit que la responsabilité civile de l'accusé est accessoire à sa responsabilité pénale[257].

---

[255] PIN (X), « La privatisation du procès pénal », in *revue de science criminelle*, 2002, p. 245

[256] COUTANT-LAPALUS (C) *Le principe de réparation intégrale en droit privé*, Préface, Polland-Dulian (F), Thèse, Presse universitaire d'Aix-Marseille ; 2002 ; p. 100 et s.

[257] BOULOC (B), *Procédure pénale*, 21e éd, Dalloz, 2008, n° 298 et s.

167. La condamnation civile est alors intimement liée à celle pénale[258] telle qu'on peut redouter la dénaturation de la mission de répression de la CPI. Le principe de l'unicité des responsabilités civile et pénale ne semble pas absolu devant cette juridiction. Les rédacteurs du statut de Rome ont introduit dans l'abstrait la règle du criminel tient le civil en état, et ont proclamé la primauté du droit général de punir[259] à travers la condamnation civile de l'accusé (section1) et l'obligation d'exécuter l'ordonnance subséquente (section 2).

Section 1- La condamnation civile

168. L'accusé déclaré coupable des crimes de masse est de suite tenu de réparer intégralement le préjudice (Paragraphe 1) au moyen d'une ordonnance (Paragraphe 2).

Paragraphe 1-La réparation intégrale du préjudice

169. Dans la perspective de réparer intégralement les préjudices, le juge peut condamner l'accusé à des réparations matérielles(A) ou à des mesures de réhabilitation (B).

A- La réparation matérielle

170. La CPI peut rendre contre l'accusé une ordonnance de restitution (1) ou d'indemnisation (2).

1- La restitution des biens indûment acquis

171. C'est la seule forme de réparation prévue par les actes constitutifs des TPI *ad hoc* et inscrite dans le droit positif de la CPI. Elle fait partie de la réparation *stricto sensu* en ce sens qu'elle correspond au principe de la réparation intégrale. La restitution doit autant que possible, effacer toutes les conséquences de l'acte illicite, et rétablir l'état qui aurait vraisemblablement existé si ledit acte n'avait pas été commis[260]. Ce principe a été admis par le droit de la CPI dans sa modalité de restitution en nature ou *restitutio integrum*. La restitution

---

[258] GUINCHARD (S) et BUISSON (J): *Procédure pénale*, Litec, 5e éd, 2009, n° 971 et 1016 ; Viney (G) : « Introduction à la responsabilité », in *Traité de droit civil*, sous la direction de GHESTIN (J), 3e éd, LGDJ, 2008, n° 80

[259] MERLE (R) et VITU (A) : *Traité de droit criminel*, t2 : Procédure pénale, Cujas, 5e éd, 2001, n° 364 ; POALUS (M) : Observation sur la règle « Le criminel tient le civil en l'état », RSC, 1972, p.32, n° 37 à 41.

[260] Publication de la Cour permanente de justice internationale, Série, A, n° 17, p 147.

devrait selon la Cour, rétablir la victime dans la situation qui était la sienne avant la perpétration du crime[261]. Elle peut consister à rendre la vie sociale d'une personne, en la ramenant dans sa famille, sa maison, ou rétablir son emploi, lui assurer une formation continue et de faire en sorte que ses biens perdus lui soient rendus[262]. La conception matérielle de la restitution est dominante dans le système de réparation de la CPI. Dans la pratique judiciaire internationale, la restitution s'entend d'un transfert de propriété aux victimes dépossédées au cours d'un conflit armé. Le droit international a par ailleurs assimilé à la restitution, le fait de mettre en liberté une personne qui a été illégalement détenue, arrêtée ou incarcérée. La restitution intégrale comprend aussi le rétablissement de la situation initiale, la réparation des conséquences de la violation et l'indemnisation pour les préjudices patrimoniaux et non patrimoniaux y compris le préjudice moral[263].

172. En pratique, la restitution semble difficile à ordonner au profit des enfants soldats en raison de leur double qualité de victime et d'accusé. La jurisprudence a ainsi estimé que la restitution ne pouvait être possible en faveur des victimes enfants soldats de moins de 15 ans du fait de leur participation aux hostilités[264]. Il a été admis en revanche, le principe de restitution au profit des personnes morales comme les écoles ou autres institutions[265]. Mais la restitution paraît illusoire[266] pour ces entités, même si le juge pénal international peut l'ordonner sans recourir au droit national[267]. Cependant, la restitution ne pourra pas être envisagée pour un bien détruit au cours d'un conflit sauf s'il s'agit de biens consomptibles. La qualité de victime ne suffit pas pour solliciter la restitution d'un bien, encore faut-il exercer des droits réels

---

[261] CPI, Chambre de 1re instance I, 7 août 2012, *Situation en RDC, Affaire Le Procureur c. Thomas Lubanga Dyilo*, Décision fixant les principes et procédures applicables en matière de réparation, *préc,* n° ICC-01/04-01/06, para 223, (traduction officielle).

[262] *Ibid*, para 224.

[263] CIADH, Vélàsquez Rodriguez, interpretation of the compensotary damages judgement, jugement du 17 août 1990, para 27, (traduction officielle).

[264] CPI, Chambre de 1re instance I, 7 août 2012, *Situation en RDC, Affaire Le Procureur c. Thomas Lubanga Dyilo*, *préc*, para 223.

[265] *Ibid,* para 235.

[266] VINCENT (J), « Le droit à la réparation des victimes en droit pénal international : Utopie ou réalité ? », *RJT*, vol 44, 2010, p. 92.

[267] MALMSTROM (S), « Restitution of Property and compensation to victims », in Richard May (dir). Essays on ICTY Procedure and Evidence: In honour of Gabrielle Kirk Mc Donald, La Haye, Kluver Law international, 2001, p.379 (notre traduction).

sur le bien litigieux. Il est approprié de fixer le paiement de la compensation équitable dans des termes suffisamment larges afin de compenser autant que possible la perte subie[268].

2- L'indemnisation

173. L'art 75 du statut de Rome a institué le droit pour les victimes d'obtenir directement une indemnisation devant la CPI. Le juge peut ainsi condamner à titre d'indemnisation, toute personne déclarée coupable d'un crime international. Cette forme de réparation devrait donc être accordée pour tout dommage qui se prête à une estimation financière, selon qu'il convient et de manière proportionnée, à la gravité du crime réprimé[269].

174. La mesure d'indemnisation est le droit commun de la réparation. Elle s'impose aux États comme un devoir de réparer en droit international traditionnel[270]. Le *versement* qui s'en suit est la forme la plus usitée[271]. Le statut de Rome n'a pas indiqué le contenu et la portée de cette mesure de réparation. On peut cependant penser que l'indemnisation couvre aussi bien les préjudices matériels qu'immatériels, en l'absence des modalités précises d'exécution ou d'une définition internationalement consacrée. Dans tous les cas, l'indemnisation est faite sous la forme monétaire, et consiste au versement d'une somme d'argent lorsque le préjudice est suffisamment quantifiable[272], car « *l'argent est la commune mesure de toutes les valeurs* »[273]. S'il est impossible d'évaluer financièrement le préjudice moral, l'indemnisation doit par conséquent être faite sous forme de versement en espèces, directement ou

---

[268] CIADH, *Velàsquez Rodruguez c. Honduras, préc,* para 915.

[269] ONU, Assemblée générale, principes et directives, 2005, A/RES/40/34, chapitre IX, principe 20.

[270] Nations Unies, Commission de droit international, « Responsabilité de l'État à raison des dommages causés sur son territoire à la personne ou aux biens des étrangers : La réparation du dommage », Document de la 13ème session y compris le rapport de la commission de l'Assemblée générale, Doc A/CN.4/134 et Add.1, Responsabilité internationale : 6ème rapport de F.V Garcia Amador, rapporteur spécial, vol II, p.2, New-York, p.2

[271] CPJI, Affaire *usine de Chorzow,* (demande en indemnité), Fond), jugement, 13 septembre 1928, séries A, n° 17, para 25.

[272] CPI, Chambre de 1re instance II, 7 août 2012, *Situation en RDC, Affaire Le Procureur c. Thomas Lubanga Dyilo, préc,* para 230 et 236.

[273] Grotius, Le Droit de la guerre et de la paix. Traduction de Jean Barbeyrac, T 2, 1754, cité par LIJPHART (A), « La théorie des relations internationales : grandes controverses et controverses mineures *», Rev. Int. Sc. Soc,* vol, XXVI(1974).

indirectement aux victimes. Elle peut même comprendre le paiement des frais en cours pour les experts juridiques, services médicaux, soutien psychologique et les aides sociales pour les victimes du VIH/SIDA[274]. La prise en compte des dommages moraux dans le processus d'indemnisation, fait que cette mesure de réparation ne se limite pas exclusivement au *damnum emergens* mais aussi au *lucrum cessans*.

175. L'indemnisation doit tenir compte des intérêts des victimes des deux sexes et de leurs âges tel que par exemple, *« la conscription et l'enrôlement d'enfants de moins de 15 ans et le fait de les faire participer activement à des hostilités peuvent avoir des effets sur les victimes directes, leur famille et leur communauté »*[275]. Mesure alternative de réparation, l'indemnisation devrait être ordonnée par le juge pénal international en cas de solvabilité de l'accusé, ou lorsqu'il est établi que celui-ci dispose des avoirs directement issus du crime et placés sous-main de justice.

B- Le dédommagement en vue de réhabiliter

176. C'est en réalité une prise en charge des victimes. L'insaisissabilité du concept[276] fait que la réhabilitation peut prendre la forme d'une réparation matérielle (1) dont la réalisation concrète peut être assimilée à une prestation de service (2).

1- La réhabilitation matérielle

177. Elle repose sur la notion de préjudice matériel[277] et semble dominer l'ensemble du système de réparation de la CPI. La réhabilitation est influencée par la conception matérialiste de la réparation. Les mesures envisageables au nom de la réhabilitation comprennent des services et soins médicaux, une aide psychologique, psychiatrique et sociale pour les personnes ayant subi deuil et traumatisme[278]. Elle consiste entre autres en la construction des

---

[274] CIADH, *Laoyza Tamayo c. Pérou,* Réparation et dépens, arrêt du 27 novembre 1998, para 129-d ; *Barrios Altos c. Pérou,* Réparation et dépens, arrêt du 30 novembre 2001, para 42.

[275] CPI, chambre de 1re instance II, 7 août 2012, *Situation en RDC, Affaire Le Procureur c. Thomas Lubanga Dyilo*, *préc,* para 231.

[276] Redress, « La réadaptation comme forme de réparation en vertu du droit international », *www.redress.org*, décembre 2009, p. 6

[277] Voir *supra,* Partie I, « La victime : titulaire du droit au procès », p. 37 et s.

[278] CEDH, *Affaire Askoy c Turquie,* Arrêt du 26 novembre 1996, para 10-22 *; Affaire salmanoglu et Polattas c. Turque,* Arrêt du 17 mars 2009 sur le fond, Requête

hôpitaux, des centres sociaux, des écoles, l'élaboration des programmes de formation pour la prise en charge des victimes.

178. Toutes les modalités de réhabilitation envisageables peuvent être réalisées par l'intermédiaire d'une indemnisation monétaire. Cette mesure est destinée au paiement des frais médicaux, la prise en charge psychologique, juridique ou sociale des victimes. L'approche indemnitaire des mesures de réhabilitation est celle qui sied à sa compréhension lorsqu'on s'intéresse au système de réparation de la CPI. La réhabilitation ne concerne pas la seule victime participante à la procédure. Elle produit également des effets en faveur des victimes y compris celles qui n'ont pas pu participer au procès[279].

179. Certaines peines pécuniaires peuvent être utilisées aux fins de réhabilitation. Il s'agit ainsi des amendes, saisies, confiscation des biens spoliés. Le produit de ces biens est d'ailleurs reversé au Fonds pour les victimes à titre de réparation[280]. L'amende peut être fixée en tenant compte des capacités financières du condamné, du dommage, des réparations à accorder, ou du profit tiré sous déduction d'une éventuelle confiscation[281].

180. Des sommes d'argent peuvent ainsi être octroyées aux victimes de détention arbitraire, d'actes de torture, couvrant les frais médicaux générés par un suivi médical[282]. Ainsi, les frais résultant de la prise en charge physique et psychologique des victimes de violations massives des droits de l'homme sont des dommages pécuniaires que la jurisprudence de la CPI prend en compte par référence aux arrêts des cours régionales de protection des droits de l'homme, pour davantage préciser la notion de réhabilitation. Si cette modalité n'est pas la plus

---

n° 15828, para 5-28 ; *Affaire Mikheyev c. Russie,* Arrêt du 26 janvier 2006, Requête n° 77617/0, para 9-27.

279 La construction d'une école après un conflit peut par exemple bénéficier à tous les enfants soldats d'une communauté entière. Mais seulement, il ne faudra pas considérer une telle mesure comme une aide humanitaire, parce qu'elle vide le droit de la réparation de la CPI de tout son sens.

280 Voir *infra,* section 2 : « L'intervention subsidiaire du FPV », p 86 et s.

281 Article 77 du Statut de Rome.

282 CEDH, *Affaire Aksoy c Turquie*, Arrêt du 26 novembre 1996, para 10-22 ; *Affaire Salmanoglu et Polattas c. Turquie*, arrêt du 17 mars 2009 sur le fond, Requête n° 15828, para 5-28 ; *Affaire Mikheyev c. Russie*, arrêt du 26 janvier 2006, Requête n° 77617/01, para 9-27.

appropriée dans un contexte de conflit de masse, elle a au moins le mérite de faciliter la fourniture de services.

2- La prestation de services

181. Le statut de Rome n'a pas indiqué les modalités pratiques d'exécution d'une mesure de réhabilitation. La technique que l'on propose consiste en la fourniture aux victimes, des services médicaux, juridiques et psychosociaux, pour assurer la prise en charge de leurs traumatismes. La réadaptation en droit international pénal peut ainsi se résumer en la prestation d'un service médical, service juridique et service psychosocial. La Cour doit donc donner effet à ces services dans le respect des principes de non-discrimination des personnes vulnérables, quel que soit le sexe.

182. La prestation de service ne doit cependant pas être confondue à une aide humanitaire, étant donné que la réhabilitation par prestation de service, est et reste une mesure de réparation prononcée dans le cadre d'un procès. En revanche, une aide humanitaire est dépourvue de toute conception judiciaire. La réadaptation médicale s'entend comme l'ensemble des soins médicaux visant à développer les aptitudes fonctionnelles et psychologiques de la victime et en cas de besoin, ses mécanismes compensatoires, pour lui permettre d'exister d'une manière autonome et active[283]. Dans le silence des dispositions statutaires de la CPI, il semble que cette mesure de réhabilitation est d'une portée collective et incombe en principe au condamné, même si réellement il est incapable d'exécuter cette mesure.

183. La réhabilitation médicale a rarement été interprétée par les instances de protection des droits de l'homme. En admettant le principe de la réparation par réhabilitation dans l'affaire des 19 commerçants contre la Colombie, la CIADH l'a considéré comme troisième forme de réparation[284] dans son système judiciaire. Elle a par ailleurs accordé en faveur des proches des victimes de torture, des « soins médicaux » en incluant des services de santé à eux destinés et touchés par des disparitions forcées[285]. Ce précédent a été confirmé dans une autre

---

[283] Comité OMS d'experts de la réadaptation médicale, Deuxième rapport, Série de rapports techniques, Genève 1969, p. 6.
[284] CIADH, *19 commerçants c. Colombie*, arrêt du 5 juillet 2004, para 254.
[285] *Ibid.*

affaire à l'issue de laquelle, la CIADH avait ordonné la prise en charge des anciens prisonniers du centre de détention *de Panchito Lopez*[286].

184. Le service psychosocial et professionnel désigne par ailleurs la partie du processus de réadaptation qui vise à intégrer ou à réintégrer la victime dans la société. Il apporte à la victime les capacités de s'adapter aux exigences de la vie familiale, collective et professionnelle, tout en atténuant les obstacles économiques et sociaux qui pourraient gêner le processus global de réadaptation ou qui se référeraient à la mise à la disposition des invalides, des services propres à leur permettre d'obtenir et de conserver un emploi convenable. Ces moyens comprennent notamment l'orientation, la formation professionnelle et le placement sélectif, même en faveur des enfants soldats dont la bourse scolaire peut être accordée dans le but de « *couvrir le coût d'un diplôme les préparant à la profession de leur choix et les frais de subsistance pendant la durée de leurs études dans un établissement d'enseignement universitaire reconnu(...)* »[287], et dans l'espoir de les réintégrer dans la société, de leur offrir des possibilités d'éducation et de formation professionnelle[288].

Paragraphe 2- L'ordonnance de réparation

185. Plutôt que de rendre une décision de condamnation pénale et civile dans un même arrêt, la CPI rend une ordonnance de réparation indépendante du jugement sur la peine (A) qui produit ses propres effets (B).

A- Un acte juridictionnel en faveur des victimes

186. Les débats sur la question de la réparation sont conduits sous la houlette du juge dans le cadre d'une instance civile (1), au cours de laquelle les preuves du dommage seront examinées (2).

1- L'audience civile

187. Cette instance peut être déclenchée à la demande de la victime ou par la Cour de sa propre initiative[289], sur les demandes de réparation. Elle est soumise aux formalités de notification et de publicité. Les

---

286 CIADH, *Institut de rééducation des mineurs c. Paraguay*, arrêt du 2 septembre 2004 sur les objections préliminaires, le fond, les réparations et les frais.
287 CIADH, *Cantoral Benavides c. Perou*, arrêt du 3 décembre 2001, para 51.
288 CPI, chambre de 1re instance I, 7 août 2012, *Situation en RDC, affaire Le Procureur c. Thomas Lubanga Dyilo*, *préc*, para 234, (traduction officielle).
289 Règles 94 et 95 du RPP.

ayants-droit des victimes peuvent prendre part à cette audience, dès qu'ils sont admis à participer aux débats sur les questions de la culpabilité. Ils ont alors un droit d'initiative, d'impulsion, d'utilisation de tel ou tel moyen de preuve voire de désistement ou d'exercice d'une voie de recours par action. Seules les personnes qui ont eu la « *chance* » de bénéficier du statut de victime[290] peuvent participer à ce niveau de la procédure.

188. La demande de réparation est essentiellement une prétention en dommages et intérêts. Elle n'est recevable que si les faits rentrent dans le champ de compétence de la CPI. La victime demanderesse doit déterminer les faits sur lesquels elle se fonde, le lieu et la date de leur commission, mais aussi le préjudice subi, avec une évaluation provisoire de sa gravité. Elle doit également indiquer le lien de causalité entre le crime et le préjudice allégué. Le fardeau de la preuve pèse ainsi sur la victime. La demande de participation peut être formulée sur n'importe quel support écrit, par voie postale ou même électronique[291] et peut à tous les stades des procédures, être déposées soit auprès du FPV, du siège de la Cour, soit auprès d'un des bureaux extérieurs de la Cour.

189. L'accusé condamné quant à lui, est celui sur qui pèse la responsabilité de réparer, contrairement aux États à qui incombe cette obligation devant les instances de protection des droits de l'homme. Le verdict de culpabilité et les ordonnances de réparation découlent des mêmes faits et tiennent leur existence de la double lésion provoquée par les faits[292]. Le condamné peut ainsi développer des moyens de défense tendant à rejeter les prétentions des victimes. Le condamné est d'ailleurs tenu de prendre en considération ses observations éventuelles[293]. Les témoins-experts apportent une assistance technique aux côtés des parties et du juge[294]. Ils peuvent intervenir soit d'office, soit à la demande des victimes ou à la demande de l'accusé pour évaluer l'ampleur du préjudice. Ils peuvent même suggérer des formes appropriées de réparation[295], voire les modalités de versement sur une

---

[290] JEANGÈNE VILMER (J.B), *Réparer l'irréparable. Les réparations aux victimes devant la cour pénale internationale*, *op.cit.*, p. 44.
[291] Règle 102 du RPP.
[292] Hélie (F), *Traité de l'instruction criminelle*, 2e éd, Plon, 1866, T1, n° 477, p. 563.
[293] Article 75 du Statut de Rome.
[294] Règle 97 du RPP de la CPI.
[295] Règle 97.2 du RPP.

base individuelle, collective ou sur le fondement des deux types d'approches.

190. L'expert assiste le juge au cours de l'audience civile[296] dans la détermination de l'ampleur du dommage[297]. Le rôle du greffe à cet effet peut consister en la fourniture des informations, ou faire des recommandations sur le champ, relativement à l'ampleur des réparations en assistant la Cour dans la désignation des équipes d'experts[298] avec collaboration avec le FPV.

191. L'État peut intervenir en faveur des victimes dans le cadre de la mise en œuvre des réparations et de la coopération avec la CPI. Il peut ainsi être invité à faire des observations sur la nature des requêtes des victimes, dans la mesure où la réparation peut avoir des implications au niveau national, ou peut nécessiter l'accord ou le consentement formel de l'État où la réparation prendra effet[299]. Les ONG peuvent participer au procès civil, si elles justifient d'un intérêt particulier en faveur des victimes pour prêter main-forte à l'accomplissement du mandat de réparation de la CPI[300]. La préférence est portée en jurisprudence sur des organismes spécialisés dans la protection des enfants soldats, des jeunes filles victimes de violences sexuelles et sur les spécialistes des questions relatives aux différences de sexe[301].

---

[296] Dans sa « *décision fixant les principes et procédures en matière de réparation* », la chambre de 1re instance de la CPI recommande vivement la désignation d'une équipe multidisciplinaire d'experts chargés d'aider la cour dans les domaines suivants : évaluation du préjudice subi par la victime, détermination des conséquences des crimes de conscription, d'enrôlement d'enfants de moins de 15 ans, sur les familles et les communautés concernées, définition des formes de réparation les plus appropriées en consultation étroite avec les victimes et communautés concernées, détermination des personnes, organismes, groupes ou communautés qui devraient se voir octroyer des réparations et moyens d'obtenir des fonds. L'équipe d'experts doit être en mesure d'aider la cour à préparer et mettre en œuvre un plan de réparation.

[297] CPI, Chambre de 1re instance, 7 août 2012, *Situation en RDC, Affaire c. Le Procureur c. Thomas Lubanga Dyilo,* « Décision fixant les principes et procédures applicables en matière de réparation », *préc,* para 236.

[298] *Ibid*, para 264.

[299] Redress, Justice pour les victimes : Le mandat de réparation de la cour pénale internationale, *op.cit.*, p. 47

[300] Selon qu'il s'agit des réparations des femmes victimes de viol, des enfants soldats, de réhabilitation individuelle ou collective par exemple. ONU-femmes, UNICEF, PNUD peuvent participer à la mise en œuvre des ordonnances de réparation en raison de leurs missions spécialisées.

[301] Rapport ONU-femmes, UNICEF, PNUD, 2010, *Ibid,* para 265.

2- Les pouvoirs du juge à l'instance civile

192. S'il est admis que l'évaluation indemnitaire du préjudice relève du pouvoir souverain du juge, il n'en demeure pas moins que l'appréciation souveraine n'équivaut pas à une absence totale de motivation. L'office du juge pénal international consiste à vérifier en la forme, les conditions d'une demande de réparation et au fond, les mérites des prétentions des victimes. *Primo*, toute victime qui prétend participer à l'instance civile doit justifier de sa qualité de victime. Mais devant la CPI l'action en justice des victimes est encore innommée[302].

193. Au fond cependant, la question est celle de la preuve de la responsabilité. Il faut rechercher l'existence d'un préjudice, dommage et perte en rapport avec les charges retenues au pénal. Si les faits de torture, traitements inhumains n'ont pas été retenus dans les *situations* pendantes devant le juge de la CPI, les victimes demanderesses à l'instance civile, ne sont pas fondées à solliciter une quelconque réparation pour ces préjudices[303].

194. Les experts assistent la Cour dans l'évaluation de l'ampleur du préjudice. En attendant la détermination en jurisprudence des principes d'évaluation, les préjudices pourront être évalués quantitativement et qualitativement pour une réparation satisfaisante. Qualitativement, il faut évaluer les aspects spécifiques et la gravité des préjudices des victimes vulnérables. Quantitativement cependant, le juge détermine les réparations appropriées ou le montant équitable de l'indemnisation à accorder. C'est d'ailleurs sur la base du processus de quantification que la Cour peut ordonner une réparation individuelle ou collective[304], voire une réparation mixte[305]. Qu'elle soit initiée par la victime ou la Cour, la procédure de réparation est une procédure contradictoire. La victime, le condamné, les personnes intéressées ainsi que les États sont

---

[302] LEMASSON (A-T), *La victime devant la justice pénale internationale*, *op.cit.*, p. 335 et s.

[303]CPI, Chambre préliminaire, *Situation en République centrafricaine, Affaire Le Procureur c. Jean Pierre Bemba*, Decision Pursuant to article 61(67) a and b of the Rome Statute out charges of the prosecutors against Jean Pierre Bemba Gombo, 15 june 2008, n°ICC-01/05-01/08-424, (notre traduction).

[304] La qualification de la mort serait basée sur la perte des revenus que les dépenses journalières pour le reste de la vie d'un individu.

[305] Règle 97.1 du RPP.

invités à faire des observations sur les expertises afférentes dans le respect du procès équitable.

195. La collecte et la production de la preuve sont à la charge de la victime. L'administration de la preuve civile est moins rigoureuse en raison de la nature fondamentalement différente de l'instance civile. Si le principe de la charge de la preuve est la règle, la jurisprudence a estimé en développant la norme 56 du règlement de la Cour, que les éléments de preuve fournis par la victime sur la culpabilité peuvent être examinés pendant l'instance civile. Le juge peut ainsi procéder à des auditions, et examiner les éléments de preuve pénale en rapport avec l'ordonnance de réparation[306].

196. Plusieurs éléments entrent en ligne de compte pour déterminer la norme d'administration de la preuve au cours de l'audience civile. Les demandes de réparation doivent être étayées par des éléments de preuve au soutien des prétentions des victimes. Raison pour laquelle la Cour a établi que « *les demandes en réparation présentées par les victimes doivent s'accompagner, dans la mesure du possible, de toutes les pièces justificatives...* »[307] pour permettre à l'ordonnance de produire tous ses effets.

B- Les effets juridiques de l'ordonnance de réparation

197. L'exégèse des dispositions de l'art 75 du statut de Rome a conduit à la conclusion selon laquelle l'ordonnance emporte autorité de la chose jugée (1) et l'obligation d'exécuter (2).

1- L'autorité relative de la chose jugée

198. Les rédacteurs du statut de Rome n'ont pas abordé cette question. Fort de la relation indéfectible entre les instances pénale et civile, l'ordonnance de réparation est tenue pour vrai au titre des condamnations civiles. Dès son prononcé, elle a autorité de la chose jugée et s'impose aux parties. L'ordonnance est par nature contentieuse en ce qu'elle statue sur les prétentions de réparation des victimes contre un accusé. À la différence des arrêts de la CPI sur la culpabilité,

---

[306] CPI, Chambre de 1re instance, 18 janvier 2008, *Situation en RDC, Affaire Le Procureur c. Thomas Lubanga Dyilo, préc,* para 25.

[307] CPI, Chambre de 1re instance, 7 août 2012, *Situation en RDC, Affaire Le Procureur c. Thomas Lubanga Dyilo, préc*, para 252.

l'ordonnance de réparation a une autorité relative et ne concerne que les participants à la procédure de réparation.

199. L'objet est ainsi défini par les demandes de participation et/ou de réparation des victimes qui peuvent intégrer les éléments de fait et de droit[308]. S'agissant de la cause, le juge pénal international l'apprécie souverainement en dépit de l'absence d'une définition en droit positif. En raison de la complexité du contentieux des crimes internationaux, il est judicieux pour le juge d'adopter une position alternative pour apprécier la cause d'une demande de réparation. L'essentiel est ici de vérifier le caractère complet des demandes de réparation[309] en application de la norme 86 (2) de son règlement et de la jurisprudence constante en la matière depuis 2007[310].

200. La réparation est une obligation à la charge des États parties ou non au statut dont la mise en œuvre entraine l'obligation de coopération. Une ordonnance de réparation ne peut produire des effets que si les États s'engagent à l'exécuter de bonne foi. Le juge pénal international peut, en cas de nécessité, donner effet à ses ordonnances en sollicitant la coopération des États[311]. Les États parties au statut de Rome doivent ainsi faire droit aux demandes d'assistance de la Cour et de prêter main-forte aux décisions de justice de la CPI[312]. Ces États ont l'obligation à minima de reconnaitre les décisions de justice de la CPI. Au même titre que les États parties au statut de Rome, la Cour peut inviter les États

---

[308] MARTIN, « Le fait et le droit ou les parties et le juge », *JCP*, G, 1974, I 2625, n° 13.

[309] Une demande de réparation doit contenir un justificatif de l'identité du demandeur, la date et le lieu des crimes allégués, la description du préjudice, le consentement exprès de la victime si une demande est faite en son nom ou lorsque la victime est un mineur, un justificatif du lien familial ou de représentation légale du tuteur, une signature ou empreinte du pouce sur le document et au moins sur la dernière page de la demande.

[310] CPI, Chambre préliminaire I, 17 août 2007, *Situation en RDC*, « Décision relative aux demandes du représentant légal des demandeurs concernant les modalités de demandes de participation des victimes à la procédure et celle de leur représentant légal », *préc*, n° ICC-01/04, para 12 ; Chambre préliminaire I, *Situation en RDC*, « Décision sur les demandes de participation à la procédure déposées dans le cadre de l'enquête en RDC », *préc*.

[311] Article 93 du Statut de Rome.

[312] Articles 75.4, 93.1 du Statut de Rome.

tiers à prêter leur assistance sur le fondement d'un arrangement *ad hoc,* d'un accord conclu avec ces États, ou sur toute autre base appropriée[313].

2- L'exclusion de la réparation immatérielle du domaine de l'ordonnance

201. Il se peut que l'adverbe « *notamment* » employé par l'art 75.2 du statut suppose que la Cour peut envisager des formes de réparation autres que matérielles. Elle peut ainsi recourir à des formes de réparation usitées en droit international des droits de l'homme[314]. Il s'agit notamment des réparations symboliques telles la satisfaction et les garanties de non-répétition de l'illicite[315]. La jurisprudence a exclu du champ de l'ordonnance les réparations symboliques en concluant, dans une affaire mettant en cause Thomas Lubanga Dyilo, que ce dernier « *ne peut contribuer qu'à des réparations symboliques, comme des excuses présentées aux victimes de façon publique ou privée, [celles-ci ne peuvent] être envisagées qu'avec son accord. Pareilles mesures ne feront donc l'objet d'aucune ordonnance de la Cour* »[316].

202. S'intéressant peu aux réparations symboliques, la CPI est plutôt favorable à la réparation financière et tend à privilégier d'une manière large la marchandisation de la souffrance et la monétarisation des réparations[317]. Or, la réparation dans un contexte de crime de masse doit aller au-delà d'une simple compensation monétaire et intégrer la reconstruction psychologique des victimes.

203. Le principe de complémentarité et le caractère souverain de l'État justifient aussi l'exclusion des réparations symboliques du champ de l'ordonnance. L'idée de réparation ne saurait rimer avec l'emploi du verbe « *ordonner* » contenu dans le mot « *ordonnance* ». On voit mal comment la CPI peut donner des injonctions à un État partie ou non

---

[313] Article 87 du Statut de Rome.

[314] *Infra,* Chapitre 4 : « Les modes de réparation implicitement aménagés », p. 98 et s.

[315] TIGROUDJA (H), « La satisfaction et les garanties de non-répétition de l'illicite dans le contentieux interaméricain des droits de l'homme », *in Réparer les violations graves et massives des droits de* l'*homme* : *Lacour interaméricaine pionnière et modèle ?* dans Élisabeth Lambert Abdelgawad et Kathia Martin-Chenut Paris, UMR, 2010, pp. 69-89.

[316] CPI, Chambre de 1re instance I, 7 août 2012, *Situation en RDC, Affaire Le Procureur c. Thomas Lubanga Dyilo, préc,* para 269.

[317] MÉGRET (F), « The International Criminal Court and the absence of symbolic reparations », cité par JEANGÈNE VILMER (J.B), *Réparer l'irréparable, op.cit.*, p. 70.

pénalement irresponsable. Même si la coopération de l'État est nécessaire à la mise en œuvre des réparations matérielles, il est probable que l'État soit réticent pour des crimes pour lesquels il n'a pas participé. Il appartient donc aux personnes déclarées coupables d'en supporter la responsabilité. Le droit de la CPI a prévu un mécanisme subsidiaire de solidarité internationale pour assurer l'indemnisation par l'intermédiaire du FPV.

Section 2- L'intervention subsidiaire du Fonds au profit des victimes

204. Compte tenu des difficultés financières que peuvent avoir les condamnés en raison de leur détention, ou l'impossibilité pour le juge d'ordonner directement des réparations à chaque victime, celui-ci peut le cas échéant, décider que l'indemnisation ordonnée soit versée par le FPV (paragraphe 1) qui procède à une distribution conformément aux principes d'équité (paragraphe2).

Paragraphe 1- Un débiteur solvable de l'obligation de réparer

205. Organisme d'assistance financière (B), le FPV bénéficie des ressources (A), qui peuvent être reversées aux victimes selon certaines modalités de distribution non prévues par le statut de Rome (C).

A- L'affectation spéciale de fonds au profit des victimes

206. Le Fonds au profit des victimes joue originairement un rôle financier qui consiste à recevoir, conserver et gérer les avoirs publics ou privés (1) afin de les reverser aux victimes à titre d'indemnisation (2).

1- Le rôle financier

207. Ce rôle est caractérisé d'une part par le fait que le FPV est soumis au règlement financier et à des règles de gestion financière, et d'autre part, le fait qu'il soit financé par les contributions extérieures au budget général de la CPI. La création d'un Fonds pour les victimes est une innovation sans précédent de la justice pénale internationale. Le FPV de la CPI pourvoit aux besoins physiques, psychologiques ou matériels des victimes les plus vulnérables. C'est le premier Fonds de l'histoire de la justice pénale internationale. Il participe du mandat de réparation de la CPI. Pour mettre en œuvre son mandat de réparation, le Fonds dispose d'un potentiel de ressources qui lui est propre, et ceux issus des condamnations prononcées par la Cour. Dans ses rapports avec la CPI, le Fonds reçoit de cette juridiction les numéraires issus soit des produits des amendes ou les biens confisqués transférés sur ordonnance de la Cour[318].

208. Les amendes et biens confisqués ont une double connotation de peine pénale et de mesures de réparation. Le FPV reçoit les produits sus évoqués à la requête de la chambre ou de la Présidence de la CPI. Le conseil de direction soumet ainsi des observations écrites ou orales sur le transfert du produit des amendes. Le caractère confidentiel des requêtes de coopération aux fins d'exécution est nécessaire pour la mise en œuvre de l'ordonnance de réparation. Pour garantir cette mise en œuvre, il convient de rendre indisponibles les biens de l'accusé en prenant des mesures de localisation, de gel et de saisie des avoirs, car les biens de l'accusé peuvent être distraits et constituer un obstacle à l'exécution de l'ordonnance de réparation[319].

209. Dans le cadre de l'exécution du mandat d'arrêt émis contre M Thomas Lubanga Dyilo, la chambre préliminaire a sollicité confidentiellement la coopération du gouvernement congolais[320] et d'autres États parties au statut de Rome[321] pour procéder à l'identification, la localisation, le gel et la saisie des biens de l'accusé au risque de les distraire, en raison de la situation conflictuelle qui prévaut en RDC. L'identification et le gel des avoirs sont des mesures qui revêtent une importance fondamentale pour l'octroi des réparations effectives, dès lors que ces avoirs sont réceptionnés par le FPV. Au terme de l'article 93.1.k du statut de Rome, les États parties ou non au statut, devraient fournir à la Cour une assistance pour l'identification, la localisation, le gel ou la saisie du produit des crimes, des biens, des

---

[318] Règle 98 du RPP de la CPI.

[319] CPI, Chambre préliminaire, 10 février 2006, *Situation en RDC, Affaire Le Procureur c. Thomas Lubanga Dyilo*, « Decision on the Posecutor's Application for a warrant of Arrest, article 58, Decision concerning Pre-Trial Chambers, pp. 60-61 (notre traduction).

[320] CPI, Chambre préliminaire, 9 mars 2006, *Situation en RDC, Affaire Le Procureur c. Thomas Lubanga, préc*, demande adressée à la RDC en vue d'obtenir l'identification, la localisation, le gel ou la saisie des biens et avoirs de M Thomas Lubanga Dyilo, n° ICC-01/04-1/06-62.

[321] Request to State Parties to the Rome Statute for the identification, Tracing and Freezing or Seizure of the property and Assets of M. Thomas Lubanga, 31 mars 2006, n°ICC-01/04-01/06-62, (notre traduction).

avoirs et des instruments obtenus à la suite de la commission d'un crime.

210. Le Fonds reçoit les biens saisis ou confisqués en les distinguant des autres ressources destinées à indemniser les victimes. Le droit de la CPI a prévu un cadre juridique qui régit l'utilisation des ressources du Fonds. C'est le Conseil de direction qui décide de leur utilisation conformément aux conditions ou instructions déterminées par l'ordonnance. Les instructions portent sur l'identification des bénéficiaires, la nature et le montant des réparations. Lorsque l'ordonnance de réparation n'est assortie d'aucune condition ou instruction, le Conseil de direction peut décider d'initiative et en toute indépendance de l'utilisation des ressources du Fonds. L'utilisation visée par les rédacteurs du statut de Rome peut consister à réhabiliter les victimes, financer les projets de réhabilitation physique, psychologique et de soutien matériel après avoir été approuvé par le Conseil de direction.

211. Les fonds propres du FPV proviennent des ressources allouées par l'AEP et sont distincts toutefois des quotes-parts statutairement imposées aux États parties. Il est également alimenté par les contributions volontaires au moyen des appels à contribution que le Conseil peut soumettre à l'attention des gouvernements, les organisations internationales, les particuliers ou les entreprises[322]. Le système comptable du FPV doit permettre une séparation des ressources afin de faciliter la réception des contributions, des biens confisqués et le produit obtenu à la suite de l'exécution d'une ordonnance lorsqu'ils ont été affectés à un usage particulier[323].

212. Cette techno structure peut par ailleurs utiliser des fonds autres. Le Conseil de direction a l'obligation de compléter les ressources confisquées et de faire tout ce qui est à son pouvoir pour gérer le Fonds, en prenant en considération la nécessité de prévoir des « ressources suffisantes », en vue de compléter les indemnités de réparation. Cette nécessité implique, l'obligation de financer les indemnités de réparation

---

[322] Normes 22 et 23 du règlement du FPV.

[323] Norme 38 du règlement du FPV.

en faisant appel à « d'autres ressources » lorsque la personne déclarée coupable est insolvable[324].

213. Le Fonds dispose d'un budget qui lui est autonome et distinct de celui de la CPI. Ses ressources autres que celles générées par une décision de justice lui confèrent la qualité d'organisme indépendant. Que serait cet organisme si par extraordinaire les États parties refusaient de contribuer à son budget de fonctionnement ? Certainement, il ne peut en pareille situation, accomplir son mandat de réparation vis-à-vis de la Cour et des victimes. Mais le droit de la CPI n'a prévu aucune solution à cette éventualité qui ne semble pas être une hypothèse d'école. Des sanctions économiques ont même été imaginées par la doctrine qui a préconisé que l'AEP *« puisse réagir collectivement au crime étatique par l'adoption de sanctions économiques dont le produit serait versé sur ce fonds spécifique. Par ce biais notamment, il apparait que la CPI pourrait s'affirmer comme une organisation internationale ayant vocation à réagir au crime d'État, dans la limite où cette réaction n'est pas réservée au conseil de sécurité des Nations Unies »*[325]. Si en l'état actuel du droit positif, on ne peut engager la responsabilité internationale d'un État partie vis-à-vis du FPV, il faut cependant solliciter d'autres sources de financement pour accroître le budget du Fonds et améliorer ses capacités de réparation. Jean Baptiste Vilmer a d'ailleurs suggéré que la CPI elle-même puisse contribuer au budget du FPV en percevant des quotes-parts, des contributions obligatoires des États parties en instituant une taxe sur les armes qui pourrait financer un Fonds chargé de réparer les dégâts que ces armes causent en application du principe du « pollueur-payeur »[326].

2- Le versement des numéraires par le Fonds au profit des victimes

214. Le Fonds peut débourser effectivement les indemnités sous le contrôle du Conseil de direction. Selon les cas, le juge peut confier le versement ou décider qu'il soit effectué par l'intermédiaire du Fonds. Dans l'impossibilité pour le juge d'ordonner des réparations

---

[324] CPI, Chambre de 1re instance, 7 août 2012, *Situation en RDC, Affaire Le Procureur c. Thomas Lubanga, préc*, para 271.

[325] MAISON (R), *La responsabilité individuelle pour crime d'État en droit international public*, cité par JEANGÈNE VILMER (J.B) ; *Réparer l'irréparable*, *op.cit.*, pp. 187-188.

[326] *Ibid*, pp. 156-159.

individuelles directement en faveur de chaque victime, celui-ci peut opter pour un versement confié au Fonds ou par son intermédiaire[327]. Le droit de la CPI pose ainsi le principe du versement mixte des indemnités de réparation, soit individuellement ou collectivement.

215. Le versement individuel[328] concerne les fonds issus de l'ordonnance de réparation, le produit des amendes, saisie et confiscation des biens appartenant au condamné. Les indemnités individuelles sont destinées aux victimes préalablement identifiées et localisées. Lorsqu'elles ne le sont pas ou que leur nombre est pléthorique, il revient au Secrétariat du FPV d'exposer toutes les données démographiques et statistiques relatives au groupe des victimes et de soumettre à l'approbation du Conseil de direction une liste des options permettant de réunir tout élément manquant[329].

216. S'agissant du versement collectif cependant, la Cour peut décider qu'il soit effectué par l'« *intermédiaire du Fonds* ». Les conditions de ce versement sont relatives au nombre de victimes et de l'ampleur du préjudice[330]. Il met à contribution les propres ressources de cet organe. L'expression « *par l'intermédiaire de* » renvoie à un versement « *au moyen de* »[331], par le FPV dont les indemnités seront prélevées non pas sur les avoirs saisis et confiés au Fonds, mais potentiellement sur ses propres ressources.

217. Dans tous les cas, lorsque la Cour ordonne qu'un versement de fonds soit confié au Fonds ou versé par son intermédiaire, le Fonds doit

---

[327] Règle 98.2.3 du RPP.

[328] Norme 59 du règlement du FPV.

[329] Ces options peuvent comprendre : l'utilisation de données démographiques pour identifier les membres du groupe bénéficiaire et/ou une action ciblée auprès du groupe bénéficiaire afin d'inviter tous ses membres potentiels qui n'ont déjà été identifiés dans le cadre de la procédure en réparation à se faire connaitre au Fonds. Le cas échéant, ces activités peuvent être menées en collaboration avec les États, organisation intergouvernementale et organisation non gouvernementale nationale ou internationale intéressées. Le conseil de direction peut fixer des délais raisonnables pour la réception des communications, en prenant en compte la situation des victimes et leur localisation. Pour élaborer les options, le Secrétariat peut consulter les victimes ou leurs représentants légaux, et, dès lors qu'il s'agit de personnes physiques, les familles des victimes, les personnes et États intéressés ainsi que tout expert compétent ou toute organisation spécialisée (norme 61 du RFPV).

[330] Règle 98.5 RPP de la CPI.

[331] CPI, Chambre de 1re instance, 7 août 2012, *Situation en RDC, Affaire Le Procureur c. Thomas Lubanga Dyilo*, *préc*, para 270.

préparer un programme de mise en œuvre de l'ordonnance qui doit être approuvé par le Conseil de direction, et soumis à la chambre concernée pour approbation[332]. Le Conseil de direction peut aussi inviter d'autres personnes d'une expertise pertinente à participer, lorsque cela est approprié, à des sessions spécifiques du Conseil et à faire des déclarations orales ou écrites et fournir des renseignements sur toute question. Sous réserve de l'ordonnance de réparation, le FPV peut décider de la nature et du moment des réparations à accorder[333]. Une approche communautaire utilisant les contributions volontaires au Fonds serait plus bénéfique et utile que des réparations individuelles, en raison de la limitation des fonds disponibles. Cette approche ne nécessite pas de procédures de vérification, coûteuses et mobilisant des ressources importantes[334]. La démarche n'est pas sans risque dans la mesure où elle favorise les classes de victimes.

218. En revanche, elle a le mérite d'élargir le champ d'application des victimes bénéficiaires d'une approche collective des réparations devant le FPV. Toute victime d'un crime relevant de la CPI est en principe bénéficiaire des activités de ce Fonds. Le versement collectif des réparations qu'il faut privilégier ici prend en considération toutes les victimes participantes ou non au procès. Cette approche pose néanmoins le problème de la capacité budgétaire du Fonds pour mettre en œuvre son mandat. On ne peut recourir à l'éventualité d'une approche collective que lorsque les victimes ne sont pas individuellement identifiées.

B- Le mandat d'assistance du Fonds au profit des victimes

218 bis. Ce mandat est prévu par le droit primaire[335] et dérivé[336] de la CPI. L'assistance du FPV peut être « *accordée par un sujet de droit à un autre* »[337] sous fonds de solidarité. Cette assistance ne repose pas sur le principe de la responsabilité juridique comme le veut la réparation, mais plutôt sur le souci d'humanité envers les victimes de violation des droits de l'homme et du DIH. Ainsi, « *le mandat*

---

332 Normes 54 et 57 du règlement du FPV.

333 Norme 55 du règlement du FPV.

334 CPI, Chambre de 1re instance II, *Situation en RDC, Affaire Le Procureur c. Thomas Lubanga Dyilo*, n° ICC-01/04-01/06-2872, para 16, 153, 180 et 244.

335 Article 79 du Statut de la CPI.

336 Règle 98.5 du RPP et 50 du règlement du FPV.

337 Salmon (J), *Dictionnaire de droit international public*, Bruylant, Bruxelles, 2001, p. 9

d'assistance (...) se résume à un rôle de donateur. Une telle mission nécessite donc de disposer de ressources conséquentes qui constituent le fonds de commerce »[338]. En utilisant les contributions volontaires des donateurs, le Fonds offre une assistance aux victimes des crimes internationaux. Une telle assistance intervient dans des programmes de réhabilitation psychologique, physique et de soutien matériel[339], indépendamment d'une affaire particulière pendante devant la Cour. Les activités du Fonds s'intéressent plus aux traumatismes des victimes et aux différences entre sexes. Cet organisme contribue ainsi à la mission de justice réparatrice et de justice transitionnelle de la CPI.

C- Le statut du Fonds au profit des victimes

219. L'interprétation des dispositions du statut de Rome permet de conclure que le FPV est un organisme distinct de la CPI (1) dont ses rapports avec cette juridiction posent le problème de son autonomie financière (2).

1- Une techno structure organiquement distincte de la CPI

220. Le Fonds est un organisme proche des victimes en ce sens qu'il est moins bureaucratique. Les règles qui régissent son fonctionnement lui confèrent le statut d'une institution indépendante. Cette indépendance se manifeste de diverses façons. C'est une structure qui n'est pas subordonnée à la CPI. Le Fonds peut procéder à l'indemnisation des victimes en l'absence de toute poursuite et condamnation de l'accusé. L'art 79 du statut de Rome a mis en place une procédure d'offre calquée sur le droit interne des États parties. Cependant, il n'est pas exclu que les victimes soient encore tenues devant le FPV de prouver l'existence d'un préjudice. La séparation organique du Fonds résulte de plusieurs dispositions qui aménagent ses relations avec la CPI. Certaines maintiennent au profit de la victime, la possibilité de bénéficier des réparations collectives et/ou individuelles et le pouvoir d'initiative du Fonds de procéder à des réparations.

---

[338] DAISY (S), *Les fonds internationaux en faveur des victimes de violation des droits de l'homme et du droit international humanitaire* ; Thèse, Paris I ; 2006, p. 317.

[339] Le conseil de direction du FPV a décidé de lancer un programme d'assistance en Côte d'Ivoire afin d'offrir une réhabilitation physique, une réhabilitation psychologique et un soutien matériel aux victimes des crimes relevant de la compétence de la CPI, en leur consacrant un budget de 800.000 euros.

221. Le statut de Rome, le RPP et le règlement du FPV ne prennent pas en compte la règle « le criminel tient le civil en l'état »[340]. Il est reconnu au Fonds une totale indépendance dans la détermination de l'indemnité nécessaire pour la réhabilitation des victimes. La jurisprudence a laissé à l'appréciation du Fonds la compétence pour établir les principes en matière de réparation. Dans l'affaire *Thomas Lubanga Dyilo*, le juge a « *décidé de ne pas examiner les formulaires de demandes de réparation, d'enjoindre le greffe de les transmettre au FPV, en restant saisie de la procédure en réparation afin d'exercer toute fonction de contrôle et de supervision et refuse par conséquent de donner au Fonds des ordres spécifiques concernant la mise en œuvre de réparations devant être financées au moyen des contributions volontaires* »[341].

222. La Cour et le FPV sont des entités qui coexistent simplement en faveur des victimes. Si cette dernière entité entretient des rapports avec la première, il n'en demeure pas moins que le Fonds est un organe indépendant, même s'il est administré par le Greffe de la CPI et contrôlé par le Conseil de direction[342]. Le Fonds devait être un organe complémentaire et indépendant de la Cour, et non en dépendre[343]. Pendant que certains États plaident pour une indépendance totale du Fonds vis-à-vis de la Cour, d'autres par contre souhaitent un contrôle exercé par celle-ci. On assiste néanmoins dans la pratique à un compromis tel qu'on ne saurait affirmer une véritable indépendance, mais un certain degré d'indépendance. Même si le FPV reçoit des produits et amendes de la Cour, le reste de ses ressources est obtenu de manière indépendante par les contributions des États et des ONG.

2- Une techno structure financièrement autonome

223. L'étude de la nature des ressources dont le FPV est dépositaire révèle que ce Fonds dispose des ressources provenant du produit des amendes, des biens confisqués par le biais des ordonnances de

---

[340] RANERI (G) « L'autorité de la chose jugée au criminel sur le criminel », note sous Cass, 3 octobre 2001, *Revue de droit pénal*, 2002, p 343.

[341] CPI, Chambre de 1re instance, 7 août 2012, *Situation en RDC, Affaire Le Procureur c. Thomas Lubanga Dyilo*, *préc*, para 289, (traduction officielle).

[342] Intervention d'André Laperrière, directeur exécutif du Fonds lors de la présentation de cette structure dans un journal congolais : Le Potentiel, Kinshasa, 12 juin 2007 ; en ligne : *http://www.lepotentiel.com///afichier_article_archive.php?id_article*

[343] CPI, AEP, Discours de Mme Weil lors de la quatrième session de l'Assemblée des États parties, La Haye, 28 novembre 2005, p. 4.

réparation d'une part, et les ressources issues des dons volontaires des États ou des organisations caritatives d'autre part. Cette distinction loin d'être inutile, a des conséquences sur le régime de l'utilisation des fonds au profit des victimes. Comment dès lors ces fonds sont-ils utilisés ? C'est le principe d'une liberté encadrée qui régit l'utilisation des fonds. Le FPV ne dispose pas librement des ressources reçues. Leur utilisation dépend du type de ressources.

224. Selon qu'il s'agit des ressources provenant d'une ordonnance de réparation, le principe de la subordination à cette juridiction est encore de mise. Le Fonds ne peut librement disposer des ressources provenant des amendes et saisies que sur autorisation de cette juridiction. Si la Cour assortit ses ordonnances d'un plan d'utilisation, le Fonds est tenu de s'y conformer. Par contre, il peut en disposer librement si le juge n'en a pas fait cas. Il ne dispose d'aucune marge de manœuvre dans l'utilisation de ces ressources, quoiqu'organiquement indépendant de la Cour. Celle-ci exerce un pouvoir de contrôle sur l'allocation et la distribution de toutes les amendes et produits saisis. Le Conseil de direction du Fonds semble être le seul organe capable de remplir convenablement la fonction de réparation au demeurant encadrée par une procédure spéciale et des garanties efficaces.

225. Les contributions volontaires et les ressources allouées par l'AEP sont utilisées dans le seul intérêt des victimes. C'est ainsi que le FPV peut établir de nombreux programmes de réhabilitation sans s'en référer à la Cour. Il a par exemple élaboré les programmes de réparation de la fistule, le soutien psychologique aux victimes d'un traumatisme, la fourniture d'équipements sanitaires et le renvoi vers les services de traitement du VIH et de santé génésique, la création de centres de dépistage et d'admission, la sensibilisation au problème de violences sexuelles en RDC[344]. Pour être efficace dans la gestion des fonds, le Fonds doit faire preuve de flexibilité lorsqu'il décide librement de l'allocation des ressources. Cela lui permettra de répondre aux situations imprévues, plutôt que de fonctionner conformément aux procédures rigides qui limitent son efficacité à remplir son mandat à court ou à long terme dans la distribution des ressources.

---

[344] CPI, Communiqué de presse, Appel mondial afin de recueillir 10 millions d'euros pour venir en aide aux victimes de violences sexuelles, La Haye, 10 septembre 2008 ; n° ICC-CPI-20080910-PR353_FRA ; disponible sur *http://www.icc-cpi.int/press/press-releases/420.html.*

Paragraphe 2- La distribution des fonds

226. Le processus de réparation aboutit lorsque les indemnités sont réparties sur la base des principes de justice distributive (A) et d'autres modalités de distribution qu'il convient de préconiser (B).

A- Les principes de justice distributive

227. La justice distributive consiste dans la répartition des biens des ressources entre les membres d'une communauté[345], notamment celle des victimes, dans le respect des principes d'égalité (1), de dignité, de non-discrimination et de la non-stigmatisation (2).

1- L'égalité entre les victimes

228. C'est l'un des piliers du système de réparation de la justice pénale internationale. Il veut que toutes les victimes même vulnérables, participantes ou non, reçoivent en guise de réhabilitation, les indemnisations dans le cadre du procès. C'est en réalité le principe d'égale réparation devant le juge. La distribution doit être universelle et s'appliquer de la même manière à toutes les victimes. Il ne suffit cependant pas que toutes les victimes aient un accès égal aux réparations, encore faut-il qu'elles soient traitées de manière identique. Le principe d'égalité est le fondement du processus de distribution des ressources indemnitaires collectées par le Fonds. Il n'est que le corollaire de l'individualisation des victimes au procès. C'est parce qu'elles doivent être réhabilitées qu'elles sont considérées comme égales. Admettre l'inégalité reviendrait à concevoir une sorte de hiérarchisation, de gradation des victimes en violation du respect de la dignité de la personne[346].

229. Le principe d'égalité fait partie des principes établis par la CPI, applicables aux formes de réparation. Ce principe est protéiforme et occupe une place de choix dans la distribution des indemnités. Le succès de la Cour et du Fonds est dans une certaine mesure, lié au principe de distribution des indemnités de réparation. Il sera atteint dès lors que toutes les victimes des crimes relevant de la compétence de la CPI, seront égalitairement réhabilitées. Quelle que soit la manière de

---

[345] ARISTOTE, *L'Éthique à Nicomarque*, chapitre v, para 5, 113 al.a.

[346] BÉNOIT-ROHMER (F), « L'égalité dans la typologie des droits », in *classer les droits de l'homme*, sous la direction de Emmanuelle Bribosia et Ludovic Hennebel, pp. 135-152.

distribuer les fonds adoptés par le FPV, le juge pénal international fait du principe de l'égalité un principe à la fois formel et matériel.

230. D'un point de vue formel, le principe renvoie à une égalité procédurale, caractérisée par l'accès égal aux réparations dans des situations comparables[347]. C'est une garantie contre les différences de traitement injustifiées. Il implique en outre l'accès aux réparations et les consultations avec les victimes. Le respect de l'égalité de sexe dans tous les aspects relatifs aux réparations, constitue un objectif important de la Cour[348] et que « *les victimes de crimes ainsi que leur famille et communauté, devraient être en mesure de participer à l'ensemble du processus de réparation et recevoir l'appui adéquat pour que leur participation soit significative et effective* »[349].

231. Au plan matériel, le principe de l'égalité distributive implique l'égalité dans les faits. C'est à la Cour de vérifier si les fonds qui seront effectivement partagés aux victimes sont susceptibles de les réhabiliter dans l'avenir. L'approche distributive du principe de l'égalité n'est pas sans restriction. Le système de réparation de la CPI tolère cependant les inégalités justifiées par la question de vulnérabilité. Les ordonnances de réparation et le reversement des fonds doivent être réalisés en prenant en compte les intérêts des victimes de violences sexuelles et sexistes. En retenant ce principe, la distribution des fonds doit permettre de juguler les conséquences complexes des crimes sur les femmes, les filles, les hommes, les garçons ainsi que leurs familles et communautés respectives. Pour cela, *« la Cour doit mettre en œuvre des mesures tenant compte des différences entre les sexes pour surmonter les obstacles rencontrés par les femmes et les filles dans leur quête de justice »*[350], en leur permettant de recevoir les indemnités sur un même pied d'égalité.

---

[347] MARTIN (D), « Égalité, égalité de traitement et discrimination en droit communautaire : 1+1+1=3…ou 1 ? », *Revue de jurisprudence sociale*, vol 12, 2008, pp. 947-954.
[348] CPI, Chambre de 1re instance, 7 août 2012, *Situation en RDC, Affaire Le Procureur c. Thomas Lubanga, préc*, para 202.
[349] *Ibid*, para 203.
[350] *Ibid*, para 208.

2- Le respect de la vulnérabilité humaine et de l'intégrité personnelle

232. Il s'agit des principes de non-stigmatisation et de non-discrimination. La stigmatisation est indéniablement un obstacle à l'indemnisation et à la distribution des ressources aux victimes par le Fonds. Pour élargir l'accès à la réparation et faciliter la distribution des indemnités, la CPI a consacré les principes de non-discrimination et de non-stigmatisation. Toute victime doit être traitée équitablement et de la même manière, indépendamment de leur participation ou non au procès. Il serait donc inapproprié de répartir les ressources indemnitaires au seul groupe relativement restreint de victimes participantes. La CPI doit tenir compte dans cette perspective, des besoins des victimes en général et ceux des personnes vulnérables en particulier. Ces principes doivent contribuer au respect de leur dignité et leurs droits humains sans distinction de différence liée à l'âge, la race, la couleur, l'orientation sexuelle, etc. La répartition doit être faite en évitant des pratiques ou structures antidiscriminatoires.

233. Les principes de non-discrimination et de non-stigmatisation apparaissent comme des principes interchangeables[351]. Le juge pénal international peut les utiliser pour contrôler le processus de répartition des indemnités allouées aux victimes. On ne peut définir le principe de non-discrimination sans se référer au principe de non-stigmatisation, ou expliciter l'un sans faire allusion à l'autre. Si le principe de non-discrimination renvoie au respect de l'égalité, le principe de non-stigmatisation apparaît ici comme une conséquence du principe de non-discrimination des victimes devant la CPI ou devant le FPV. Le juge de la CPI ne distingue pas ces deux notions. Le droit international de la réparation souffre ainsi d'une absence de distinction par rapport au droit communautaire européen[352]. La complexité des besoins des victimes fait qu'on tolère les différences dans le système de réparation de la CPI, qui doit tenir compte de la qualité des bénéficiaires et des ressources. Si le principe est l'égalité dans le paiement des indemnités, la jurisprudence admet cependant qu'« *il pourrait se révéler nécessaire*

---

[351] DÉCAUX (E), « L'article II-81-paragraphe1 », *in Laurence Burguorgue-Larsen*, Anne Levade, Fabrice Picod, (dir), *Traité établissant une constitution pour l'Europe, commentaire article par article*, partie II, Bruxelles, Bruylant, 2005, pp. 289-297.

[352] KLEBER GALLEGO (E), « Quelques réflexions sur la relation entre les principes d'égalité, de non-discrimination et de dignité », *in les principes en droit européen*, p. 210.

d'accorder la priorité à certaines victimes qui sont dans une situation particulièrement vulnérable ou qui ont besoin d'une assistance urgente »[353].

B- Les mécanismes de versement des fonds

234. Le régime de paiement des indemnités de réparation n'est pas à proprement défini par le droit de la CPI. L'obligation de prendre en charge les victimes post-conflictuelles permet d'envisager les mécanismes de sécurité sociale (1) justifiés par la solidarité internationale (2).

1- La possibilité du versement d'une pension et/ou d'une somme forfaitaire

235. Il n'est pas exclu que les victimes perçoivent des prestations indemnitaires sur la base des principes de non-discrimination, de non-stigmatisation et d'égalité. Les rédacteurs du statut de Rome ont défini le cadre légal et désigné le FPV comme l'acteur principal de la mise en œuvre des réparations. La crédibilité d'un système de réparation dépend en partie des modalités de perception des indemnités. La pension ou le versement d'une somme forfaitaire peut être envisagé dans le cadre de la réhabilitation des victimes de crimes de masse. Aucune disposition du droit de la CPI ne prévoit ces mécanismes. Il est néanmoins reconnu au Fonds le privilège de fixer les modalités de paiement des indemnités accordées aux bénéficiaires en prenant en compte les circonstances et l'endroit dans lesquels ils se trouvent[354]. Le paiement de l'indemnité de réparation au moyen du versement d'une somme forfaitaire ou d'une pension, peut être l'une des modalités de paiement que peut déterminer le FPV[355].

236. Si le droit de la CPI autorise la participation de la victime individuelle, il s'en suit que cette instance juridictionnelle peut opter pour un paiement des indemnités de réparation sous la forme d'une pension que d'une somme forfaitaire. La somme forfaitaire favorise au maximum le choix individuel dans certains contextes. Recevoir ce qui peut être perçu comme une richesse peut causer des divisions au sein des communautés et, plus fréquemment au sein des familles. Les

---

353 CPI, Chambre de 1re instance, Décision du 7 août 2012, *Situation en RDC, Affaire Le Procureur c. Thomas Lubanga Dyilo, préc*, para 200.
354 Norme 66 du règlement du SVPR
355 Norme 56 du règlement SVPR.

sommes forfaitaires sont souvent mal dépensées et ont un effet moindre que prévu à la longue. Les victimes vulnérables en particulier, pourraient davantage profiter d'un régime de pension que d'un système de versement unique dont le montant forfaitairement arrêté peut partir en fumée[356].

237. Une pension aura plus de chances d'être interprétée comme une contribution à la qualité de vie et la réhabilitation des survivants. La régularité d'une pension peut contribuer à la reconnaissance des victimes[357] par une justice internationale qui se veut globale et solidaire.

2- La solidarité financière internationale

238. Le recours aux tiers en vue de distribuer les indemnités de réparation, apparait comme un mécanisme de répartition des fonds aux victimes. Le processus d'indemnisation est complexe, très souvent long et appelle l'intervention de multiples acteurs. Si la première prise en charge des victimes est celle qui lui est offerte en raison des conséquences des crimes internationaux, l'existence des tiers autres que le FPV ne doit pas être méconnue. Leur intervention se fait sur le terrain de la solidarité internationale. Le système de réparation de la CPI s'accommode progressivement du principe de solidarité. La sauvegarde d'un système solidaire s'avère particulièrement importante en ce qui concerne la prise en charge des victimes. Cette prise en charge concerne les conséquences immédiates ou à venir des crimes internationaux[358].

239. Il faut réparer ! L'intérêt de l'indemnisation est de réparer « *mieux* ». Pour ce faire, il ne s'agit pas de réparer « *moins* » ou de réparer « *plus* », mais de réparer le plus justement possible[359]. Il faut donc éviter l'écueil qui consisterait à opposer les intérêts des victimes à ceux des organismes en apparence sociaux. Il convient de relever que si l'équitable indemnisation du préjudice tient notamment aux conditions d'intervention du tiers, elle est également et étroitement liée à l'harmonisation des régimes et des modes d'indemnisation. La

---

[356] Publication du Haut-commissariat des Nations Unies aux droits de l'homme : « Les instruments de l'État de droit dans les sociétés sortant d'un conflit », New-York et Genève, 2008, p. 36.
[357] I*bid*, p. 37.
[358] Il s'agit entre autres des frais médicaux ou pharmaceutiques.
[359] Intervention de M. Laurent Neyret, chargé d'enseignement à l'université d'Orléans lors du colloque relatif à l'indemnisation du dommage corporel organisé par le Conseil national des Barreaux, le 31 mars 2005.

réparation sur le fondement de la solidarité a donc pour objectif d'instaurer un système d'indemnisation des victimes au-delà de la logique de la responsabilité. C'est dans cet esprit que le FPV a été mis sur pied par les rédacteurs du statut de Rome. L'omniprésence et l'influence de la solidarité ont transformé le droit international. Elle a permis d'élaborer les règles régissant le système d'assistance et de réparation collective. Elle repose sur la volonté de protéger l'ensemble des victimes des crimes internationaux et de conjuguer les efforts pour endiguer le phénomène de l'impunité, afin de faire de la justice pénale internationale une justice de solidarité.

Conclusion du chapitre 1

239 bis. La réparation explicitement consacrée dans le statut de Rome est essentiellement matérielle et/ou financière. L'accusé est en principe le débiteur de l'obligation de réparer. En cas de défaillance, le FPV peut le suppléer lorsque la Cour ordonne le versement d'une somme d'argent. Les rédacteurs du statut de Rome ont ainsi insisté sur le caractère financier de la réparation susceptible de prendre en compte toute sorte de préjudices. L'argent se présente alors comme le gage de survie et de reconnaissance publique des souffrances des victimes. Il est omniprésent en droit international de la réparation et apparait comme le paradigme de tout processus de réparation. La communauté internationale a privilégié la réparation monétaire pour payer sa dette envers les victimes des crimes de masse dans l'espoir de juguler le phénomène de l'impunité. Loin s'en faut, l'argent *« ne gommera pas les blessures, mais peut aider les victimes à se détourner de l'horreur, à retrouver le chemin de la vie, à ne plus rien attendre de l'autre, donc à redevenir tout simplement sujet de leur propre histoire, marqué par un souvenir qui ne fera plus trop souffrir »*[360] ces victimes qui ont aussi droit aux réparations implicitement aménagées dans le statut de Rome.

---

[360] DAMIANI (C), « L'aide psychologique aux victimes », *in Œuvre de justice et victime*, vol 1, sous la direction de ROBERT CARIO et DENIS SALAS, *Harmattan*. Sciences criminelles, pp. 175-188.

CHAPITRE 2 : LES MODES DE RÉPARATION IMPLICITEMENT AMÉNAGÉS

240. Il s'agit pour la plupart des modes de réparation immatérielle que les rédacteurs du statut de Rome n'ont pas clairement déterminés, mais que la jurisprudence a admis comme un complément des modes classiques de réparation. Ils ont pour vocation la satisfaction par la restauration des victimes et le rétablissement de la paix dans les pays en conflit. Ces mécanismes de satisfaction en vigueur devant les cours régionales de protection des droits de l'homme mettent l'accent sur la violation de la règle de droit et *a contrario*, sur l'obligation de la respecter. Relevant du droit international, la satisfaction est considérée par l'article 34 du projet de la CDI comme une des formes de réparation des faits internationalement illicites. Elle peut être théoriquement invoquée devant le juge de la CPI par référence à la CIJ [361]au rang des réparations collectives.

241. La satisfaction est considérée comme le procédé spécifique de réparation du préjudice moral des victimes physiques ou morales. Elle porte moins sur la nature ou l'étendue du préjudice que sur la gravité réelle ou prétendue de l'acte dommageable. C'est en cela que réside toute son importance. Le recours à cette forme de réparation suppose l'évaluation du préjudice en fonction du fait imputable à l'accusé et des circonstances extrinsèques de nature à déterminer la gravité de l'acte criminel.

242. Le mécanisme se caractérise par sa publicité étant donné qu'il peut comporter lui-même un acte public[362] dans le but de « *satisfaire* » les victimes par le prononcé d'une peine contre l'auteur du crime. Quelle que soit la nature du préjudice ou du crime considéré, la satisfaction

---

[361] CIJ, arrêt du 27 juin 2001, *affaire La Grand : Allemagne C/États-Unis d'Amérique* ; arrêt du 14 février 2002, affaire relative au mandat d'arrêt du 11 avril 2000 ; République démocratique du Congo c.Belgique).

[362] C'est le cas du salut sous le drapeau et les autres formes de la présentation d'excuses.

contenue dans la sanction ou la réprobation y est implicitement sollicitée dans les demandes de réparation des victimes[363].

243. En attendant le développement de la pratique judiciaire de la CPI sur la question des modes de satisfaction implicitement aménagés, il y a lieu de penser qu'il ne sera pas toujours possible de savoir si le bénéfice de ces mesures de réparation est subordonné à l'intention coupable des auteurs du crime. Toujours est-il que les victimes de violations graves des droits de l'homme sollicitent évidemment des mesures de satisfaction[364] devant le prétoire.

244. Variable et imprécise, la satisfaction peut porter sur les excuses ou châtiments du coupable[365], sur les assurances et garanties de non-répétition (section 1) qu'il faut expérimenter en mettant en relief la responsabilité civile de l'État dans le but d'accroitre les chances d'indemnisation des victimes (section 2).

Section 1- Les assurances et garanties de non-répétition du fait criminel

242. Tournées vers l'avenir, les assurances et garanties de non-répétition portent sur la prévention du conflit plutôt que sur la réparation proprement dite[366]. L'accent est alors mis sur le respect d'une obligation et non pas sur les violations passées de la règle de droit[367]. Seront prises en considération les assurances et garanties de non-répétition moins contraignantes (Paragraphe1) ainsi que celles qui leur sont assimilées (Paragraphe2).

---

[363] Cette caractéristique de la satisfaction est tellement évidente que les auteurs ne cessent de le souligner. Voir par exemple, PERSONNAZ, *la réparation du préjudice en droit international public*, Paris, librairie du recueil Sirey, 1939, p. 306 et suivants ; Bissonnette, *la satisfaction comme mode de réparation en droit international,* Thèse, Genève, 1952, pp. 27-30.

[364] SALVIOLI (F), « Que veulent les victimes de violations graves des droits de l'homme : la cour interaméricaine, pionnière et modèle ? » in *Élisabeth Lambert Abdelgawad et Kathia Martin-Chenutdir*, *Réparer les violations graves et massives des droits de l'homme : la cour interaméricaine des droits de l'homme, pionnière et modèle ?* Paris, UMR, 2010 ; pp. 30-67.

[365] BARTHE-GAY (C), « Réflexions sur la satisfaction en droit international », *AFDI*, vol 49, 2003, pp. 105-128.

[366] Commentaire de la CDI sur son projet d'articles sur la responsabilité de l'État pour fait internationalement illicite, Ass. Gén, Doc off, A/56/1, p.236.

[367] *Ibid,* p 238.

Paragraphe 1-Les mesures moins contraignantes

246. Loin d'être un palliatif[368], les assurances et garanties de non-répétition moins contraignantes visent les réformes structurelles et le renforcement des institutions étatiques, en vue de prévenir la récidive des crimes[369], dans le respect de l'État de droit (A) et le respect de la dignité humaine (B).

A- Le respect de l'État de droit

247. Les mesures importantes et envisageables dans le cadre de l'État de droit sont les réformes normatives, institutionnelles (1) et le respect de la légalité nationale et internationale (2).

1- Les réformes normatives et institutionnelles

248. Dans des régimes dictatoriaux, des institutions publiques telles que la police, l'armée ou les tribunaux sont souvent impliquées plus ou moins gravement dans la répression et dans les violations des droits de l'homme. Quand ces sociétés connaissent une transition vers un système démocratique, leurs institutions doivent être réformées afin de prévenir de nouveaux conflits. Les réformes à faire incluent le processus de restructuration de ces institutions afin qu'elles respectent les droits de l'homme et l'État de droit[370], mais surtout prendre des mesures telles que l'épuration[371], la lustration[372] et le désarmement. Plusieurs États ont par exemple adopté des procédures permettant de réintégrer les belligérants moyennant une reconnaissance des faits et la

---

[368] LISA (M), « Les réparations en théorie et en pratique », *international Center for Transitional Justice*, ICTJ, Série Justice réparatrice, 2007, p. 1.

[369] ONU, Assemblée générale, Principes fondamentaux et directives concernant le droit à un recours et à réparation des victimes de violations flagrantes du droit international des droits de l'homme et de violations flagrantes du droit international humanitaire. Rés 60/147 du 16 décembre 2005, para 9.

[370] LISA (M), « Les réparations en théorie et en pratique », *International Center for Transitional*, *op.cit.*, p. 3.

[371] L'épuration est le processus de révocation des fonctionnaires corrompus ou coupables de violation des droits de l'homme.

[372] C'est un processus similaire à l'épuration. Le mot faisant particulièrement référence aux processus appliqués dans les anciens pays communistes d'Europe centrale et orientale après la fin de la Guerre froide.

promesse de dénoncer, dans une perspective de réconciliation, les auteurs et les faits criminels[373].

249. Les réformes institutionnelles en vue de la construction ou de la reconstruction d'États démocratiques, dans des situations post-conflictuelles, rendent la justice pénale internationale et transitionnelle pertinentes. Il appartient à l'État indexé comme responsable, de déterminer quels dispositifs seront le mieux à même de lui permettre d'atteindre les objectifs de rétablissement de la paix. Afin d'éviter une victimisation secondaire aux victimes, l'État responsable doit aussi s'assurer que le public est bien informé des buts et limites de son dispositif normatif, institutionnel et de son incapacité à maintenir une paix durable post-conflictuelle.

250. Les instruments internationaux de droits de l'homme posent l'obligation d'adopter toutes les mesures nécessaires pour garantir les droits des citoyens[374]. Ceci implique le devoir des États de réviser leur réglementation interne dans le but d'abroger ou de réformer des dispositions incompatibles aux droits des citoyens. Les premières affaires dans lesquelles les représentants des victimes ont sollicité des modifications du droit interne[375] vont certainement inspirer le juge de la CPI. Mais, on peut aussi envisager l'hypothèse selon laquelle le juge ordonne de sa propre initiative, des réformes normatives et institutionnelles dans les pays en proie à la guerre, dont les situations sont en cours de jugement. Ce type de réparation est-il encore compatible avec la mission de répression de la CPI ? Il y a lieu de croire que l'avenir de la justice pénale internationale repose sur le recours de ces formes de réparation.

2- La légalité nationale et internationale

251. La fonction de garantie de la légalité internationale est inhérente au mécanisme de responsabilité. La mise en œuvre de la responsabilité de l'État vise aussi la restauration de la légalité internationale. Parce que l'une des conditions indispensables à la mise en œuvre de la

---

[373] DAVID (R), *Lustration and Transitional Justice: Personnal Systems in the Czech Republic, Hungary and Poland Philadelphia,* University of Pensylvania Press, 2011.

[374] Par exemple l'article 2 de la convention américaine établit l'obligation d'adopter toutes les mesures nécessaires pour garantir les droits qu'elle reconnait.

[375] CIADH, arrêt *El Amparo c. Venezuela*, Série C, n° 28, 1996 ; arrêt *Garrido et Baigorria c. Argentina*, Série C, n° 39, 1998 ; arrêt *Castillo Paéz c. Perou*, Série C, n° 43, 1998.

responsabilité d'un État est l'établissement du caractère illicite de son fait générateur. Le contentieux de la responsabilité, même sous la forme la plus classique, débouche sur le contrôle de légalité[376].

252. Le contrôle de la légalité internationale est le fondement de tout mode de réparation, mais est opérant sur les questions de satisfaction préventive. En effet, quand bien même la réparation consiste en une indemnité, il ne fait pas de doute, du fait de la condition d'illicéité que la voie de la réparation sert fondamentalement un objectif de protection d'une légalité internationale[377]. Cet objectif passe non seulement par les voies de la restauration du droit, mais aussi par la reconnaissance émanant de l'État responsable qui a violé l'obligation primaire qui lui incombait[378].

253. Les garanties de non-répétition concernent, dans un contexte de crimes de masse, la légalité transitionnelle. Elle pose la question de la légitimité contestable ou contestée de la législation encore en vigueur dans les États concernés par les crimes. Le processus législatif de transition suppose l'abrogation des lois scélérates et juridictions d'exception, voire de la peine capitale. Une autre phase de la légalité transitionnelle consiste en la neutralisation. Elle vise à maitriser les primes de l'impunité que sont la prescription et l'amnistie.

254. La pratique de la CPI étant encore muette sur la question de la protection de la légalité, ce type de demande qui pourra faire l'objet des réparations, peut susciter la curiosité, en ce sens que l'État est souverain pour ratifier ou non des instruments juridiques internationaux. On peut émettre des réserves sur la capacité de la CPI à faire des injonctions contre un État, pour qu'il procède à des changements structurels. Cette hypothèse n'est possible que s'il existe un accord préalable. Toutefois, au travers de la ratification, c'est l'incompatibilité de la législation nationale avec la convention qui est mise en évidence dans le respect des droits humains.

---

[376] DUPUY (P-M), « Responsabilité et légalité », in *SFDI, La responsabilité dans le système international,* Pedone, 1991, p. 273.
[377] COMBACAU (J), « L'État en droit international », in *JEAN COMBACAU et SERGE SUR, Droit international public,* Montchrestien, 6e édition, 2004, pp. 223-224.
[378] DUPUY (P-M), « *La responsabilité et légalité* », *ibid.*, p. 280.

B- Le respect des droits humains

255. Le respect des droits humains passe par la mise en œuvre des programmes d'éducation, de promotion des droits de l'homme (1) et des réformes institutionnelles (2).

1- La sensibilisation sur les programmes d'éducation aux droits de l'homme

256. On peut définir l'éducation aux droits de l'homme comme l'ensemble des activités d'éducation, de formation et d'information qui visent à forger une culture universelle des droits de l'homme. Cette éducation doit renforcer les compétences nécessaires pour promouvoir, défendre et mettre en œuvre ces droits dans la vie courante. L'éducation aux droits de l'homme suppose aussi des attitudes et comportements qui sont nécessaires pour que tous les membres de la société puissent exercer leurs droits. Les activités d'éducation en matière de droits de l'homme doivent viser à inculquer les principes fondamentaux des droits de l'homme, à savoir l'égalité et la non-discrimination, tout en affirmant l'interdépendance de ces droits, leur indivisibilité et leur universalité.

257. Une grande partie des forces de sécurité des sociétés en transition démocratique doivent être formées à des pratiques pouvant éviter les violations massives des droits de l'homme. Ce ne sera donc pas étrange que les victimes demandent que les forces de police, les services pénitentiaires ou les forces armées reçoivent une formation relative au respect des droits et libertés fondamentaux, comme mesure de garantie de non-répétition des faits[379]. Toutes ces mesures qui peuvent être ordonnées par la CPI à la demande des victimes, ont tantôt été rejetées ou favorablement accueillies devant les juridictions sous régionales de protection des droits de l'homme[380]. L'éducation aux droits de l'homme après un conflit armé dans les États en transition, joue un rôle dans le rétablissement de ces États. Elle peut produire des résultats d'une portée considérable, en contribuant au respect de la dignité humaine, l'égalité, la participation et à la prise de décisions démocratiques.

---

[379] Le contenu de l'éducation aux droits de l'homme peut consister entre autres à la mise en place des cours de formation ou des programmes d'éducation relatifs à la protection juridique de la personne humaine aux droits fondamentaux.

[380] CIADH, arrêt *caballero Delgado et Santana c. Colombie*, Série C, n° 31, 1997 ; *Suarez Rosero c. Équateur*, Série C, n° 44, 1999 ; arrêt *Ximenes Lopes c. Brésil*, pour ne citer que ces quelques cas.

2- Les réformes structurelles

258. Les pays en transition au lendemain des violations massives et flagrantes des droits de l'homme et du DIH, ont besoin des institutions et organismes spéciaux chargés de la protection et de la promotion des droits de l'homme. Les représentants des victimes peuvent aussi les solliciter devant le juge pénal international à titre de garantie de non-répétition. C'est par exemple l'institution d'un pouvoir judiciaire indépendant, d'un parlement démocratiquement élu, le traitement des affaires au niveau national par une juridiction ordinaire et non par une juridiction militaire. Dans l'affaire *Callabero Delgado* et *Santana*[381], l'objet de la requête des victimes portait sur la demande de règlement du différend par une juridiction ordinaire et non militaire. Mais la CIADH avait refusé de faire droit à une telle demande. Ces institutions et organismes démocratiquement forts participent de la réduction du risque de répétition des violations des droits de l'homme. Elles peuvent apporter une contribution aux efforts déployés par les pays concernés, pour protéger ses citoyens et développer une culture respectueuse des droits de l'homme et les libertés fondamentales. Les garanties de non-répétition au moyen de la création des organismes protecteurs des droits de l'homme sont des vecteurs de satisfaction préventive et holistique.

259. La protection des groupes spécifiques est une question qu'on ne saurait occulter dans les sociétés en conflit. Certains textes juridiques internationaux consacrent les droits des groupes spécifiques. Les mécanismes spéciaux de protection trouvent leur raison d'être dans la discrimination subie par certains groupes, mais aussi dans la position défavorisée et vulnérable qu'occupent certains d'entre eux dans la société. Parmi les groupes pouvant bénéficier d'une protection spéciale, on peut citer les minorités, les femmes, les réfugiés ou les enfants. Dans une tentative de promotion de l'égalité entre les sexes, les droits des femmes doivent être protégés à l'aulne de la convention des Nations Unies sur l'élimination de toutes les formes de discrimination à l'égard des femmes[382]. Les autres groupes vulnérables tels que les personnes détenues peuvent bénéficier d'une protection spécifique à titre de réparation, du fait de leur position vulnérable à l'instar des enfants

---

[381] CIADH, arrêt *callabero Delgado et Santana c. Colombie,* Série C, n° 31, 1997.

[382] Nations Unies, Convention sur l'élimination de toute forme de discrimination à l'égard des femmes adoptée le 18 décembre 1979 et entrée en vigueur le 3 septembre 1981.

soldats. Les détentions abusives sont constitutives des violations systématiques des droits de l'homme. Les cas directement soumis à la CIADH lui ont permis de suggérer des mesures nécessaires qui amélioreraient les conditions de détention des individus.

260. Dans une espèce particulière, la CIADH a fait droit à la demande d'une victime et considéré que l'État devait immédiatement prendre des mesures nécessaires pour adapter les conditions de détention dans la prison de *Yanamayo* aux standards internationaux, et supposer par ailleurs transférer dans d'autres pénitenciers, les prisonniers actuellement retenus dans cette prison[383]. Le concept de satisfaction préventive, qui fait corps avec le système de réparation de la CPI, permet que les demandes aillent au-delà des mesures d'assurance et de garanties de non-répétition des faits au bénéfice de l'ensemble des victimes et de leur communauté. La variété des garanties de non-répétition devrait inclure le cas échéant, d'autres mesures qu'on peut assimiler aux mesures classiques d'assurance et de garanties de non-répétition.

Paragraphe 2- Les mesures assimilées aux assurances et garanties de non-répétition

261. L'on assimile aux assurances et garanties de non-répétition la cessation du fait criminel (A), les excuses et l'adoption des politiques publiques (B).

A- La cessation immédiate des crimes persistants

262. Elle consiste en une obligation de faire cesser le fait criminel (1) qu'on ne saurait confondre à la réparation classique (2).

1- La violation d'une obligation internationale génératrice du fait criminel

263. L'obligation de mettre fin à la violation d'une obligation internationale n'est pas souvent étudiée d'une manière autonome. La cessation est souvent considérée comme un mode de réparation, une forme de restitution *integrum.* Cette obligation peut exister en dehors de toute réclamation d'une victime lésée. Elle doit mettre fin à toute violation massive des droits de l'homme et du DIH dans l'intérêt général de la communauté internationale. La cessation limite dans le

[383] CIADH, arrêt *Lori Berenson Mejia,* Série C, n° 1119, 2004.

temps et dans leur ampleur les conséquences du fait illicite. Elle a donc pour but de rétablir la situation voulue par le droit. Il n'est donc pas utile d'établir à ce niveau, une distinction ou une gradation selon la gravité de la violation, la nature ou l'origine de la règle, l'existence d'un délit ou d'un crime international. L'important est de revenir à la légalité. Les règles et les principes qui régissent l'obligation de cessation relèvent des normes primaires[384] du droit international.

264. La cessation du fait criminel est souvent confondue avec la restitution en nature qui consiste à rétablir la situation qui existait avant la survenance de l'acte illicite, c'est-à-dire le *statu quo ante* ou à rétablir la situation qui eût existé si l'acte illicite n'avait pas été commis[385]. En pratique, les victimes préfèrent moins la cessation du fait illicite qu'un comportement positif de l'État ou de l'individu auteur (restituer un objet saisi, se retirer d'un territoire, libérer un détenu) qu'elles considèrent comme une réparation sous forme de restitution en nature. Dans pareille situation, la cessation est sous-entendue, tant elle semble n'être que le reflet négatif de la restitution en nature. Elle est communément ressentie comme un commencement de réparation, ou une grande part de celle-ci. Si le droit de la CPI s'intéresse de plus en plus aux effets futurs de la réparation, il est évident que l'effet de la cessation et celui de la restitution se superposent et se confondent. Appliquée aux États, la cessation peut entraîner notamment l'abrogation ou la modification d'une loi ou les réformes normatives. Dans tous les cas, l'État responsable devra prendre les mesures nécessaires pour mettre fin à une violation de ses obligations internationales. Il peut par exemple, en fonction de son droit interne, et de la violation constatée, annuler, abroger, retirer, modifier ou réformer l'acte juridique à l'origine d'un crime, prendre des mesures de grâce, réduire la peine ou libérer par anticipation, etc. La cessation du fait criminel assimilée à la restitution pose toutefois le problème de son autonomie comme mode de garantie de non-répétition.

---

384 La cessation doit en fait être considérée sous ses deux aspects d'obligation et de remède à une violation du droit international comme relevant non pas de la règle secondaire, qui ne devient applicable qu'après la survenance du fait illicite, mais de l'application permanente et normale de la règle primaire, dont le comportement illicite antérieur constituait une violation.

385 ARANGIO-RUIZ, GAETANO, Rapport à l'Assemblée générale, Doc off, 43e session, suppl, n°10, A/43/10, p.201.

2- L'autonomie de la mesure de cessation

265. Ce qui fait l'autonomie de la cessation en droit international est son statut juridique entièrement à part. Cette modalité de réparation est d'une nature et d'une fonction particulière. L'autonomie de l'obligation de cessation apparait très nettement dans les cas de violations graves des droits de l'homme, de menaces contre la paix ou la sécurité internationale. L'urgence de la cessation s'impose avec une intensité particulière. Elle se détache naturellement de toute notion de responsabilité en référence à la règle primaire, indépendamment de toute question de réparation[386]. Dans la pratique, la CIJ avait exigé dans l'affaire relative au personnel diplomatique et consulaire des États-Unis à Téhéran, la cessation immédiate des actes illicites commis par l'Iran et avait en même temps posé le principe de l'obligation de réparation[387].

266. Il y a cessation dans l'intérêt collectif de la communauté internationale et du respect du droit[388]. Ce n'est que face à un acte illicite susceptible de cesser, que l'obligation de cessation s'impose, et non face à un acte déjà réalisé. La CIJ a examiné la question du moment et de la durée de la violation des obligations internationales, en distinguant les violations selon qu'elles s'étendent ou non dans le temps. Les faits qui s'étendent dans le temps font l'objet de l'article 25 du projet d'articles sur la responsabilité internationale des États. Il s'agit du fait continu[389], le fait composé, global[390] ou le fait complexe[391].

---

[386] DEMAN (C), « La cessation de l'acte illicite », *RBDI*, 1990/2, pp. 1-19.

[387] CIJ, *affaire relative au personnel diplomatique et consulaire des États-Unis à Téhéran*, arrêt du 24 mai 1980, Rec 198, voir dispositif, p. 44.

[388] On peut citer à titre d'exemple : les résolutions du Conseil de sécurité ou de l'Assemblée générale de l'ONU, condamnant le Portugal pour la poursuite de la répression et de ses guerres coloniales ; l'Afrique du Sud pour ses agressions contre l'Angola, l'occupation de la Namibie, sa politique d'apartheid ; Israël pour ses actions militaires contre le Liban, son maintien dans les territoires occupés ; l'URSS pour l'occupation de l'Afghanistan, l'Irak pour l'invasion puis l'annexion du Koweït… ; Voir également l'avis de la CIJ sur la présence continue de l'Afrique du Sud en Namibie, avis du 29 janvier 197, Rec 1971, p. 12.

[389] Fait unique, mais qui s'étale comme tel dans le temps avec un caractère de permanence.

[390] Fait constitué d'une série d'actions ou d'omissions distinctes l'une de l'autre et relatives à des situations distinctes, mais dans lequel l'État témoigne d'un même comportement d'ensemble déterminé, d'une pratique à caractère systématique.

[391] Ce fait ressort d'un ensemble d'action ou d'omission émanant d'un même organe ou d'organes différents ayant trait à une seule et même affaire.

L'obligation de mettre fin à l'illicite s'applique certainement à tous les faits.

267. Ainsi, la CDI distingue les faits instantanés qui font l'objet de l'article 24 de la première partie de son projet d'articles[392]. Le fait illicite reste instantané même si ses effets continuent [393]dans le temps. Peut-on appliquer la théorie de la cessation de l'illicite dans le processus de répression des crimes internationaux ?

268. Attenter à la vie des victimes en masse est un acte instantané, qui peut laisser des séquelles permanentes. L'acte est immédiatement posé et aucune obligation de cessation ne pourrait se concevoir. Par contre, lorsqu'un bien est saisi au cours d'un conflit armé, la victime reste confrontée à un état de choses continu et permanent, qui dure aussi longtemps que le bien n'est pas restitué. Toutefois, l'élément essentiel de la distinction entre faits illicites instantanés et continus doit être recherché dans l'instantanéité ou la permanence de l'action[394]. Les faits qui continuent de produire des effets tels que l'arrestation d'une personne, la saisie de biens ou la privation d'un droit existant peut justifier le recours à l'obligation de cessation[395] du fait illicite. Au regard de la diversité des crimes internationaux, fussent-ils commis par des individus, on peut conclure que la cessation peut s'appliquer aux faits criminels relevant de la compétence de la CPI. L'arrestation de M Jean Pierre Bemba par exemple n'a pas mis fin aux exactions de sa milice sur le terrain du conflit. Jusqu'à sa libération, la Cour pouvait l'enjoindre, en dehors de toute responsabilité pénale à faire cesser les exactions de sa milice. Face à des violations massives des droits de l'homme, les victimes ou le juge peuvent recourir à la cessation aussi bien contre les individus que contre l'État. Les victimes peuvent ainsi réclamer soit la restitution en nature si elles le souhaitent, et si cela est possible, soit une indemnité pour réparer les conséquences irrémédiables du passé.

---

[392] La violation d'une obligation internationale par un fait de l'État ne s'étendant pas dans le temps se produit au moment où ce fait est accompli. La perpétration de cette violation ne s'étend pas au-delà dudit moment, même si les effets du fait de l'État se prolongent dans le temps.

[393] DEMAN (C), « La cessation de l'acte illicite », *préc*, p 5.

[394] AGO (R), « Le délit international », *Recueil des cours de l'Académie de droit international,* 939, p 105.

[395] RIPHAGEN, 5e rapport, Ann. CDI, 1994, vol 2, 1ère partie, A/CN.4/389, commentaires de l'article 6, n°3, p. 9.

B- Les excuses et l'adoption des politiques publiques

269. Relevant en principe de la justice transitionnelle, les excuses privées ou publiques dans le cadre d'un procès (1) précèderont l'adoption des politiques publiques après un conflit (2).

1- Les excuses

270. L'auteur du fait criminel peut présenter des excuses personnelles ou publiques directement aux victimes[396]. Elles peuvent être présentées de vive voix devant le juge et en présence de ces dernières. Deux des caractéristiques essentielles des excuses personnelles supposent que l'auteur du préjudice doit s'adresser directement et exclusivement aux victimes du préjudice, et doit leur faire part de ses regrets profonds ou de sa tristesse sincère, en promettant de ne plus recommencer. L'expression directe d'un véritable regret est donc essentielle à ce genre d'excuses si la victime croit que l'agresseur est vraiment désolé, tout réconfort additionnel étant superflu[397]. Puisque les excuses personnelles sont destinées à une personne en particulier, elles donnent à celui qui les présente, la possibilité ou la capacité de reconnaitre dans des termes très précis le mal qui a été fait. Le fait que l'auteur du crime présente ses excuses ne signifie pas nécessairement que les victimes s'estimeront satisfaites ou que l'auteur sera disculpé.

271. Les excuses officielles et publiques quant à elles ont tendance à être plus impersonnelles et calculées, en ce sens que leur libellé tient compte non seulement des sentiments de la partie lésée, mais aussi de ceux de la société dans son ensemble. L'auteur du forfait présente ce genre d'excuses aux victimes ou à une communauté de victimes. Les excuses officielles et publiques sont presque toujours présentées en permanence ou dans un écrit officiel et public[398]. Le fait de demander des excuses personnelles n'interdit pas d'exiger également des excuses

---

[396] CPI, Chambre de 1re instance VIII, 17 août 2017, *Situation en République du Mali, Affaire Le Procureur c. Ahmad Al Mahdi,* Ordonnance de réparation, n° ICC-01/12-01/1.

[397] TAVUCHIS (N), *Mea culpa*, Stanford University Press, 1991, p. 36.

[398] CPI, Chambre de 1re instance VII, 1 août 2017, *Situation en République du Mali, Affaire Le Procureur c. Ahmad Al Faqi Al Mahdi, « Ordonnance de réparation »*, *préc.* Les juges ont ordonné au Greffe que les excuses faites par l'accusé Al Mahdi pour les dommages causés sur les mausolées de Tombouctou, soient enregistrées sur des supports numériques et téléchargées sur le site Web de la CPI pour permettre à un nombre considérable de victimes d'y accéder.

publiques. Dans certains cas, les victimes veulent obtenir les deux types d'excuses. Dans d'autres, elles ne veulent que l'un ou l'autre. Des excuses publiques tendent à être moins personnalisées parce que visant des torts causés à un certain nombre de personnes.

272. Les excuses permettent la reconnaissance du mal infligé à chaque victime et de communiquer des regrets sincères. En effet, elles peuvent permettre de rétablir les faits et de redonner leur dignité aux victimes ou à un groupe de victimes et ce, sous l'œil attentif du public[399].

273. Dans les excuses officielles et publiques faites à un groupe, les torts causés sont à décrits en termes plus généraux que des excuses individuelles. Par conséquent, des excuses de cette nature risquent de ne pas servir de preuve de responsabilité dans les demandes de réparation individuelle et ne devraient pas être indiquées pour justifier le report des excuses jusqu'au moment où les demandes seront examinées.

2- L'adoption des politiques publiques

274. Il n'est pas exclu que les représentants des victimes des crimes internationaux formulent une telle demande devant le juge pénal international. Fort de l'implication de l'État parfois dans la commission de certains crimes de masse comme le génocide[400], les victimes peuvent souhaiter voir l'État définir et suivre une politique publique en faveur des enfants soldats, en associant des organismes des droits de l'homme, des ONG et des organisations intergouvernementales, pour la production de rapports, diagnostics et évaluations. Même si ce type de demande a été souvent rejeté devant la CIADH[401], la CPI peut en l'état actuel de son droit, accorder cependant diverses mesures de réparation non pécuniaires.

---

[399] NICOLAS TAVUCHI souligne des différences inhérentes aux excuses officielles. Il s'agit (...) d'un mode d'énonciation qui diffère nettement de celui de son équivalent interpersonnel. Comme il sied à leur caractère officiel et public, les excuses avalisées et rédigées par l'appareil institutionnel ont tendance à être libellées, en des termes abstraits, indirects, modérés et effectivement neutres. Aussi sincère ou fidèle à un esprit de conciliation qu'il puisse être, le discours composé à des fins officielles établit et maintient une distance sociale et donc linguistique entre ceux ou celles qui sont habilités à parler, d'une part et les véritables protagonistes d'autre part, *ibid,* p. 102.
[400] DION (G), MARTIN-CHANTAL (M) et YAHYA HAAGE (M), « La double attribution de la responsabilité en matière de génocide », *RQDI*, 2007, 20.2, pp.1-34.
[401] CIADH, arrêt *massacres d'Ituango c. Colombie*, Série C, n° 148, 2006.

275. S'agissant des crimes sexuels et sexistes, l'État doit également définir des politiques qui portent en priorité sur les besoins spécifiques et uniques des femmes et des filles. Elles doivent être prises en collaboration avec les organisations de la société civile, les groupes de femmes, afin de satisfaire pleinement les droits des femmes victimes d'une justice liberticide en période post-conflit. Les politiques publiques devront ainsi éviter toute discrimination fondée sur le sexe, la classe sociale, l'ethnie, la situation économique ou l'identité culturelle. Elles doivent plutôt optimiser les possibilités de transformation apportées par les réparations. Les garanties de non-répétition de violences sexuelles et sexistes, nécessitent non seulement de réformer les structures économiques, politiques et juridiques au niveau national, mais également les structures culturelles au nom d'un État responsable.

Section 2- Le plaidoyer pour la consécration de la responsabilité civile de l'État devant la Cour Pénale Internationale

276. La responsabilité civile de l'État sur le fondement d'un manquement à ses obligations internationales[402], peut être établie à travers l'utilisation de son appareil répressif par ses préposés (paragraphe 1), mais aussi au moyen des manquements qui peuvent lui être directement imputés (paragraphe 2).

Paragraphe 1-La responsabilité de l'État par concours

277. La responsabilité civile de l'État repose sur un certain nombre de fondements théoriques empruntés au droit privé (A) qu'on peut évoquer à côté de la responsabilité de ses agents (B).

A- Une responsabilité justifiée par la responsabilité civile délictuelle

278. La responsabilité subsidiaire de l'État découle de l'interprétation des dispositions du statut de Rome. Elle peut être justifiée par les théories du commettant-caution (1) et de la représentation délictuelle (2).

---

[402] NINA JORGENSEN (H.B), *The responsability of States for international crimes,* 1re éd, New York, Oxford University Press, 2000, p. 141 (notre traduction).

1- La théorie du commettant-caution

279. On peut fonder la responsabilité civile de l'État devant la CPI à partir de la responsabilité du fait de l'agent. Dans le cadre des crimes de masse, l'État agit comme commettant pour ses agents. Il est en réalité une caution pour garantir une éventuelle défaillance de l'accusé vis-à-vis des demandes de réparation des victimes. Pour justifier la responsabilité civile de l'État du fait de ses agents, la théorie du commettant-caution en est un argument.

280. Le mécanisme met en évidence une relation entre l'État et son agent, auteur du crime. On peut y déduire la théorie que l'on pourrait qualifier de « *technique* », en ce sens qu'elle décrit plutôt l'opération objective qui se produit lorsqu'on fait jouer la responsabilité du commettant pour les crimes de son agent, au cas où celui-ci est déclaré coupable. Le Fonds au profit des victimes qui se déploie parce que les États parties au statut de Rome l'ont voulu, peut venir au soutien de l'accusé incapable d'indemniser les victimes. Mais encore faut-il invoquer cette théorie. L'application de la théorie du commettant-caution permettra au Fonds d'intenter une action en répétition à titre de réparation. C'est l'explication sociale qu'on peut donner à ce raisonnement pour le soutenir. L'idée selon laquelle l'État peut être civilement responsable des crimes commis par ses agents est justifiée par des raisons d'ordre public, c'est-à-dire d'utilité sociale. Les agents au service de l'État, convaincus de culpabilité des crimes internationaux, sont généralement peu solvables. Les victimes des dommages auront alors intérêt à réclamer réparation à l'État ou au FPV. L'État dans ces conditions est ainsi considéré comme commettant en ce qu'il serait le garant envers les tiers, de l'activité illicite de son préposé[403].

281. Cette théorie a l'avantage de justifier l'action possible du commettant obligé, d'indemniser les victimes pour les dommages causés par son préposé[404]. L'on exigera toujours la commission d'un crime international par l'agent. Rien n'exclut que les victimes intentent des actions civiles principales et directes contre l'État commettant, sans

---

[403] FLOUR, *Les rapports de commettant*, Thèse, Paris II, 1993, p. 12.

[404] PINSONNEAULT (G), « Notion de commettant et de préposé en droit civil », *Les cahiers de droit*, vol n° 1, 1954, pp. 77-94.

mettre en cause l'agent préposé, débiteur principal même si une telle action peut prospérer devant la CIJ.

2- La théorie de la représentation délictuelle

282. Loin d'être une fiction, on peut retrouver la faute ou la violation d'une obligation internationale de l'État dans celle de son agent. Pour que la responsabilité de l'État soit envisagée, le crime commis par l'individu sous l'autorité de l'État est la condition nécessaire. En effet, lorsque les agents exercent leurs fonctions à eux confiées par l'État, ils représentent celui-ci parce qu'ils agissent à travers lui et prolongent son activité. C'est une représentation en vue de l'action. Il découle de cette représentation, une présomption légale selon laquelle le crime commis par l'individu personne physique, est aussi commis par ricochet par l'État. En exerçant les fonctions qui leur sont confiées, les agents de l'État représentent l'État lui-même. Il ne s'agit pas d'une représentation en vue d'un acte juridique, mais d'une représentation en vue de l'action. Comme l'action criminelle du préposé est par hypothèse établie, la responsabilité de l'État est présumée. Il ne peut ne pas aussi exister puisqu'il se confond avec l'action criminelle du préposé.

283. Partant de la théorie sus évoquée et basée sur la confusion de personnes, on peut la qualifier d'« *artifice de mots* »[405]. La responsabilité ici est individuelle et personnelle pour celui qui agit autrement. En fait, l'État peut jouer le rôle de « caution » en faveur des victimes des crimes de masse. La responsabilité de l'État est présumée dans les actes constitutifs de la CPI. Lorsque les conditions sus évoquées sont réunies pour mettre en œuvre la responsabilité de l'État, il sera juste d'affirmer que l'État est réputé avoir commis les violences de masse.

B- Une responsabilité tirée de celle du supérieur hiérarchique et du chef militaire

284. Ces personnes sont pénalement responsables des crimes commis par leurs subordonnés placés sous leur contrôle[406] en raison du

---

[405] RODIÉRE, *La règle morale dans les obligations*, Cause, n°1467, Dalloz, 1981, p. 289 s

[406] ZAKR (N), « La responsabilité du supérieur hiérarchique devant les tribunaux pénaux internationaux », *revue internationale de droit pénal*, 2002/1, vol 73, pp. 59-80.

devoir d'agir[407] qui pose la problématique du degré (1) et de la distinction de leur responsabilité (2).

1- Le degré de la responsabilité du supérieur hiérarchique et du chef militaire

285. Comment comprendre la responsabilité du supérieur hiérarchique ou du chef militaire devant la CPI ? S'agit-il d'une responsabilité du fait de leur subordonné ? Le fait personnel du subordonné peut-il être imputé au supérieur hiérarchique ou au chef militaire compte tenu de sa position ? Le supérieur hiérarchique ou le chef militaire engage sa responsabilité pour son fait personnel pour avoir omis intentionnellement de prévenir ou de punir l'acte de son subordonné. Cette responsabilité peut être engagée si le supérieur hiérarchique ou le chef militaire a ordonné, planifié, incité, encouragé ou même participé en qualité de complice d'un crime. Peu importe son implication physique ou sa participation personnelle à la commission des faits. Il peut être également responsable pour avoir participé à une entreprise criminelle commune ou comme co-auteur à la réalisation du crime, ou par l'intermédiaire de quelqu'un ou de manière indirecte[408].

286. Le droit de la CPI a prévu la responsabilité du supérieur hiérarchique qui avait la connaissance ou les informations relatives à la commission ou à la tentative de commission des crimes[409]. Les éléments d'information que le supérieur détient[410] peuvent lui permettre d'empêcher la commission d'un crime par ses subordonnés. La connaissance ne saurait être présumée. Sur l'obligation de prendre les mesures pour empêcher ou réprimer les infractions, le principe est que le supérieur hiérarchique doit être informé des agissements de son subordonné. Cette obligation d'information emporte l'obligation

---

[407] Article 68 paragraphe 1 du Protocole additionnel I aux Conventions de Genève de 1949 qui dispose : « Les Hautes parties contractantes et les parties au conflit doivent réprimer les infractions graves et prendre les mesures nécessaires pour faire cesser toutes les autres infractions aux conventions et au présent Protocole qui résultent d'une omission contraire à un devoir d'agir ».

[408] Article 25 para 3 du Statut de Rome.

[409] C'est par exemple si le supérieur hiérarchique avait connaissance des actes préparatoires.

[410] Par exemple sur l'absence de toute instruction de la troupe sur les conventions de Genève et le Protocole additionnel ; sur les moyens d'engagement alloués ou disponibles dans une zone où l'implantation civile est dense, sur l'inexistence du service sanitaire et de toutes instructions relatives aux prisonniers de guerre.

d'empêcher ou de réprimer l'infraction. L'acte du supérieur hiérarchique implique à ce sujet, des actions aussi bien préventives que répressives. En réalité, il s'agit des mesures qui doivent être prises en leur pouvoir. La responsabilité pénale individuelle du supérieur hiérarchique de ne pas prendre les mesures appropriées pour faire cesser les actes criminels, son omission de ne pas prendre des mesures qui dépendent de son pouvoir. Il s'en suit que c'est à la lumière du degré effectif de contrôle qu'un supérieur hiérarchique, militaire ou civil, peut raisonnablement prendre des mesures requises pour empêcher le crime ou en punir les auteurs[411].

287. Notion subtile[412], le « *contrôle effectif* » est actuellement admis par les rédacteurs du statut de Rome[413] et rejeté par le passé par la jurisprudence[414], comme une condition de mise en œuvre de la responsabilité pénale du supérieur hiérarchique civil et militaire[415]. C'est une forme de contrôle située au cœur de la responsabilité du supérieur hiérarchique devant les juridictions pénales internationales. La question du contrôle effectif se pose plus en termes de preuve devant les juridictions internationales[416], et suppose la capacité matérielle à prévenir et à sanctionner les auteurs du crime[417] en raison de la position du supérieur hiérarchique. Le contrôle effectif s'oppose à une autre modalité de contrôle dit « *global* » (*overall control*), exercé sur les forces militaires internes[418] et permet de qualifier un conflit armé

---

411 ZAKR (N), « La responsabilité du supérieur hiérarchique devant les tribunaux pénaux internationaux », *revue internationale de droit pénal*, 2002/1(vol 73), pp. 59 à 80.

412 HARMEN VAN DER WILT « Halilovic en appel : La subtile notion de contrôle effectif *», Journal Judiciaire de La Haye,* vol 2, n° 3, 2007, pp. 5-9.

413 Article 28 du Statut de Rome.

414 TPIY, Chambre de 1re instance, jugement du 16 novembre 1998*, Le Procureur c Delic et consorts*, IT-96-21 : *http://www.un.org/icty/celebici/trialc2/jugement/index.htm* (*affaire Celebici*). Delalic était l'un des quatre accusés.

415 CPI, Chambre de 1re instance II, 21 mars 2016*, Situation en République centrafricaine, Affaire Le Procureur c. Jean Pierre Bemba Gombo,* Jugement rendu en application de l'article 74 du Statut, n° ICC-01/05-01/08-3343.

416 TPIY, Chambre d'appel, arrêt du 29 juillet 2004, *Le Procureur c. Blaskic*, Affaire IT-95-14-A, para 69.

417 TPIY, Chambre d'appel, arrêt du 16 octobre 2007, *Le Procureur c. Sefer Halilovic*, Affaire IT-01-48-A, para 57, 59, 182.

418 TPIY, Chambre de 1re instance, jugement du 7 mai 1997, *Le Procureur c. Dusko Tadic*, IT-94-1-A, para 561-568.

internationalisé. Ce contrôle exercé par un État sur des forces armées ou milices peut alors revêtir un caractère global. Il doit aller au-delà de la simple aide financière, fourniture d'équipements militaires ou formation. Il n'implique pas des ordres ou des instructions du supérieur hiérarchique comme dans le cadre du contrôle effectif. Le contrôle global est réalisé lorsque l'État étranger joue un rôle dans l'organisation, la coordination ou la planification des actions militaires d'un groupe en plus de le financer, l'entrainer, l'équiper ou lui apporter un soutien opérationnel[419]. Dans ces conditions, l'État intervenant exerce en pratique un contrôle effectif sur le territoire occupé par des groupes militaires[420].

288. Le droit de la CPI considère le devoir d'agir du supérieur hiérarchique ou du chef militaire, dont l'inaction constitue une omission. Le statut de la CPI couvre en principe les comportements intentionnels qui mettent en exergue les « *raisons de savoir* » du supérieur hiérarchique[421]. La question des « *raisons de savoir* » d'un supérieur hiérarchique a fait l'objet d'une interprétation par la jurisprudence internationale. Dans l'affaire qui a mis en cause *Jean Paul Akayesu*[422], la chambre de première instance du TPIR a considéré que « *(...) pour les formes de participation prévues à l'article 6(1) du statut du TPIR, leur auteur ne peut être tenu pénalement responsable, s'il n'a pas agi en connaissance de cause, et cela même s'il aurait dû avoir cette connaissance* ». Il n'est donc pas nécessaire que le supérieur hiérarchique soit au courant d'un projet criminel pour que sa responsabilité pénale soit engagée ; mais il suffit seulement qu'il ait eu

---

[419] *Ibid.*

[420] Dans la situation du Haut-Karabagh, L'Azerbaïdjan n'était plus en mesure d'exercer sa souveraineté dans le Haut-Karabagh depuis la guerre qui l'opposa à des forces sécessionnistes soutenues par l'armée arménienne et qui se solda par sa défaite en 1994. L'administration de ce territoire est exercée en pratique par le gouvernement d'une « République du Haut Karabagh » autoproclamée le 6 janvier 1992. Cette république se trouve de fait placée dans une situation de subordination vis-à-vis de l'Arménie (contrôle global).

[421] HENZELIN (M), « Les raisons de savoir du supérieur hiérarchique qu'un crime va être commis ou a été commis par un subordonné ; Examen de la jurisprudence des Tribunaux pénaux internationaux pour l'ex-Yougoslavie et le Rwanda » in *Actualité de la jurisprudence pénale internationale : à l'heure de la mise en place de la cour pénale internationale* (dir) Paul Tavernier, préface de Claude Jorda, Bruylant, 2004, pp. 81-25.

[422] TPIR, Chambre de 1re, 2 septembre 1998, *Le Procureur c. Akayesu,* Affaire, ICTR-96-4-T, para 478.

des raisons de savoir que ses subordonnés étaient sur le point de commettre un crime ou l'avaient commis et qu'il n'ait pas pris les mesures nécessaires ou raisonnables pour empêcher que ledit acte ne soit commis ou pour punir les auteurs[423].

2- La distinction des responsabilités du supérieur hiérarchique et du chef militaire

289. Il ressort de la lecture combinée des actes constitutifs des juridictions pénales internationales que la responsabilité pénale individuelle du supérieur hiérarchique varie selon qu'il s'agit d'un civil ou d'un militaire. La qualité officielle de l'auteur du crime n'exclut pas la mise en œuvre d'une responsabilité pénale internationale[424]. C'est le cas notamment du chef d'État ou du gouvernement, de membre du gouvernement ou du parlement et d'autres représentants électifs ou officiers gouvernementaux ou les hauts cadres de l'armée.

290. Sur la responsabilité des civils au sens large du terme, le statut de Rome s'exprime en termes de « *gouvernant* ». On peut engager la responsabilité des gouvernants en appelant la notion de « *supérieur hiérarchique* »[425]. Par gouvernant, on peut désigner les sujets qui exercent le pouvoir administratif au niveau gouvernemental, ou ceux qui exercent le pouvoir législatif et les chefs d'État[426]. Ces sujets se trouvent au sommet de la hiérarchie publique exerçant les plus hautes fonctions de l'État. L'article 7 du statut du Tribunal de Nuremberg consacre la responsabilité du chef d'État et du gouvernant qui donne des instructions pour la commission d'un crime. Il en est de même des statuts des TPI *ad hoc* de l'ex-Yougoslavie et du Rwanda. La pratique

---

[423] MABANGA (G), « Affaire Bemba : La CPI fixe les critères d'appréciation de la responsabilité pénale du chef militaire et du supérieur hiérarchique. », *La revue des droits de l'homme*, 2016 ; pp. 1-10. Lire aussi CPI, Chambre de 1re instance III, Résumé du jugement rendu le 21 mars 2016 en application de l'article 74 du Statut de Rome.

[424] Article 27 du Statut de Rome.

[425] Il s'agit de tout sujet qui occupe une position de pouvoir par rapport à un ou plusieurs sujets, dans le cadre d'une structure hiérarchique organisée.

[426] QUIRICO (O), *Réflexions sur le système du droit international pénal - La responsabilité pénale des États et des autres personnes morales par rapport à celle des personnes physiques en droit international*, Thèse, Toulouse I, 2005, p. 103.

judiciaire de la CPI offre un cas récent des poursuites pénales contre un chef d'État en fonction[427].

291. La mise en œuvre de la responsabilité pénale individuelle des chefs d'État démontre à suffisance, que le fait d'agir en cette qualité ou sous la bannière de responsable du gouvernement, ne constitue pas une cause d'exonération de la responsabilité. C'est parce que les immunités sont inopérantes devant la CPI, que les poursuites des chefs d'État sont effectives[428]. Dans les procès de Tokyo, certaines autorités civiles ont été condamnées pour des crimes de guerre. *Koki Hirota* ancien ministre des Affaires étrangères du Japon, avait été reconnu coupable d'atrocités de viol collectif qu'on lui reprochait pour avoir imprudemment méconnu l'obligation juridique qui lui est imposée en vertu de ses fonctions de garantir le respect des lois et coutumes de la guerre et d'en prévenir les violations[429].

292. Le principe de la responsabilité du supérieur hiérarchique civil est un principe général de droit. Il doit être appliqué et interprété dans un sens restreint. C'est donc un principe jusqu'ici consacré par les textes à valeur impérative, dont l'application est controversée. Les autorités en charge de l'appliquer doivent l'analyser au cas par cas le pouvoir d'autorité effectivement dévolu au gouvernant. L'office du juge consiste à vérifier si le gouvernant avait le pouvoir de donner des instructions, de faire ou de ne pas faire, ou imposer toute mesure nécessaire et raisonnable pour empêcher la commission d'un crime. L'exercice n'est pas seulement de rapporter la preuve de la qualité de supérieur hiérarchique, mais encore faut-il rapporter la preuve d'un véritable pouvoir de contrôle. En vertu du principe de la responsabilité du supérieur hiérarchique, rien ne vient expressément limiter la portée de ce type de responsabilité s'agissant des chefs militaires. Il s'applique

---

[427] CPI, Chambre de 1re instance, *Situation en République du Kenya, Affaire Le Procureur c. Uhru Kenyata, préc,* para 53.

[428] CPI, Chambre préliminaire II, 8 mars 2011, *Situation en République du Kenya, Affaire Le Procureur c. Uhuru Muigai Kenyatta, Francis Kirimi Muthaura et Mohammed Hussein Ali, « Décision relative à la requête du Procureur aux fins de délivrance de citations à comparaitre à Uhuru Mugai Kenyatta, Kirimi Muthaura et Mohammed Hussein Ali »*, n° ICC-01/09-02/11.

[429] ZAKR (N), « Analyse spécifique du crime de génocide », cité par Aboubacar Dakuyo, *Justice transitionnelle et responsabilité pour crimes de génocide : complémentarité ou contradiction ?* Mémoire, université du Québec à Montréal, 2014, p. 59.

aux hauts responsables politiques et autres supérieurs civils investis d'une autorité[430].

293. Le principe est le même pour des personnes exerçant les fonctions militaires. Il concerne précisément les « *commandants* » qui sont chargés de prendre les mesures pour empêcher la commission des infractions, les réprimer ou les dénoncer à l'autorité compétente. La notion de commandant ne vise que toute personne ayant des responsabilités de commandement. Cette responsabilité est appréciée à partir des commandants supérieurs jusqu'aux chefs de peloton n'ayant que quelques hommes sous leurs ordres[431]. Les chefs militaires peuvent, dans certains cas, être tenus individuellement responsables des crimes commis par leurs subordonnés.

294. L'article 28 du statut de Rome définit les critères permettant d'établir si un chef militaire est pénalement responsable. L'une des conditions est la connaissance du projet criminel et le fait pour l'auteur des faits d'omettre de prendre des mesures raisonnables pour les prévenir ou empêcher leur perpétration. Il peut également être tenu responsable s'il omet de faire un rapport d'enquête, aux autorités compétentes pour enquêter et poursuivre. Mais avec les nouveaux développements de la jurisprudence, cette dernière responsabilité peut prospérer si le chef militaire qui doit être proche de ses troupes ne fait pas face à des difficultés logistiques dans la conduite des enquêtes[432]. La doctrine de la responsabilité des chefs militaires permet de tenir pour responsable ceux qui ont souvent la plus grande responsabilité dans la commission des crimes internationaux, même s'ils ne commettent pas ces crimes eux-mêmes. C'est la raison pour laquelle la responsabilité par imputation des chefs militaires constitue un élément important du statut de Rome.

Paragraphe 2- La responsabilité civile de l'État par imputation

295. La lecture des dispositions du statut de Rome laisse penser que les États parties peuvent se rendre coupables pour avoir manqué

---

[430] TPIY, Chambre d'appel, arrêt, 20 février 2001, *Affaire Le Procureur c. Zejnil Delalij (alias Pavo),* IT-96-21-A.

[431] Conférence diplomatique sur la réaffirmation et le développement du droit international humanitaire applicable dans les conflits armés, Genève, 20 février 1974.

[432] CPI, Chambre d'appel, 8 juin 2018, *Situation en République centrafricaine, Le Procureur c. Jean Pierre Bemba Gombo,* n° ICC-01/05-01/08 (Décision d'acquittement).

d'exécuter leurs obligations ou engagements envers la Cour (A). La responsabilité qui en découle peut être examinée par certains organes (B).

A- L'inexécution des engagements envers la CPI

296. Il s'agit à ce titre de la violation de l'obligation de coopérer (1) et de contribuer au FPV (2).

1- La violation de l'obligation de coopérer

297. Les rapports entre les États et la CPI se résument en une obligation de coopérer[433]. Cette obligation découle de la nature conventionnelle du statut de Rome qui prévoit la coopération entre les États parties. La notion de coopération est définie comme la participation à une œuvre commune, la collaboration dans sa réalisation[434]. Sans pour autant dire en quoi consiste cette obligation, le statut de Rome a esquissé les grandes lignes de l'obligation de coopérer. Il revient donc aux États parties de définir les modalités pratiques et détaillées de son assistance judiciaire. La coopération semble se résumer à un ensemble d'obligations dont l'inexécution est susceptible d'entrainer la responsabilité des États parties contrevenants. L'exécution de bonne foi du statut contribue à coup sûr à la répression effective des crimes de masse et à la protection des victimes. Les obligations de punir et de réparer qui peuvent en résulter, sont diffuses dans l'ensemble du statut de Rome, et relèvent des devoirs en droit international général. Quelles raisons peuvent vraisemblablement conduire les États à contrevenir à leurs obligations envers la CPI ?

298. Des situations de non coopération avec la CPI ne sont pas une vue de l'esprit cartésien. Quelles en sont les hypothèses envisageables ? Il s'agit entre autres des immunités de juridiction ou d'exécution. Même si elles sont inopérantes devant la CPI, elles peuvent généralement constituer des obstacles à la coopération des États. Le juge pénal international peut être par exemple buté à une interdiction d'examiner une affaire pour laquelle il a normalement compétence. Quant à l'immunité d'exécution, le refus de coopérer protège l'individu dont l'arrestation est sollicitée, de ne pas être transférée. Le non-respect des

---

[433] NDEDOUM (S), *La Cour pénale internationale et les juridictions internes des États*, mémoire, Dschang, 2016, pp. 33 et 67.

[434] REY-DEBOVE (J) et REY (A) (dir), *Petit Robert*, Paris, Dictionnaire Le Robert, 2002, p.543.

engagements envers la CPI peut entrainer le déclenchement des mécanismes de responsabilité de l'État. Certes, il n'existe pas une *lex specialis* dans le statut de Rome. Cependant, l'État peut se voir engager sa responsabilité pour n'avoir pas coopéré avec la Cour. En effet, si un État partie à une convention d'assistance judiciaire ne remplit pas ses obligations, sa responsabilité internationale est évidemment mise en cause[435]. Aucune disposition du présent statut relative à la responsabilité pénale des individus n'affecte en rien la responsabilité des États en droit international. Ainsi, lorsque la Cour aura constaté dans le comportement d'un État partie, un manquement à l'obligation de coopérer, les autres États parties auront le droit de réagir contre l'État en cause, en vue de le contraindre à coopérer[436].

299. Si la mise en œuvre de la responsabilité internationale semble illusoire, l'État lésé peut recourir à l'AEP pour ce faire. En cas de refus d'un État à la demande de coopération de la Cour et contrairement à ce que prévoit le statut de Rome, la Cour peut l'empêcher ainsi d'exercer les fonctions et les pouvoirs que lui confère le même statut. Elle peut en prendre acte et en référer à l'AEP ou au Conseil de sécurité. C'est parce que les rédacteurs du statut de Rome ont placé l'individu au centre des préoccupations que les dispositions relatives à la responsabilité de l'État sont rares, voire inexistantes. C'est même la raison pour laquelle cette responsabilité, du moins par imputation, n'a pas été envisagée pendant les négociations de Rome pour être consacrée dans le statut. La mise en œuvre de la responsabilité de l'État par référence aux mécanismes de droit international tire son fondement de l'article 25(4) du statut de Rome qui dispose qu'« *aucune disposition du présent statut relative à la responsabilité pénale individuelle n'affecte pas la responsabilité des États en droit international* ».

2- L'obligation de contribuer au Fonds au profit des victimes

300. Se prononçant sur la nature des dépenses autorisées par l'Assemblée générale des Nations Unies, la CIJ a en 1962, admis que les dépenses de l'ONU sont supportées par ses membres dès lors que

---

[435] ERIC (D), « La responsabilité de l'État pour absence de coopération », in *Ascencio h, Décaux E et Pellet. A (dir)*, *Droit international pénal*, p. 172.

[436] YIRSOB DABIRE (D*), Le rôle et la place des États dans le fonctionnement de la cour pénale internationale,* mémoire, Genève, 2006, p. 48.

ces dépenses sont celles de l'ONU[437]. Il résulte de l'interprétation de la CIJ sur cette question que seuls les États doivent supporter les dépenses de l'ONU relatives à la réalisation des buts de l'organisation. Un tel avis consacrait alors l'obligation financière des États de contribuer aux organisations internationales dont ils sont membres. Organisation internationale *sui generis*, la CPI n'en fait pas exception et les États membres du statut de Rome sont tenus de remplir leurs obligations financières au sens de cet avis consultatif. Au rang des ressources indépendamment obtenues par le Fonds, les contributions volontaires occupent une bonne place. Elles proviennent pour la plupart des États parties ou non. Bien que l'action des États relève du volontariat, on peut se poser la question de savoir si le comportement d'un État caractérisé par son abstention ou son refus de contribuer au Fonds est susceptible d'engager la responsabilité internationale ? On peut le penser avec Jean Baptiste Jeangène Vilmer, mais en mettant en exergue la responsabilité morale de la communauté internationale dans son ensemble, à l'égard des crimes internationaux[438]. Mais la condition est que ces crimes soient commis contre l'Humanité faisant ainsi appel à l'obligation de réparer[439].

301. Devant les juridictions internationales, il s'agit plus de la responsabilité de l'État pour fait internationalement illicite que de la responsabilité morale. C'est peut-être pour cette raison que les sources du droit de la CPI n'ont pas prévu la responsabilité des États de contribuer au Fonds si ce n'est une responsabilité fondée sur le devoir de solidarité. Les doctrines de la solidarité et de l'assurance ont été évoquées pour justifier la responsabilité morale des États sur le fondement des devoirs de soutenir et d'aider les victimes. De ce point de vue, il est difficile de conclure à une responsabilité internationale des États en application des règles générales de droit international public parce que fondée sur un fait internationalement illicite, ou une violation d'une obligation internationale constitutive de ce fait illicite. Par contre, la solidarité et l'assurance renvoient à une cohésion sociale et la survenance du risque.

---

[437] CIJ, Avis consultatif, 20 juillet 1962, certaines dépenses des Nations Unies (Article 17 paragraphe 2 de la charte), Rec, 1962, para 162.

[438] JEANGÈNE VILMER (J.B), *Réparer l'irréparable*, *op.cit.*, p. 150.

[439] SCHABAS (W), « Compensation and reparations : Problems of acces to civil justice », in *cc. Joyner*, (ed), Reining in impunity for international crimes and serious violations of Fundamental Human Rights, Proceedings of the siracusa conference 17-21 September 1998, pp. 455 et 484.

Si les arguments qui permettent d'envisager la responsabilité de l'État pour refus de contribuer au FPV sont quasiment inexistants, l'on peut rechercher les fondements d'une telle responsabilité à partir de l'obligation de réparer un fait internationalement illicite.

302. Quoi qu'il en soit, les États parties au statut de Rome sont tenus d'apporter leurs quotes-parts au fonctionnement de la CPI. Leurs apports volontaires ou obligatoires participent ainsi à la réparation des dommages causés par les crimes internationaux pour lesquels les États ont résolu de réprimer dans l'intérêt des générations présentes et futures.

303. Cette affirmation peut être davantage soutenue en évoquant le fait que la CPI est une organisation internationale, dès lors que l'État joue un rôle dans le fonctionnement de toute organisation internationale en général et la CPI[440] en particulier, et donc internationalement responsable[441]. Tout État partie qui contribue au fonctionnement de la CPI contribue incidemment à la mise en œuvre des objectifs du FPV. Ainsi, s'apparente à une obligation de contribuer pour les États parties au fonctionnement de la Cour, les quotes-parts reversées pour financer le FPV dont le refus de verser peut donner lieu à des sanctions.

B- Les sanctions envisageables

304. L'AEP peut être considérée comme organe de sanction (2), même si aucune sanction contraignante n'a été prévue par le droit positif (1).

1- L'absence de sanction en droit positif

305.C'est encore le respect de la souveraineté des États en droit positif, qui explique l'inexistence des sanctions qu'on peut envisager contre un État partie qui refuse de verser sa contribution. Même le statut de Rome n'en fait pas cas. S'il l'avait fait, la question se poserait sur l'organe compétent pour prononcer la sanction contre un État défaillant. Il serait d'ailleurs paradoxal de concevoir que les contributions au fonctionnement du FPV soient assorties de sanctions pour la simple raison que les contributions financières des États sont fondamentalement volontaires. Qu'en est-il des sanctions que

---

440 YIRSOB (D), *Le rôle et la place des États dans le fonctionnement de la cour pénale internationale* ; *op.cit.*, p. 36.

441 HANS (J), *Le principe de responsabilité : une éthique pour la civilisation technologique*, 3e éd, Paris, éd du Cerf ; 1995 ; p. 151.

l'Assemblée des États parties au statut de Rome peut envisager contre un État ?

2- Le recours à l'Assemblée des États parties comme organe de sanction

306. Les États parties ont signé le statut de Rome avec toutes les structures organiques qui lui sont subordonnées. Sur cette base, on accepte difficilement que le juge pénal international en vienne à sanctionner les États parties pour violation de l'obligation de contribuer. On peut ainsi affirmer que la CPI n'est pas investie du pouvoir de prendre des mesures coercitives contre les États. Si les rédacteurs du statut de Rome avaient eu l'intention de lui conférer un tel pouvoir, ils l'auraient expressément prévu. Ce pouvoir ne peut être considéré comme inhérent aux fonctions d'une instance judiciaire internationale. Les États peuvent seulement faire l'objet des contre-mesures prises par d'autres États, ou de sanctions adoptées par la communauté internationale. Toutefois, l'AEP peut faire des injonctions à l'État défaillant en dehors de tout procès. Les États par définition, ne peuvent faire l'objet de sanctions pénales semblables à celles en vigueur dans les systèmes pénaux internes[442].

307. La Cour peut recourir à l'AEP lorsqu'elle constate l'inexécution, imputable à un État de contribuer au Fonds, à concurrence de sa quote-part. Il se pose alors la question de la nature de la sanction que peut prononcer l'AEP en pareille situation. Le statut, encore moins le RPP ou le règlement intérieur de l'AEP, n'apportent aucune réponse tranchée. La sanction pour le moins non judiciaire et non dissuasive est la suspension du droit de vote à l'occasion des différentes sessions de l'Assemblée, même si une telle sanction ne peut être prononcée qu'en cas de retard dans le paiement des contributions financières[443]. Il n'est pas exclu d'envisager dans le même sillage, l'hypothèse du discrédit d'un État au plan international dont le comportement peut dissuader les investisseurs.

---

[442] TPIY, chambre d'appel, arrêt du 29 octobre 1997, *Le Procureur c. Tihomir Blaskic*, disponible en ligne : *http://www.org.icty/blaskic/appeal/decision.f/71029JT3.html*, consulté le 25 mai 2015.

[443] Article 112 (8) du Statut de Rome.

Conclusion du chapitre 2

308. Le recours aux modes de réparation implicitement aménagés est opportun et peut aboutir à la déjudiciarisation du système de réparation de la CPI pour des raisons sus évoquées[444]. Ces mécanismes de réparation collective concernent non seulement la société dans son ensemble, mais touchent un plus grand nombre de victimes dans un esprit de solidarité. Ils semblent moins chers que les réparations « *privilégiées* » ou expressément prévues par les textes. C'est à tort que les rédacteurs du statut de Rome ont privilégié les réparations matérielles en ce moment où l'urgence est de réduire le risque de répétition des faits criminels. L'avenir de la justice pénale internationale repose sur le rôle des modes de réparation collective, mais surtout sur la responsabilité civile et directe de l'État. Si une telle responsabilité est juridiquement soutenable, la CPI remplira-t-elle encore sa mission de punir les auteurs des crimes internationaux ou deviendra-t-elle un instrument de justice transitionnelle ? On peut croire que cette juridiction se veut une justice à la croisée de toutes les cultures juridiques, capable de répondre au besoin de justice, de paix et de réconciliation.

[444] *Supra,* Partie II, section 2 « Le plaidoyer pour la consécration de la responsabilité civile de l'État devant la CPI », p. 111 et s.

Conclusion de la Partie II

309. Les réparations explicitement consacrées et implicitement aménagées se complètent. D'abord elles donnent aux victimes les moyens de se rétablir. Ensuite, elles leur permettent de participer à la reconstruction de la paix sociale et à la réconciliation. Le recours au juge semble constituer le moyen spontané voire une panacée pour faire régner l'ordre, restaurer l'équité et tenter de réparer les préjudices par la voie judiciaire. La judiciarisation par la pénalisation est un phénomène qui a rapidement influencé le contentieux de la réparation des crimes internationaux, longtemps resté l'apanage des juridictions nationales. Cette dynamique de judiciarisation est bouleversante et même problématique face au nombre pléthorique des victimes. Elle prend en compte les demandes des victimes que dans le seul cadre de l'action répressive. C'est pour toutes ces raisons que la prégnance d'une judiciarisation centrée sur la revendication des droits individuels a contribué au développement du privilège des modes de réparation classique qui s'attachent plus à la punition de l'individu fautif qu'à un dédommagement du préjudice subi. C'est d'ailleurs cette culture juridique axée sur la culpabilité qui justifie le peu d'intérêts des regards curieux sur les potentialités de la justice pénale internationale à subvenir aux besoins des victimes innombrables et à évaluer leurs préjudices.

CONCLUSION GÉNÉRALE

310. Quels sont les titres de noblesse de la victime devant la CPI ? L'interprétation des règles de procédure a permis d'affirmer que la victime est à la fois titulaire du droit à un procès et titulaire du droit à la réparation. Ce sont ces titres qui font la noblesse de la victime devant la CPI. C'est un justiciable pas comme les autres. Seize ans après l'entrée en vigueur du statut de Rome, le procès pénal international accepte timidement la victime comme nouvel « *acteur* » de la procédure. Si chacun se félicite de ce que l'intérêt privé de la victime soit enfin pris en compte, beaucoup reste encore à faire sur ses modalités de participation. Le statut de Rome ne traduit-il pas une légitimation politique de l'action privée dans le cadre d'une justice répressive ? La cause de la victime ne serait-elle pas utilisée à des fins politiques et sécuritaires non avouées ? Ce qui est sûr c'est que la noblesse tirée de la qualité de titulaire de droits reconnue aujourd'hui à la victime, traduit la volonté des États parties et donc des politiques, de recourir à une justice pénale internationale renouvelée, équilibrée, efficace et plus humaine.

311. Individualiser pour mieux répondre aux besoins et attentes des victimes est le fil d'Ariane de cet ouvrage à travers lequel la noblesse de la victime a été mise en évidence. Si les recherches théoriques et pratiques n'ont pas manqué sur ses droits, il n'en demeure pas moins que l'entrée en vigueur du statut de Rome a été significative pour elle. La « *planète victime* » reste encore inconnue dans la mesure où il n'existe pas à ce jour une étude globale consacrée aux besoins et attentes des victimes devant la CPI. En droit positif, le statut de Rome et les autres textes constitutifs des juridictions internationalisées font certes une place de choix aux victimes encore innommées,[445] mais sans toutefois déterminer leur place au procès.

---

[445] MÉLODE HOUÉDJISSIN (A), *Les victimes devant les juridictions pénales internationales*, Thèse, Grenoble, 2011, p. 21.

312. Malgré les efforts qui sont en train d'être faits pour renforcer ses droits procéduraux, la victime est restée un signifiant chargé de beaucoup de subjectivité. Le droit de la CPI ne reconnait pas jusqu'ici la victime comme une partie au procès en raison de son incapacité de saisir directement le juge pénal international. Ses prérogatives procédurales telles que le droit d'interjeter appel ou le droit de révision sont néanmoins réduites aux seules questions d'indemnisation.

313. Quoi qu'il en soit, la victime est un acteur incontesté du procès pénal international même si elle ne peut déclencher les poursuites de son propre chef. La conséquence de cette privation du droit de saisine est la négation de sa capacité juridique[446] à ester en justice même dans le cadre d'une association de victimes. Au regard de l'effectif pléthorique des victimes des crimes internationaux, les rédacteurs du statut de Rome se sont engagés à traiter collectivement leurs demandes de participation. C'est aujourd'hui un défi, même si dans la pratique cette ambition semble irréaliste. Mais le mécanisme processuel de la représentation conjointe a été mis en place pour relever ce défi et rendre efficace la procédure.

314. Agissant dans le cadre d'une représentation conjointe, seules les victimes des préjudices individuels sont autorisées à participer dans une procédure pénale internationale fortement individualisée. Cette procédure résulte en réalité du souci pour les rédacteurs du statut de Rome, d'aménager une place de choix aux victimes. Cette place a été analysée en considération des titres procéduraux que le droit international reconnaît désormais aux victimes.

315. Le processus d'individualisation fait écho des principes d'unicité et d'égalité d'accès à la justice. Il peut prendre des formes multiples : légale, judiciaire ou administrative et produire des effets bénéfiques ou à l'inverse, stigmatiser, creuser les différences et les inégalités. En réalité, il n'y a pas d'individualisation légale à proprement parler. Les actes constitutifs de la CPI ne peuvent en effet prévoir que des espèces de victimisation particulière comme des victimes vulnérables.

---

[446] DONAT-CATTIN (D), « The Rights of victims and international criminal justice », *La Corte pénale internationale-problemi e prospetive, Napoli,* 2003, pp. 348-357.

316. C'est dans cette dynamique d'individualisation que s'inscrit la question de la réparation. Elle a été abordée par le statut de Rome qui a procédé à une énumération des modes de réparation possibles. Loin d'être au service des victimes, les formes de réparation sont ordonnées dans un but d'intimider et punir l'accusé en réaction à un trouble causé à l'ordre social. Si cette impression se dégage de la mission répressive de la CPI, il apparaît tout de même que l'indemnisation, la réhabilitation ou la restitution restent des sanctions civiles ayant un caractère réparateur et non afflictif.

317. La victime semble ainsi avoir son destin en main dès lors qu'elle peut opérer des choix pour son avenir judiciaire. Ce destin réside dans la recherche d'une solution médiane entre objectivité et subjectivité, impératif de réprimer et nécessité de réparer les préjudices.

318. L'ouverture du procès aux victimes est la conséquence de l'atténuation du caractère rigide de la justice pénale internationale alors centrée sur l'accusé. La reconnaissance de la victime comme acteur du processus répressif international a considérablement influencé la nature de la justice ainsi que ses finalités. L'émergence des droits procéduraux aussi bien de l'accusé que de la victime a transformé la justice pénale internationale en une justice humaniste.

319. Mais, l'équilibre entre les droits de la victime et ceux de l'accusé est encore fragile[447]. Seule la pratique permettra de confirmer réellement la prise en compte de ses droits. Les doutes sont déjà perceptibles, tant les enjeux psychologiques et personnels sont importants. Il est encore trop tôt pour avoir une réponse claire sur la mise en œuvre efficace des droits de la victime devant la CPI. Toutefois, il est quand même possible d'entrevoir des obstacles concrets à une satisfaction totale des attentes des victimes devant cette juridiction.

320. L'émergence des droits subjectifs aussi bien de l'accusé que de la victime a favorisé l'introduction de la notion de volonté individuelle qui pourrait donner lieu à une justice négociée ou consensuelle. Ainsi, la justice pénale internationale n'est plus un outil essentiellement au service de la répression, mais une justice protectrice des droits et intérêts privés des victimes en pleine renaissance.

[447] NENE BI (A.D*), La protection des témoins devant la cour pénale internationale*, mémoire, Lyon 3, 2012, pp. 55 et s.

321. Les victimes sont désormais au centre des préoccupations de la justice internationale, le souci étant de les indemniser à tout prix. On assiste dès lors à une transition de la justice formelle du droit privé, c'est-à-dire la justice commutative fondée sur l'égalité formelle absolue entre crime et peine, préjudice et réparation vers la justice distributive qui met en exergue le traitement des victimes selon leurs besoins. C'est dans ces circonstances que les rédacteurs du statut de Rome sont tenus de renforcer la place de la victime au procès. Engagée dans la lutte contre l'impunité, la justice pénale internationale classique est en train de céder la place à une justice fondée sur une approche sociale du crime, du criminel et de la victime. C'est le dépassement de la conception du droit en vigueur, fondée sur le droit privé par une conception sociale du droit[448] qui en est ainsi exaltée. Il ne s'agit plus de la victime isolée dans ses droits, mais de plus en plus de la victime considérée au sein de sa communauté dont l'intégration n'est que le reflet de la fusion du droit public avec le droit privé.

322. Le nouveau paradigme du procès pénal international considère alors la victime comme le point de départ et le point d'arrivée de tout droit. La CPI est donc une juridiction pour les victimes et ses organes jouent ainsi un rôle capital dans la mise en œuvre de leurs droits. La justice sociale vers laquelle évolue la justice pénale internationale est une justice qui « *permet de saisir le sens de l'évolution du droit et de penser le renouveau du droit de manière cohérente et de légitimer les revendications* »[449] des victimes.

323. La victime en droit international n'a pas un statut procédural à proprement parler. Mais sa montée en puissance sur la scène pénale internationale permet d'autoriser sa participation au procès en qualité de participant titulaire de droits. Ce statut atypique est alors le résultat d'un équilibre entre l'individu égoïste et la société, c'est-à-dire le croisement entre le socialisme et l'individualisme.

324. L'ambition est de transformer la justice pénale internationale dès ses origines, en une justice humaniste incarnée par le concept de communauté en reflétant le changement de paradigme. Cette

---

[448] RADBRUCH (G), « Erlauterungen ZumGorlitzer Program », *GRA*, 1922, 13, p. 85.

[449] LE BOUEDEC (N), « Le concept de « droit social » : GUTAV RADBRUCH et le renouvellement de la pensée du droit sous Weimar », *Astérion* (en ligne), 4/2006, mis en ligne le 28 avril 2006, URL : *www.http//asterion.revues.org/497*.

transformation de la condition de la victime touche bien la pensée juridique, parce que fondée sur une nouvelle conception de l'homme.

325. Par opposition au solidarisme, l'individualisation fait de la victime un véritable titulaire de droits de la « *procédure pénale internationale* ». Cette procédure trouve son ancrage dans le système juridique qu'est celui de la CPI, en pleine mutation, tiraillé entre deux traditions anglo-saxonne et romano-germanique.

326. Comme une thérapie, la victime formule toujours la même demande, directement ou indirectement, consciemment ou inconsciemment, celle d'être reconnue comme telle. L'amplification du regard judiciaire porté sur les victimes interpelle tout le monde. L'attention judiciaire et juridique pose le problème de la surexposition des victimes sur la scène pénale internationale. La CPI est devenue un espace d'expressions et de revendications. Être victime c'est en quelque sorte endosser une nouvelle identité. La reconnaissance apparait ainsi comme la seule manière de restaurer le lien social, de permettre à la victime de réintégrer le groupe humain[450] et d'éviter une victimisation secondaire. Sa prise en charge lui permet d'accéder à la résilience[451] par la restauration du lien social.

327. Mais, le processus d'individualisation risque de maintenir les victimes dans une situation de victimisation secondaire, en ce qu'il ne facilite pas un égal accès des victimes au procès. L'accès à l'information, à une défense ou à un soutien permanent devient donc difficile. Cette difficulté témoigne encore d'un inégal accès au prétoire international entre les victimes identifiées et les victimes qui n'ont pas eu la possibilité de l'être.

328. La prise en compte des besoins de la victime au procès est fonction de la détermination étroite des conditions d'accès à la procédure pénale internationale. Traitée individuellement, la victime devant la CPI existe en raison de la réalisation d'un préjudice personnel

---

[450] CARIO (R,) « Les victimes et la médiation pénale en France », *in Justice réparatrice et médiation pénale. Convergence ou divergence ?* M. Jaccoud, *Harmattan,* Sciences Criminelles, éd, 2005.

[451] C'est l'adaptation fonctionnelle de la victime à une situation pathogène. Voir à ce sujet, LOPEZ (G), PORTELLI (S) et CLÉMENT (S), *Les droits des victimes, victimologie et psycho traumatique*, Dalloz, État de droit, 2003, p. 264.

distinct du préjudice collectif qu'on peut rechercher dans les éléments constitutifs du crime de génocide.

329. Si la poursuite des auteurs des crimes internationaux reste une prérogative exclusive du Bureau du procureur, il n'en demeure pas moins que la victime contribue à côté de celui-ci, à la répression de ces crimes. Mais la conception de la participation de la victime comme une action pénale est délicate, en raison de son champ d'action encore limitée et contrôlée par le juge. Il est difficile d'utiliser une technique de protection individuelle à des fins de participation. La théorie d'une action en justice permet justement que la victime mette en œuvre ses droits procéduraux sous la qualité *sui generis* de « *participant* » au procès.

330. L'apparition et la formation des groupes de participation pour une procédure pénale internationale efficace et de qualité ne signifient pas la résurgence des corps d'intermédiaires[452] de l'ancien Régime français. Certes, il existe des intérêts intermédiaires entre ceux de la communauté internationale et ceux de l'individu. Mais les groupes de victimes participantes restent encore des groupes inorganisés, dépourvus de personnalité juridique, à la différence des associations de victimes. Il faut plutôt considérer que le mécanisme processuel de la représentation conjointe, technique de regroupement des victimes, a été institué pour les besoins de la procédure en quête d'efficacité. Ces groupes n'ont aucun pouvoir rival à côté du procureur international.

331. Si l'on admet désormais que la victime accède à la noblesse au moyen des droits, au procès et à réparation, peut-on envisager un équilibre entre ces droits et ceux de l'accusé dans un procès de type accusatoire ? En tout cas, la justice pénale internationale est globale et c'est ce difficile équilibre qui explique que la condition de la victime suscite tant de débats.

---

[452] GRANIER, « Quelques réflexions sur l'action civile », *JCP,* 1954, I, 1386. Lire également BONFILS (P), *L'action civile. Essai sur la nature juridique d'une institution*, Presse universitaire d'Aix-Marseille, 2000, p. 16 et s.

BIBLIOGRAPHIE INDICATIVE

I- OUVRAGES GÉNÉRAUX

BOULOC (B), *Procédure pénale,* 20e éd, Dalloz, Paris, 2006, 367 p.

Calogeropoulus-Stratis (M), *Droit humanitaire et droits de l'homme, la protection des personnes en période de conflit armé*, Leyden, Sijthof, 1980.

CARBONNIER (J), *Droit civil,* 27e éd, PUF, vol I, Paris, 2004, 665 p.

CASSESSE (A), *International Criminal Law,* Oxford University Press, éd 2008, 455 p.

COMBACAU (J) et **SUR (S),** *Droit international public*, 8e éd, Montchrestien, Paris, 2008, 818 p.

DAVID (R) et SPINOS (J), *Les grands systèmes juridiques contemporains*, Paris, Dalloz, 11e éd, 2002, 533 p.

ELIACEF et LARIVIERE (S), *Le temps des victimes,* Albin Michel, 2007, 294 p.

HANS (K) ; *La théorie pure du droit*, LGDJ, 496 p.

KOLB (R), *Théorie du jus cogens international. Essai de relecture du concept*, 1er éd, PUF, Paris, 2001, 401 p.

MAISON (R), *La responsabilité individuelle pour crime d'État en droit international public*, Bruylant, Bruxelles, 2004, 547 p.

MARGUENAUD (J.P), ANDRIANTSIMBAZOVINA (J), GOUTTENOIRE (A), LEVINET (M), *Les grands arrêts de la Cour européenne,* 5e éd, France, PUF, 2009, 948 p.

MERLE (R) et **VITU (A),** *Traité de droit criminel*, Cujas, Paris, I, 1997, 1052 p.

PRADEL (J), *Procédure pénale,* 12e éd, Cujas, n° 334, Paris, 2004, 380 p.

SANTULLI (C), *Droit du contentieux international*, Domat-Montchrestien, Paris, 2005, 584 p.

SCELLE (G), *Manuel de droit international public*, 3e éd, Domat-Montchrestien, Paris, 1948, 1008 p.

SOREL (J-M) et RUIZ FABRI (H), *La saisine des juridictions internationales*, Pedone, Paris, 2006, 317 p.

STEPHANI (G), **LEVASSEUR (G)** et **BOULOC (B),** *Procédure pénale,* Dalloz, 1996, 371 p.

TAVUCHIS (N), *Mea Culpa: a sociology of apology and reconciliation,* Sanford University Press, 1991, 161 p.

TRIFFTERER (O), *Commentaire sur le statut de Rome de la cour pénale internationale*, Nomos Verlags, Baden-Baden.

VAURS CHAUMETTE (A-L), *Les sujets du droit international pénal-Vers une nouvelle définition de la personnalité juridique internationale ?* A. Pedone, Paris, 2009.

II- OUVRAGES SPÉCIAUX

CARIO (R), *Victimologie. De l'effraction du lien intersubjectif à la restauration sociale*, L'Harmattan, 3e éd, vol 1, Paris, 2006, 195 p.

CARIO (R), SALAS (D) (dir), *Œuvre de justice et victimes*, L'Harmattan, vol 1, Paris, 2001, 256 p.

DI MARINO(G) ; « Le Ministère public et la victime : concurrence et complémentarité », *RPDP*, octobre 2001, n° 3 ; pp. 461- 463.

ELIACHEFF (C) et SOULEZ LARIVIERE(D), *Le temps des victimes,* Albin Michel, Paris, 2007, 294 p.

FATTAH (E.A), *La victimologie : qu'est-elle, et quel est son avenir ?* Les Presses de l'Université de Montréal, 1967, 167 p.

FILLIZZOLA (G) et LOPEZ(G), *Victimes et victimologie*, « Que sais-je », 1re éd, PUF, Paris, 1995, 128 p.

GIUDICELLI-DELAGE(G) (dir), *La victime sur la scène pénale en Europe*, 1er éd, PUF, 2008, 290 p.

JEANGENE VILMER (J-B), *Réparer l'irréparable. Les réparations aux victimes devant la cour pénale internationale,* PUF, 1re éd, Paris, 2009, 201 p.

La ROSA (A-M*), Juridictions pénales internationales – La procédure et la preuve*, PUF, Paris, 2003, 507.p.

LATTANZI (F) et SCHABAS (W.A), *Essai sur le statut de Rome de la Cour Pénale Internationale*, vol 1, 1999. 451 p.

PONS(S), Apartheid : *L'aveu et le pardon*, Bayard, Paris, 2000, 194 p.

TUTU (D-M*), Il n'y a pas d'avenir sans pardon, Comment se réconcilier après l'apartheid* ? Albin Michel, 2000, 283 p.

**WALSH (C*), La protection des témoins, les femmes et le TPIR*, Center for constitutional rights, international Women's HumanRights Law Clinic, MADRE, 1997.

WIEVIORKA (A) (dir*), Les procès de Nuremberg et de Tokyo*, Éditions Complexe, Bruxelles, 1996, 329 p.

III-ARTICLES DE REVUES

ABDELGAIVARD (E. L), « La prolifération des tribunaux parallèles pour la dénonciation des crimes internationaux », *RSC,* 2006, pp. 1-12.

ABI-SAAB, « Les crimes de guerre », *in Droit international pénal, RCADI,* 1977, iv, vol 165, pp. 353-446.

AGO (R), « Le délit international », *Recueil des cours de l'Académie de droit international*, 1939.

ASCENCIO (H), « Le temps des horreurs », Le tribunal pénal international de La Haye. Le droit à l'épreuve de la « purification ethnique », L'Harmattan, Paris, 2000, pp. 52-65.

BAUMGARTNER (E), « Aspects de la participation des victimes à la procédure de la cour pénale internationale », *RICR*, vol 90, n° 870, pp. 429-440.

BASSIOUNI (M. C), « Reconnaissance internationale des droits des victimes », in G. Doucet (dir), Terrorisme, victimes et responsabilité pénale internationale, *Calmann-Lévy*, Paris, 2003.

BESSE (T), « Les droits des victimes devant la juridiction pénale internationale : entre certitude et doutes », *COJITE*, 2012, pp. 1-39.

BITTI (G), « Chronique de jurisprudence de la cour pénale internationale », *RSC*, juillet/septembre 2006, p.706.

BITTI (G) et FRIMAN (H), « Participation of victims in the proceedings », in R.S. LEE (ed), The international criminal court-Elements of crimes and Rules of procedure and Evidence, *Transnational Publishers, Ardsley,* 2001, 153, p. 464.

BITTI (G) ; « La participation des victimes à la procédure devant la CPI (à propos des décisions préliminaires des 17 janvier et 31 mars 2006) » ; *RSC*, juillet-septembre 2006, n° 3 ; p700 à 703 ; (*chronique internationale, chronique de jurisprudence de la CPI*).

BITTI (G) ; « La participation des victimes à la procédure » ; *RSC*, juillet 2007, n° 3, pp. 652 à 665 ;(*chronique internationale, chronique de la jurisprudence de la CPI*).

BITTI (G) ; « La participation des victimes à la procédure » ; *RSC*, juillet 2008, n° 3 ; pp. 721 à 730 ; (*chronique internationale, chronique de jurisprudence de la CPI*).

BONNEAU (K), « Le droit à réparation des victimes de violations des droits de l'homme : le rôle pionnier de la cour interaméricaine des droits de l'homme », *Droits fondamentaux*, VI, 2006, p21.

BARTHE-GAY (C) ; « Réflexions sur la satisfaction en droit international », *AFDI*, vol 49, 203, pp. 105-128.

BRACQ (N), « Analyse comparée de la participation des victimes devant la cour pénale internationale et devant les juridictions pénales des pays de tradition romano-germanique » *Revue des droits de l'homme*, pp. 1-25.

CARIO (R) ; « Les droits des victimes devant la cour pénale internationale » *; Actualité juridique pénale,* juin 2007, n°/2007 ; p.261à266 ; (*dossier cour pénale internationale : quelques éléments d'appréciation)*.

CARIO (R), « Les victimes et la médiation pénale en France » ? *in Justice réparatrice et médiation pénale. Convergence ou divergence ?* M. Jacob, L'Harmattan, sciences criminelles, éd 2005.

CASSESSE (A), « commentaire de l'article 51 de la charte des Nations Unies », in J.P Cot et A. Pellet, *Economica,* 2e éd, 1991, pp. 771 à 793.

CASSIN (R), « L'homme sujet de droit international et la protection des droits de l'homme dans la société nouvelle », in *La technique et les principes du droit public*, mélanges en l'honneur de Georges Scelle, Tome 1, Paris 1950.

COMBACAU (J), « L'État en droit international », *in Jean Combacau et Serge Sur, Droit international public*, Montchrestien, 6e éd, Paris, 2004, p 230.

DAMIANI (C), « L'aide psychologique aux victimes », *in Œuvre de justice et victime*, vol 1, sous la direction de Robert Cario et Denis Salas, *L'Harmattan. Sciences criminelles*, pp. 175 à 188.

DEJEMEPPE (B), « Les droits de la victime au stade de l'information », in *Les Cahiers de l'institut d'études sur la justice*, 6, La place de la victime dans le procès pénal, *Actes du colloque organisé le 28 octobre 2004, Bruylant/Bruxelles*, 2005, p. 102.

DEMAN (C), « La cessation de l'acte illicite », RBDI, 1990/2, pp. 1-19

DEZALLAI (A), « Les relations entre l'émetteur de l'accès au droit et son destinataire : proposition d'analyse de l'harmonisation plurielle de l'accès au droit de la victime d'un crime international », *Juris doctoria*, n° 1, 2008, pp. 117-142

D'HAUTEVILLE (A), « Le droit des victimes », *Libertés et droits fondamentaux*, 11e éd, D, Paris, 2005, n° 774 et s.

D'HAUTEVILLE (A), « La problématique de la place de la victime dans le procès pénal », *APC*, 2002, n° 24 ; pp. 7à 13.

DION (G), MARTIN-CHANTAL (M) et YAHYA HAAGE (M), « La double attribution de la responsabilité en matière de génocide », *RQDI,* 2007, 20.2, pp. 1-34.

DONAT-CATTIN (D), « Article 68-Protection of victims and witnesses and their participation in the proceedings », in TRIFFTERER OTTO, *Commentary on the Rome statute of the ICC: Observers'Notes, Articles by Article*, pp. 1275-1300.

FERNANDEZ (J), « Variations sur la victime et la justice pénale internationale », Amnis, (en ligne), 6/2006, *http://journals.openedition.org/amnis/890.*

FLORIAND (A) : « La situation au Darfour déférée à la cour pénale internationale-Retour sur une résolution historique du conseil de sécurité *», Revue de l'association française pour les Nations Unies*, n° 20 et 21-2006, pp. 198-221

FOMETE PELE (J) et ADJOVI(R), « Les relations entre le tribunal pénal international pour le Rwanda et les États. L'obligation de coopération dans l'exécution du mandat du tribunal », *AFDI*, vol vi, 2005, pp. 180-196.

FORTIS (E) ; « Ambiguïté de la place de la victime dans la procédure pénale » ; *APC*, 2006, n° 28 ; p 41 à 48 ; (*Regards pluridisciplinaires sur les victimes*).

GUTIERREZ RAMIREZ (L-M), « Les réparations « transformatrices ». Une nouvelle approche des réparations dans la justice transitionnelle », *Revue trimestrielle des droits de l'homme*, n° 98, pp. 419 à 436.

HERDEWYN (L), « Sans témoins, il n'y aurait pas de procès », disponible sur : *www.hirondellenews.com*

JACQUELIN (M), « De l'ombre à la lumière : l'intégration contrôlée des victimes au sein de la procédure pénale internationale », in *G. Giudicelli-Delage et C. Lazerges (dir), La victime sur la scène pénale en Europe*, PUF, 1re éd, Paris, 2008, p179.

LANGUIN (N), « L'émergence de la victime. Quelques repères historiques et sociologiques », 2005, *http:// www. Cdpf.ustrasbg.fr.*

LAZERGES (C), « L'indemnisation n'est pas la réparation », La victime sur la scène pénale en Europe, 1er éd, *PUF*, 2008, p.236.

LAZERGE (C), « Le renforcement des droits des victimes par la loi n° 2000-516 du 15 juin 2000 », *APC*, 2002/1, n° 24, pp. 15-25.

LOUNCI (D) et SCALIA (D), « La première décision de la CPI relative aux victimes : état des lieux et interrogations », *RDIP*, 2006, pp. 375-408.

MABANGA (G) ; « Affaire Bemba : La CPI fixe les critères d'appréciation de la responsabilité pénale du chef militaire et du supérieur hiérarchique », revue *des droits de l'homme*, 2016, pp. 1-10

MAHOUVE (M), « Les juridictions pénales internationales », *Juridis périodique*, n° 59, 2004, pp. 90-107.

MAISON (R), « La place de la victime », in H Ascension, E. Decaux et A. Pellet (dir), Droit international pénal, *Pedone*, Paris, 2000, pp. 779-784.

MARTIN (D), « Égalité, égalité de traitement et discrimination en droit communautaire : 1+1+1=3…ou 1 ? », *Revue de jurisprudence sociale*, vol 12, 2008, pp. 947 à 954.

MASSIDA (P), « Les demandes collectives de participation des victimes devant la CPI : une note de prudence », *Bull du GTDV*, 2012, n° 20, pp. 1 à 10.

MBARA A BETSEM (G.D), « La victime devant la justice pénale internationale : de Charybde à Scylla » ; *Juridis périodique* ; n° 113, pp. 97-106.

MERLE (R), « La distinction entre le droit de se constituer partie civile et le droit d'obtenir réparation du dommage causé par l'infraction, consolidation, mise au point, ou fluctuation ? », in Mélange André, Droit pénal contemporain, *Cujas*, Paris, 1989, p.39

NGUELE ABADA (M), « Le crime d'agression ou l'Arlésienne du droit international », *RRJ*, 2006, n° 1, pp. 279 à 316.

PAVIA (M.L), « La place de la victime devant les tribunaux pénaux internationaux », *APC,* 2002/1, n° 24, pp. 61-79

PENA (M), « L'heure est venue pour la cour pénale internationale de se pencher sur la protection des intermédiaires et des avocats », *Bulletin du GTDV*, n° 13 ; 4p

PIGNOUX (N), « La place de la victime dans le procès pénal », *RCP*, 2002, n° 2, vol LV, p. 165 à 182.

PIN (X), « La privatisation du procès pénal », *RSC*, 2002, n° 2, pp. 245- 261.

PIN (X), « Les victimes d'infractions, définitions et enjeux », APC, n° 28, 2006, pp. 49 à 72.

PINSONNEAULT (G), « Notion de commettant et de préposé en droit civil », Les cahiers de droit, vol n° 1, 1954, pp. 77-94.

RAUSCHENBACH (M) et SCALIA (D), « Victimes et justice internationale pénale : Perplexité ? », *RICR*, vol 90, n° 870, pp. 441-459.

ROYER (G), « La victime et la peine ; contribution à la théorie du procès pénal post sententiam », *Dalloz*, 2007, 20.p

RYNGAERT (C), « La participation des victimes et les questions de parti pris au sein des tribunaux cambodgiens : Décision de la chambre préliminaire dans l'affaire contre Nuon Chea », *Journal judiciaire de La Haye*, vol 3, n°1/2008.

SCALIA (D) ; « La place des victimes devant la CPI » ; in : KOLB Robert (directeur) ; La place de la victime dans le procès pénal ; Bruxelles : *Émile Bruylant*, 26 janvier 2010 ; 332.p ; p.229 à 252.

SCOMPARIN (L) ; « La victime du crime et la juridiction pénale internationale » ; *in CHIAVARIO Mario* ; *La justice pénale internationale entre passé et avenir* ; 339p ; p.335 à 352.

SCHABAS (W), « Common Law, Civil Law et droit pénal international : tango (le dernier ?)à La Haye », *RQDI*, 2000, 13.1, pp. 287-307.

SIMMALA (D.S), « La participation de la victime à la procédure devant le tribunal spécial pour le Liban », *RQDI,* 25.2(2012), pp. 144-174.

SIPOWO TACHOU (A.G), « Les aspects procéduraux de la participation des victimes à la répression des crimes internationaux », *Les cahiers de droit*, vol, n°50, n° 3-4, 2009, pp. 691-734.

SULZER (J), « Le statut des victimes dans la justice pénale internationale émergente », *APC*, 2006/2, n° 28, pp. 29-40

SZUREK (S), « Responsabilité de protéger, nature de l'obligation et responsabilité internationale *», in SFDI, La responsabilité de protéger, colloque de Nanterre*, Paris, Pedone, 2008, pp. 91-134.

TIGROUDJA (H), « La satisfaction et les garanties de non-répétition de l'illicite dans le contentieux interaméricain des droits de l'homme », *in Réparer les violations graves et massives des droits de l'homme : La cour interaméricaine pionnière et modèle ?* dans Elisabeth Abdelgawad et Kathia Martin-Chenut, Paris, UMR, 2010, pp. 6 à 89.

TULKENS (F), « Victimes et droits de l'Homme dans la jurisprudence de la Cour européenne des droits de l'Homme, *APC*, 2002, n° 24, p 41 à 79.

VINCENT (J), « Le droit à la réparation des victimes en droit pénal international : utopie ou réalité ? », *RJT,* vol 44, 2010 ; pp. 84-104

WALLEYN (L), « Victimes et Témoins de crimes internationaux : du Droit à une protection au Droit à la parole », *RICR,* vol 84, n° 845, mars 2002, pp. 51-77.

ZAKR (N), « La responsabilité du supérieur hiérarchique devant les tribunaux pénaux internationaux », *revue internationale de droit pénal,* 2002/1(vol 73), pp. 59 à 80.

V- TEXTES ET INSTRUMENTS INTERNATIONAUX

CPI, Assemblée des États parties ; *Création d'un Fonds au profit des victimes de crimes relevant de la compétence de la cour et de leurs familles conformément à l'art 79 de son statut* ; New York, 9 septembre 2002 ; 2p ; *www.icc-cpi.int/home.html*

CPI, Assemblée des États parties ; *Éléments des Crimes adoptés conformément à l'article 9 du statut de la Cour* ; New York, 9 septembre 2002 ; 48p ; disponible en ligne :
www.icc-cpi.int/home.html ; (1re session, ICC-ASP/1/3B).

CPI, Assemblée des États parties ; *Règlement de Procédure et de Preuve adopté conformément à l'article 51 du statut de la Cour* ; New York, 9 septembre 2002 ; 101p ; disponible en ligne : ibidem ; (1re session, ICC-ASP/1/3A).

CPI, Assemblée des États parties ; *Règlement du Fonds d'affectation spéciale au profit des victimes adopté conformément à l'article 79 du statut de la Cour* ; New York, 3 décembre 2005 ; 16p ; disponible en ligne : ibidem ; (4e session, ICC-ASP/4/Res.3

CPI, Greffe ; *Règlement du greffe approuvé par la Présidence conformément à la règle 14 du Règlement de Procédure et de Preuve* ; La Haye, 6 mars 2006 ; 121p ; disponible en ligne : *www.icc-cpi.int/home.html* ; (ICC-BD/03-01-06).

NATIONS UNIES, Conférence diplomatique des plénipotentiaires ; *Convention de Rome portant statut de la « Cour pénale internationale »,* créée en tant qu'institution permanente ; Rome, 17 juillet 1998, entrée en vigueur le 1er juillet 2002 ; 55p ; disponible en ligne ; *www.un.org:fench/icc*

NATIONS UNIES, Conseil de sécurité ; *Résolution 808(1993) décidant la création d'un tribunal international pour juger les personnes présumées responsables de violations graves du droit humanitaire international commises sur le territoire de l'ex-Yougoslavie depuis 1991* ; 22 février 1993, 2.p ; (3175e séance).

NATIONS UNIES, Conseil de sécurité *; Résolution 955(1994) décidant de créer un tribunal international chargé uniquement de juger les personnes présumées responsables d'actes de génocide ou d'autres violations graves du DIH commis sur le territoire du Rwanda et les citoyens rwandais présumés responsables de tels actes ou violations commis sur le territoire d'États voisins, entre le 1er janvier et le 31 décembre 1994, et d'adopter à cette fin le statut du Tribunal criminel international pour le Rwanda* ; 8 novembre 1994 ; dernier amendement le 13 octobre 2006 par la résolution 1717 ; 71.p ; (3454e séance).

VI- LA JURISPRUDENCE

COUR PERMANENTE DE JUSTICE INTERNATIONALE

Recueil CPJI, Affaire Usine de Chorzow (Allemagne c. Pologne), arrêt du 13 septembre 1927, CPJI Rec. 1927, n° 8, Série A.

Recueil CPJI, Avis consultatif relatif à la compétence des tribunaux de Dantzig, (Pologne c. ville Dantzig), arrêt du 3 mars 1928, CPJI Rec.1928, n° 15, pp. 17-18.

COUR INTERNATIONALE DE JUSTICE

CIJ, Affaire Application de la convention pour la prévention et la répression du crime du génocide (Bosnie-Herzégovine c. Yougoslavie), ordonnance en indication de mesures conservatoires du 8 avril 1993, CIJ Rec.1993.

CIJ, Affaire Application de la convention pour la prévention et la répression du crime du génocide (Bosnie-Herzégovine c. Yougoslavie), exceptions préliminaires, arrêt du 11 juillet 1996, paragraphe 31-32.

CIJ, Affaire activités armées sur le territoire du Congo,(RDC c. Ouganda), arrêt du 19 décembre 2005, CIJ Rec.2005, paragraphes 207 et s.

CIJ, Affaire activités armées sur le territoire du Congo, (RDC c. Rwanda) arrêt du 3 février 2006, CIJ Rec.2006, paragraphe 64.

CIJ, Affaire Application de la convention pour la prévention et la répression du crime de génocide, (Bosnie-Herzégovine c.Serbie-et-Monténégro), arrêt sur le fond du 26 février 2007, CIJ Rec.2007, 171 p.

CIJ, Affaire Application de la convention pour la prévention et la répression du crime de génocide, (Croatie c. Serbie), exceptions préliminaires, arrêt du 18 novembre 2008, CIJ Rec.2008, 467.

CIJ, Affaire relative à l'application de la convention pour la prévention et la répression du crime du génocide (Bosnie-Herzégovine c/ Serbie-et-Monténégro) : Arrêt sur les exceptions préliminaires ; 11 juillet 1996 ; La Haye ; en ligne : *www.icj-cij.org* ; rôle général, n° 9.

TRIBUNAL PÉNAL INTERNATIONAL POUR L'EX-YOUGOSLAVIE

ICTY, IT-94-1-T, Trial Chamber, « *Decision on the prosecutor's motion requesting protective measures for victims and witnesses* », Case *The Prosecutor v. Tadic*, 10 august 1995.

TPIY, IT-96-21, *« Décision relative à l'exception préjudicielle de l'accusé Zdravko Mucic demandant des renseignements détaillés »*, *Celebici*, 17 juillet 1996.

TPIY, Chambre de première instance, *« Décision relative aux requêtes déposées par l'Accusation aux fins d'obtention de mesures de protection pour les témoins à charge ''B'' et ''M'' », Affaire Le procureur c. Z. Delalic, Z. Mucic, H. Delic, E. Landzo*, 28 avril 1997.

TPIY, IT-95-10, Chambre de première instance, « *Décision relative à la communication entre les parties et les témoins* », *Affaire Le procureur c. G. Jelisic*, 11 décembre 1998.

TPIY, IT-95-17/1, Chambre d'App.el, *Le procureur c. Anto Furundzija*, décision du 23 juillet 1998.

TPIY, IT-97-23, « Décision *relative à la requête du procureur aux fins d'exclure certains éléments de preuve et de limiter un témoignage », Affaire Le procureur c. Kunaroc*, 7 juillet 2000, pp.6-8.

TPIY, IT-98-33, « *Décision relative à la requête de l'accusation aux fins d'autoriser les enquêteurs à suivre les audiences* », *Affaire Naletilic*, 31 août 2001.

TPIY, IT-03-66, Chambre de première instance II, « Décision *relative à la requête de l'Accusation aux fins d'obtenir des mesures de protection pendant le procès* », *Affaire Le procureur c. Limaj et consorts,* 22 novembre 2004.

TPIY, Chambre de première instance, « *Décision relative aux poursuites engagées contre Kosta Bulatovic pour outrage* », *Le procureur c. Slobodan Milosevic*, 13 mai 2005, 17 p.

TPIY, Chambre de première instance I, 29 novembre 1996 ; Le *procureur c/ Drazen Erdemovic : Jugement portant condamnation ;* La Haye ; 46p ; disponible en ligne : *www.un.org/icty/index-f.html* ; (n° IT-96-22).

TPIY, Chambre d'appel, 16 novembre 2006 ; *Le Pocureur c/ Milomir Stakic* : Corrigendum au jugement du 31 juillet 2003 et à l'arrêt du 22 mars 2006 (suppression du nom de l'une des personnes désignées comme victimes des crimes imputables au condamné) ; La Haye ; 3p ; disponible en ligne : *www.un.org/icty/index-f.html* ; (n° IT-97-24-T).

TRIBUNAL PÉNAL INTERNATIONAL POUR LE RWANDA

TPIR-9-10, Trial Chamber II, « Decision on the motion filed by the Prosecutor on the protection of victims and witnesses », Ruzindana Case, 4th march 1997.

TPIR, IT-96-3-T, Trial Chamber, « Decsion on the extremely urgent request made by the Defence for the taking of a teleconference dépositions » *The prosecutors v. Futaganda* case, 6 march 1997.

TPIR-96-23-T, Chambre de première instance I, « Judgement portant condamnation », Affaire *Le procureur c. Kambanda,* 4 septembre 1998.

TPIR-96-4-T, Chambre de première instance, « Jugement portant condamnation », Le *procureur c. Jean PaulAkayesu,* 2 octobre 1998.

TPIR-95-1, Chambre de première instance « jugement », *affaire Kayishema et Ruzindana,* 21 mai 1999.

TPIR, Chambre de 1re instance « jugement », affaire *Le procureur c. Ruggiu,* 1er juin 2000.

TPIR-IT-95-17/1, Chambre d'appel, « Jugement », *Affaire Le procureur c. Furundzija*, 21 juillet 2000.

TPIR-96-4, Chambre d'appel, « Arrêt », Case *Le procureur c. Jean Paul Akayesu,* 1er juin 2001.

TPIR-98-41-I, Trial Chamber III, « Decision and scheduling order on the prosecution motion for harmonisation and modification of protective measures for witness », *the prosecutor v. T. Bagosora and al.* Case, 5 December 2001.

TPIR, 2001-646-T, Chambre de première instance III, « Jugement », *Affaire Le procureur c.Sylvestre Gacumbitsi,* 1er août 2003.

COUR PÉNALE INTERNATIONALE

CPI-01/04-01/06, Chambre préliminaire I, « Mandat d'arrêt », Affaire Le procureur c. Thomas Lubanga Dyilo, 10 février 2006.

CPI-01/04-01/06-8-US, « Décision relative à la requête du procureur de délivrer un mandat d'arrêt en vertu de l'article 58 », Affaire Le procureur c. Thomas Lubanga Dyilo, 24 février 2006, para 63.

CPI-01/04-101, Chambre préliminaire I, « Décision sur les demandes de participation à la procédure de VPRS 1, VPRS 2, VPRS 3, VPRS 4, VPRS 5, VPRS 6 », Situation en RDC, 17 janvier 2006.

CPI-01/04-01/06, Chambre préliminaire I, « Décision sur les modalités de participation des victimes a/0001/06, a/0002/06 et a/0003/06 à l'audience de confirmation des charges », Affaire Le procureur c.Thomas Lubanga Dyilo, Situation en RDC, 22 septembre 2006

CPI-02/04, Pre-trial Chamber II, « Decision on victim's applications for participation a/00010/06, a/0064/06 to a/0070/06, a/0081/06 to a/0104/06 and a/0111/06 to a/0127/063 », Situation in Uganda, 10 august 2007.

CPI-02/05-111-Corr, Chambre préliminaire I, « Corrigendum to Decision on the applications for participation in the proceedings of App.licants a/0011/06 to a/0015/06, a/0021/06, a/0023/07 to a/0033/07 and a/0035/07 to a/0038/07 », Situation au Darfour, 14 décembre 2007

CPI-01/04-01/06-1099-tFRA, Chambre de première instance I, « Décision de la Chambre de première instance I sur la participation des victimes », Affaire Le procureur c. Thomas Lubanga Dyilo, 18 janvier 2008.

CPI-01/04-01/06-1211, Chambre de première instance I, « Décision relative au rôle du Bureau du Conseil Public pour les victimes et à sa demande de consultation de documents », Affaire Le procureur c. Thomas Lubanga Dyilo, 6 mars 2008.

CPI-01/04-01/07-474-tFRA, Chambre préliminaire I, « Décision relative à l'ensemble des droits procéduraux associés à la qualité de victime dans le cadre de la procédure préliminaire en l'espèce », Affaire Le procureur c. Germain Katanga et Mathieu Ngudjolo Chui 13 mai 2008.

CPI-02/04-01:05, Pre-trial Chamber II, « Decision on victims' applications for participation a/0014/07 to a/0020/07 and a/0076/07 to a/0125/07 », The Prosecutor v. Kony, Otti, Odhiambo, Ongwen case, 21 November 2008.

CPI-01/05-01/08, Chambre préliminaire III, « Fifth Decision on Victims' Issues concerning common legal representative of victims », Affaire Le procureur c. J-P Bemba Gombo, 16 décembre 2008.

CPI-02/04-01/06, Chambre préliminaire III, « Decision on legal representation of victims a/0065/06, a/0066/06, a/0068/06, a/0088/06, a/0090/06, to a/0096/06, a/0098/06, a/0102/06, a/0103/06, a/0112/06, a/0115/06, a/117/06, a/0118/06, a/0120/06, to a/026/06, a/0076/07 to a/0078/07, a/0081/07, a/0084/07, a/0085/07, a/0090/07 to a/0103/07, a/0105/07 to a/0108/07, a/0112/07, a/0115/07, a/0118/07 and a/0123/07 », Affaire Le procureur c. Kony et consorts, 9 février 2009.

CPI, Chambre préliminaire I, 17 janvier 2006 ; Situation en République Démocratique du Congo : Décision sur les demandes de participation à la procédure de VPRS 1 à 6 ; La Haye ; 43 p ; disponible en ligne : *www.icc-cpi.int/home.html ;* (n° ICC-01/04-101).

CPI, Chambre préliminaire I, 31 mars 2006 ; Situation en République Démocratique du Congo : Décision relative à la requête du procureur sollicitant l'autorisation d'interjeter appel de la Décision de la Chambre du 17 janvier 2006 sur les demandes de participation à la procédure VPRS 1à 6 ; La Haye ; 24p ; disponible en ligne : *www.icc-cpi.int/home.html ;* (n° ICC-01/04).

CPI, Chambre préliminaire I, 17 août 2007 ; Situation en République Démocratique du Congo : Décision relative aux demandes du représentant légal des demandeurs concernant les modalités de demande de participation des victimes à la procédure et celles de leur représentation légale ; La Haye ; 26p ; *www.icc-cpi.int/home.html ;* (n° ICC-01/04).

CPI, Chambre préliminaire I, 29 juin 2006 ; Situation en République Démocratique du Congo, affaire Le procureur c/ Thomas Lubanga Dyilo : Décision sur les demandes de participation à la procédure présentées par les demandeurs VPRS1 à VPRS6 dans l'affaire Le procureur c/ Thomas Lubanga Dyilo ; La Haye ; 10p ; ibidem ; (n° ICC-01/04-01/06).

CPI, Chambre préliminaire I, 19 septembre 2009 ; Situation en République Démocratique du Congo, affaire Le procureur c/ Thomas Lubanga Dyilo : Décision relative à un cadre général concernant les mesures de protection en faveur des témoins à charge et à décharge ; La Haye ; 7p ; disponible en ligne : *www.icc-cpi.int/home.html ;* (n° ICC-01/04-01/06-447).

CPI, Chambre préliminaire I, 22 septembre 2006 ; Situation en République Démocratique du Congo, affaire Le procureur c/ Thomas Lubanga Dyilo : Décision sur les modalités de participation des victimes à l'audience de confirmation des charges ; La Haye ; 10p ; disponible en ligne : *www.icc-cpi.int/home.html ;* (n° ICC-01/04-01/06).

CPI, Chambre d'appel, 13 juin 2007 ; Situation en République Démocratique du Congo, affaire Le procureur c/ Thomas Lubanga Dyilo : Décision de la chambre d'appel sur la demande conjointe des victimes du 2 février 2007, relative aux prescriptions et décision de la Chambre d'appel ; 34p ; disponible en ligne *: www.icc-cpi.int/home.html* ; (n° ICC-01/04-01/060).

CPI, Chambre de première instance I, 25 octobre 2007 ; Situation en République du Congo, affaire Le procureur c/ Thomas Lubanga Dyilo : Décision relative à la demande de déposition du représentant légal des demandeurs des victimes ; 3p ; disponible en ligne *: www-.icc-cpi.int/home.html ;* (n° ICC-01/04-01/06-1004).

CPI, Chambre de première instance I, 18 janvier 2008 ; Situation en République Démocratique du Congo, affaire Le procureur c/ Thomas

Lubanga Dyilo : Décision sur la participation des victimes ; 68p ; disponible en ligne : *www-icc-cpi.int/home.html ;* (n° ICC-01/04-01/06).

CPI, Chambre de première instance I, 6 mars 2008 ; *Situation en République Démocratique du Congo, affaire Le procureur c/ Thomas Lubang Dyilo : Décision relative au rôle du Bureau du Conseil public pour les victimes et à sa demande de consultation de documents* ; 19p ; disponible en ligne : *www.icc-cpi.int/home.html* ; (n° ICC-01/04-01/06).

CPI, Chambre préliminaire I, 13 mai 2008 ; *Situation en République Démocratique du Congo, affaire Le procureur c/ Germain Katanga et Mathieu Ngudjolo Chui : Décision relative à l'ensemble des droits procéduraux associés à la qualité de victime dans le cadre de la procédure préliminaire en l'espèce* ; 67p ; disponible en ligne : *www.icc-cpi.int/home.html ;* (n° ICC-01/04-01/07).

CPI, Chambre d'appel, 12 juin 2008 ; *Situation en République Démocratique du Congo, affaire Le procureur c/ Germain Katanga et Mathieu Ngudjolo Chui : Observations de l'Unité d'aide aux victimes et aux témoins relatives au système de protection des témoins et à la pratique de la « réinstallation préventive »* ; 22p ; disponible en ligne : *www.icc-cpi.int/home.html ;* (n° ICC-01/04-01/07).

CPI, Chambre de première instance II, 26 février 2009 ; *Situation en République Démocratique du Congo, affaire Le procureur c/ Germain Katanga et Mathieu Ngudjolo Chui : Décision relative au traitement des demandes de participation* ; 27p ; disponible en ligne : *www.icc-cpi.int/home.html* ; (n° ICC-01/04-01/07).

CPI, Chambre de première instance II, 22 juillet 2009 ; *Situation en République Démocratique du Congo, affaire Le procureur c/ Germain Katanga et Mathieu Ngudjolo Chui : Ordonnance relative à l'organisation de la représentation légale commune des victimes* ; 14p ; disponible en ligne : *www.icc-cpi.int/home.html* ; (n° ICC-01/04-01/07).

CPI, Chambre de première instance II, 23 septembre 2009 ; *Situation en République démocratique du Congo, affaire Le procureur c. Germain Katanga et Mathieu Ngudjolo Chui : Motifs de la décision relative aux 345 demandes de participation de victimes à la procédure* ;

37p ; disponible en ligne : *www.icc-cpi.int/home.html* ; (n° ICC-01/04-01/07).

CPI, Chambre préliminaire II, 1er février 2007 ; *Situation en Ouganda, affaire Le procureur c. Joseph Kony, Vincent Otti, Raska Lukwiya, Okot Odhiambo et Dominic Ongwen : Décision sur la représentation légale, la désignation d'un conseil de la Défense, les mesures de protection et les délais pour la présentation d'observations relatives aux demandes de participation de 49 victimes* ; La Haye ; 20p ; disponible en ligne : *www.icc-cpi.int/home.html ;* (n° ICC-02/04-01/05).

CPI, Chambre d'appel, 3 mars 2015, *Situation en République Démocratique du Congo, affaire Le procureur c. Thomas Lubanga Dyilo, arrêt sur les appels contre la décision de la chambre de 1re instance I fixant les principes et procédures applicables en matière de réparation ;* La Haye ; disponible en ligne : *www.icc-cpi.int/home.html ;* (n° ICC-01/04-01/06).

CPI, Chambre préliminaire III, 6 février 2012, *Situation en République de Côte d'Ivoire, affaire Le procureur c. Laurent Gbagbo : Décision sur les questions liées aux demandes de participation des victimes* ; La Haye ; disponible en ligne : *www.icc-cpi.int/home.html ;* (n° ICC-02/11-01/11-33).

CPI, Chambre de première instance I, 16 janvier 2015, *Situation en République de Côte d'Ivoire, affaire Le procureur c. Laurent Gbagbo, Soumission conjointe de la représentation légale des victimes et de la Défense de M. Laurent Gbagbo portant sur certaines questions relatives à la participation des victimes au procès* ; La Haye ; disponible en ligne : *www.icc-cpi.int/home.html* ; (n° ICC-02/11-01/11).

CPI, Chambre préliminaire III, 16 décembre 2008, *Situation en République centrafricaine, affaire Le procureur c. Jean Pierre Bemba Gombo, 5e décision sur les questions relatives aux victimes concernant la représentation légale commune des victimes* ; La Haye ; disponible en ligne : *www.icc-cpi.int/home.html* ; (n° ICC-01/05-01/08-332).

COUR EUROPÉENNE DES DROITS DE L'HOMME

CEDH, Chambre, *27* juin 1968 ; Affaire Neumeister c. Autriche : Arrêt principal, accompagné de deux opinions dissidentes ; Strasbourg ; 44p ; disponible en ligne : *http://cmiskp.echr.coe.int.* (Requête n° 193/63).

CEDH, Séance plénière, 21 février 1975 ; Affaire golder c. Royaume-Uni : Arrêt principal et satisfaction équitable accompagnés de trois opinions séparés ; Strasbourg ; 59p ; disponible en ligne : http://cmiskp.echr.coe.int ;(Requête n° 4451/*70).*

CEDH, Séance plénière, 28 juin 1978 ; Affaire Konig c. Allemagne : Arrêt principal ; Strasbourg ; 45p ; disponible en ligne : http://cmiskp.echr.coe.int ; (Requête n° 6232/73).

CEDH, Grande chambre, 12 février 2004 ; Affaire Perez c. France : Arrêt principal ; Strasbourg ; 23p ; disponible en ligne : http://cmisskp.echr.coe.int ; (Requête n° 47287 : 99).

CEDH, Chambre deuxième section, 3 décembre 2002 ; Affaire Berger c. France : Arrêt ; Strasbourg ; 12p ; disponible en ligne : http://cmiskp.echr.coe.int ; (Requête n° 48221/99).

CEDH, Grande chambre, 6 avril 2000 ; Affaire Thlimmenos c. Grèce : Arrêt principal ; Strasbourg ; 17p ; disponible en ligne : http://cmiskp.echr.coe.int ; (Requête n° 34369/97).

COUR INTER-AMÉRICAINE DES DROITS DE L'HOMME

CIADH, affaire *Antonio Vianna Acosta*c.Uruguay, communication n°110/1981, 31 mars 1983.

CIADH, affaire *velasquez Rodriguez*, Honduras arrêt du 21 juillet 1989.

CIADH, affaire *Aloeboetoe et al, Suriname*, arrêt du 10 septembre 1993.

CIADH, affaire *El Amparo*, Vénézuela, arrêt du 14 septembre 1996.

CIADH, affaire *Neira Algeria et consorts,* Pérou, arrêt du 19 septembre 1996.

CIADH, affaire *Caballero Delgado et Santana*, Colombie, arrêt du 29 janvier 1997.

CIADH, affaire *Garrido et Baigorria*, Argentine, arrêt du 27 août 1998.

CIADH, affaire *Suarez Rosero*, Équateur, arrêt du 20 janvier 1999.

CIADH, affaire *Castillo Pàez*, Pérou, arrêt du 27 novembre 1998.

CIADH, affaire *Blake,* Guatemala, arrêt du 22 janvier 1999.

CIADH, affaire *Loayza Tamayo*, Pérou, arrêt du 27 novembre 1998.

CIADH, affaire des « enfants de la rue », *Paniagua Morales* c. Guatemala, arrêt du 26 mai 2001.

CIADH, affaire *Cesti Hurtado*, Pérou, arrêt du 31 mai 2001.

CIADH, affaire *Barrios Altos*, Pérou, arrêt du 30 novembre 1991.

CIADH, affaire *Bamaca Velasquez*, Guatemala, arrêt du 22 février 2002.

CIADH, affaire *Cantoral Benavides*, Pérou, arrêt du 3 décembre 2001.

CIADH, affaire *Trujillo Oroza*, Bolivie, arrêt du 27 février 2002.

CIADH, affaire *Las Palmeras*, Colombie, arrêt du 26 novembre 2002

VII-THÈSES ET MÉMOIRES

DAISY (S), *Les fonds internationaux en faveur des victimes de violation des droits de l'homme et du droit international humanitaire,* Thèse, Paris I, 2006, 580 p.

FLOUR, *Les rapports de commettant à préposé* ; Thèse, Paris II, 1993,

HOUEDJISSIN (A.M), *Les victimes devant les juridictions pénales internationales* ; Thèse de doctorat ; Université de Grenoble ; 2011, 354 p.

LEMASSON (A-T), *La victime devant la justice pénale internationale*, Thèse de doctorat ; Université de Limoge ; 2010, 603 p.

MAYEL (M), *La place de la victime dans le procès pénal*, mémoire de recherches Master 2, sociologie du droit, université Paris II, 2010, 94 p.

NDEDOUM (S), *La Cour pénale internationale et les juridictions internes des États*, mémoire de recherches Master 2, Université de Dschang, 2016, 127 p

NENE BI (A.D), *La protection des témoins devant la cour pénale internationale,* mémoire de recherches Master 2, Lyon 3, 2012.

PIGNOUX (N), *La réparation des victimes d'infractions pénales*, Thèse de doctorat, université de Pau et des Pays de l'Adour, 2007, 436 p.

PONSOLLE (M. A), *La représentation légale des victimes devant la cour pénale internationale*, mémoire, master 2, droit-économie, université Paris II, 2012, 103 p.

RONDEAU (S), *Violations du droit international humanitaire et réparation : La place de la victime individuelle* ; mémoire, maitrise en droit international, Université du Québec, mars 2008, 157 p.

SEGAUD (J), *Essai sur l'action publique* ; Thèse de doctorat ; Université de Reims Champagne-Ardenne ; 2010, 754 p.

TADROUS (S), *La place de la victime dans le procès*, Thèse, Montpellier 1, 2004, 565 p.

TRACOL (X), *Les procédures d'appel et de révision devant les juridictions pénales internationales : une synthèse inégale entre influences des systèmes nationaux romano-germanique et de Common Law*, Thèse, Paris X, 2009, 489 p.

QUIRICO (0), *Réflexions sur le système du droit international pénal-La responsabilité pénale des États et des autres personnes morales par rapport à celle des personnes physiques en droit internationale*, Thèse, Toulouse I, 2005, 859 p.

LISTE DES ANNEXES

Annexe 1 : Formulaire standard de demande de participation à une procédure devant la cour pénale internationale réservé aux personnes physiques et aux personnes agissant en leur nom.

Annexe 2 : Formulaire standard de demande de participation à une procédure devant la cour pénale internationale réservé aux personnes morales.

Annexe 3 : Formulaire standard de demande de réparations devant la cour pénale internationale réservé aux personnes physiques et aux personnes agissant en leur nom.

Annexe 4 : Formulaire de demande d'inscription sur la liste des assistants des conseils.

Annexe 1 : Formulaire standard de demande de participation à une procédure devant la cour pénale internationale réservé aux personnes physiques et aux personnes agissant en leur nom

Cour
Pénale
Internationale

International
Criminal
Court

Formulaire
pour les personnes physiques

Demande de participation aux procédures et demande de réparations devant la CPI pour les victimes - personnes physiques

SECTION A

INFORMATIONS CONCERNANT LA VICTIME

Section A. Si les informations fournies ici sont différentes de celles qui figurent sur vos papiers d'identité, veuillez expliquer pourquoi à côté de votre réponse.

1. La victime a-t-elle déjà soumis une demande de participation ou de réparations auprès de la CPI ? ☐ Oui ☐ Non

2. Si oui et si la victime a déjà un numéro de dossier, veuillez l'indiquer ci-dessous :

☐/☐☐☐☐/☐☐

3. Nom(s) de la victime :
Veuillez donner tous les noms, aussi complets que possible.

____

4. Sexe : ☐ Féminin ☐ Masculin

5. Date de naissance :

☐☐ ☐☐ ☐☐☐☐ et/ou âge ☐☐
(jour) (mois) (année)

____

5. Si la date de naissance ou l'âge exacts ne sont pas connus, veuillez indiquer une date ou un âge approximatif ou fournir toute information qui nous permettra de calculer l'âge.

6. Lieu de naissance :

____
(village/ville) (pays)

7. Nombre de personnes à charge :

____

7. Indiquez le nombre de personnes telles que les enfants, les orphelins ou autres parents qui dépendent de la victime pour un soutien financier ou tout autre soutien.

8. Tribu/groupe ethnique (facultatif) :

____

9. Profession (veuillez préciser tout emploi et/ou activité) :

____
____

9. Veuillez indiquer la profession de la victime, si elle travaille, ou préciser si elle fait des études ou est sans emploi.

10. Quelle(s) langue(s) la victime parle-t-elle ?

____

11. Quelle(s) preuve(s) d'identité la victime fournit-elle ?
Veuillez préciser :

____

____

12. Où la victime habite-t-elle actuellement ?

Village / commune / ville : ______________________________

District / province / région : ______________________________

Pays : ______________________________

11. La victime doit fournir une preuve d'identité, comme par exemple : une carte d'identité nationale, un certificat de naissance, une carte d'électeur, un passeport, un permis de conduire, une carte d'étudiant ou d'employé, une lettre émanant d'une autorité locale, une carte d'enregistrement délivrée dans un camp, une carte délivrée par une organisation humanitaire, un document fiscal, ou tout autre document établissant son identité.

13. La victime agit-elle en son nom propre ?

☐ Oui ☐ Non

Si **oui**, passez à la question **22**.

13. Généralement, une victime présente une demande en son nom propre. Lorsque ce n'est pas possible, par exemple si la victime est un enfant ou une personne handicapée, une personne décédée ou disparue, une autre personne peut être autorisée à agir en son nom. Si elle en est capable, la victime doit donner son consentement à ce que cette autre personne agisse en son nom. Si quelqu'un agit au nom de la victime, veuillez répondre non à la question 13 et compléter les questions 14 à 21.

14. Si non, comment s'appelle la personne qui agit au nom de la victime ?
Veuillez donner tous les noms, aussi complets que possible.

____

15. Pourquoi cette personne agit-elle au nom de la victime ?
Veuillez cocher une seule case.

a. La victime a moins de 18 ans ☐

b. La victime est incapable d'agir en son nom propre parce qu'elle souffre d'un handicap ☐

c. La victime est un adulte qui donne son consentement ☐

d. Autres raisons *Soyez aussi précis que possible* ☐

____

____

16. Quels sont les liens entre la victime et la personne agissant en son nom ?
Veuillez joindre la preuve de ces liens.

____

____

____

16. Si les réponses a, b ou d ont été cochées à la question 15, il faut apporter la preuve des liens entre la victime et la personne agissant en son nom. Si la réponse cochée est la réponse c, la victime doit donner son consentement en signant à la fin du formulaire. Voir le commentaire relatif à la question 11 pour avoir des exemples de documents établissant les liens requis.

17. Sexe de la personne agissant au nom de la victime :

☐ Féminin ☐ Masculin

18. Date de naissance de la personne agissant au nom de la victime :

☐☐ ☐☐ ☐☐☐☐ et/ou âge ☐☐
(jour) (mois) (année)

19. Quelle(s) langue(s) la personne agissant au nom de la victime parle-t-elle ?

____

20. Quelle(s) preuve(s) d'identité la personne agissant au nom de la victime fournit-elle ?
Veuillez préciser :

____

____

20. Voir le commentaire relatif à la question 11.

21. La personne agissant au nom de la victime a-t-elle aussi subi un préjudice du fait des crimes commis ?

☐ Oui ☐ Non

Si oui, la personne agissant au nom de la victime peut remplir son propre formulaire de demande.

22. Comment peut-on contacter la victime ou la personne agissant en son nom ?
Veuillez donner le plus d'informations possible.

22. Il peut s'agir de l'adresse de la victime elle-même ou de celle d'une organisation, d'un membre de la famille ou d'autres personnes si la victime préfère être contactée par l'intermédiaire de quelqu'un d'autre.

Personne/organisation à contacter : ______________________________

Rue : ______________ Numéro/parcelle : ______________

Boîte postale : ______________ Secteur/quartier/zone : ______________

Village/commune/ville/camp : ______________________________

Comté/paroisse : ______________________________

District/province/région : ______________________________

Code postal : ______________ Pays : ______________

Email: ______________ Numéro(s) de téléphone : ______________

23. Quelqu'un aide-t-il la victime à remplir le présent formulaire ?

☐ Oui ☐ Non

24. Si oui, comment s'appelle cette personne et à quelle organisation appartient-elle (le cas échéant) ?

____
(nom) (organisation)

25. Un interprète aide-t-il la victime à remplir ce formulaire ? ☐ Oui ☐ Non

SECTION B

INFORMATIONS RELATIVES AU(X) CRIME(S) ALLÉGUÉ(S)

26. Qu'est-il arrivé à la victime ? Décrivez les événements de manière aussi détaillée que possible.

Si vous avez besoin de plus de place, veuillez présenter les réponses à cette question sur un feuillet supplémentaire.

27. Quand les événements se sont-ils déroulés ?

Si possible, veuillez préciser les jour(s), mois et année(s) ou, si vous ne connaissez pas les dates exactes, donnez toute information qui permettra de les établir.

28. Où les événements se sont-ils déroulés ?

Si nécessaire, joignez un croquis ou une carte indiquant le lieu.

28. Veuillez être le plus précis possible et, si vous le pouvez, indiquez le district/la province ou la ville la plus proche.

29. Selon la victime, qui est responsable des événements ? Dans la mesure du possible, expliquez pourquoi la victime pense cela.

SECTION C

INFORMATIONS SUR LES DOMMAGES, PERTES OU PRÉJUDICES SUBIS

30. Quelles conséquences les événements ont-ils eu sur la vie de la victime et de son entourage ?

Décrivez les blessures physiques ou psychologiques, les souffrances morales, les atteintes à la réputation, les pertes matérielles et/ou dommages aux biens ou tout autre type de préjudice subi.

____

____

____

____

____

____

____

> 30. Si la victime possède des documents prouvant le préjudice subi, elle peut en joindre des copies. Il peut s'agir par exemple de certificats médicaux ou de documents établissant les pertes matérielles ou les dommages aux biens.

SECTION D

PARTICIPATION À LA PROCÉDURE

31. La victime souhaite-t-elle participer, c'est a dire présenter ses vues et préoccupations dans le cadre de procédures devant la CPI ?

☐ Oui ☐ Non

32. Si oui, pourquoi la victime souhaite-t-elle participer aux procédures ?

____

____

> 31. Généralement, une victime expose ses vues et préoccupations par l'intermédiaire d'un avocat qui la représente à La Haye. Dans un petit nombre de cas, elle pourrait participer en personne, mais ça n'est pas une obligation.

SECTION E

RÉPARATIONS

33. La victime souhaite-elle demander réparation ?

La victime veut-elle que quelque chose soit fait en raison de ce qu'elle a subi ?

☐ Oui ☐ Non

34. Si oui, que voudrait la victime ?

____

____

____

____

____

> 33/34. Qu'attend la victime si l'accusé est déclaré coupable ? Les réparations peuvent être tout ce qui peut aider la victime à réparer le préjudice subi. Il peut s'agir d'une indemnisation, de diverses formes d'assistance, de la restitution des terres ou biens volés et/ou de mesures symboliques ou morales telles que la présentation d'excuses et l'édification de monuments. Veuillez énumérer toutes mesures que la victime souhaiterait voir prises.

35. Selon la victime, si des réparations sont accordées, qui devrait en bénéficier ?
Cochez plusieurs cases, si nécessaire.

☐ La victime
☐ La famille de la victime
☐ La communauté de la victime (veuillez préciser quelle communauté) ____________
☐ Autres : ____________

SECTION F

REPRÉSENTATION LÉGALE

36. La victime a-t-elle un avocat ? ☐ Oui ☐ Non

37. Si la victime a un avocat, veuillez fournir ses coordonnées :

Nom : ____________

Addresse : ____________

Email : ____________ Numéro(s) de téléphone : ____________

36. Pour représenter des victimes devant la CPI, un avocat doit être inscrit sur la liste des conseils de la Cour. Les avocats qui ne figurent pas sur cette liste peuvent demander à y être inscrits.

38. Si la victime n'a pas d'avocat, souhaiterait-elle que la CPI l'aide à en trouver un ?

☐ Oui ☐ Non

39. En attendant qu'elle en ait un, la victime souhaiterait-elle être représentée par les avocats de la Cour chargés de veiller aux intérêts des victimes (Bureau du conseil public pour les victimes) ?

☐ Oui ☐ Non

39. Le Bureau du conseil public pour les victimes est un bureau indépendant au sein de la Cour qui veille aux intérêts juridiques des victimes et qui les représente gratuitement.

SECTION G

COMMUNICATION DE L'IDENTITÉ DE LA VICTIME

Le présent formulaire sera communiqué à la Défense (l'accusé et ses avocats) et au Procureur de la CPI. Les juges peuvent décider qu'il sera communiqué sans que soit révélée l'identité de la victime.

40. Si l'identité de la victime était révélée à la Défense ou au Procureur de la CPI, la victime aurait-elle des raisons de s'inquiéter pour sa sécurité, son bien-être, sa dignité ou sa vie privée, ou pour ceux de toute autre personne ?

☐ Oui ☐ Non

Si oui, quelles sont ces raisons ?

____

____

____

____

40. La victime peut non seulement redouter un danger physique mais aussi s'inquiéter pour son bien-être psychologique, sa réputation, sa vie privée et/ou sa dignité ou ceux de sa famille. L'identité de la victime ne sera pas révélée au public tant que la demande est en cours d'examen. Si la demande est acceptée, la question de la communication de l'identité peut à nouveau être posée à la victime.

SECTION H

SIGNATURES

SIGNATURE DE LA VICTIME

Par la présente :

- Je certifie sur l'honneur que les informations figurant dans le présent formulaire sont exactes, dans la mesure de mes connaissances
- Si j'ai désigné une personne pour agir en mon nom à la question 14 du présent formulaire, je donne mon consentement à cette personne pour qu'elle agisse en mon nom

Signature de la victime, empreinte de pouce ou autre marque

Date : ______________________ Lieu : ______________________

(jour) (mois) (année)

SIGNATURE DE LA PERSONNE AGISSANT AU NOM DE LA VICTIME

Si la victime agit en son nom propre et a répondu « oui » à la question 13, il est inutile de remplir cette partie du formulaire.

Par la présente :

- Je certifie sur l'honneur que les informations figurant dans le présent formulaire sont exactes, dans la mesure de mes connaissances

Signature de la personne agissant au nom de la victime, empreinte de pouce ou autre marque

Date : ______________________ Lieu : ______________________

(jour) (mois) (année)

RAPPEL :

LES DOCUMENTS SUIVANTS DOIVENT ÊTRE JOINTS AU PRÉSENT FORMULAIRE.

Pour la victime :

- ☐ Photocopie de la preuve d'identité (OBLIGATOIRE)
- ☐ Photocopie du dossier médical ou documents similaires

Pour la personne agissant au nom de la victime (le cas échéant) :

- ☐ Photocopie de la preuve d'identité (OBLIGATOIRE)
- ☐ Photocopie des preuve des liens avec la victime (OBLIGATOIRE sauf si la victime est un adulte qui a donné son consentement)

REMARQUE :

Le présent formulaire et la procédure de demande sont gratuits.

La CPI ne prélève de frais à aucun stade de la procédure.

Annexe 2 : Formulaire standard de demande de participation à une procédure devant la cour pénale internationale réservé aux personnes morales

Cour
Pénale
Internationale

International
Criminal
Court

Formulaire
pour les organisations

Demande de participation aux procédures et demande de réparations devant la CPI

Pour les victimes - organisations ou institutions

SECTION A

INFORMATIONS CONCERNANT L'ORGANISATION/INSTITUTION

1. L'organisation/institution a-t-elle déjà soumis une demande de participation ou de réparations auprès de la CPI ?

   ☐ Oui ☐ Non

2. Si oui et si l'organisation/institution a déjà un numéro de dossier, veuillez l'indiquer :

   ☐/☐☐☐☐/☐☐

3. Nom(s) de l'organisation/institution :

   ____

4. Adresse actuelle de l'organisation/institution :

   Village/commune/ville : ______________________________

   District/province/région : ______________________________

   Pays : ______________________________

5. Date et lieu de constitution, de création et/ou d'immatriculation de l'organisation/institution.
   Veuillez indiquer toutes les informations pertinentes.

   Date de constitution, de création et/ou d'immatriculation

   ____

   Lieu de constitution, de création et/ou d'immatriculation

   ____

Formulaire participation/réparation destiné aux organisations/institutions

6. Quel était le statut juridique de l'organisation/institution à la date où ont eu lieu les évènements allégués ?
Veuillez fournir des preuves de la constitution, de la création et/ou de l'immatriculation de l'organisation/institution à la date des évènements allégués (certificat de constitution ou d'immatriculation par exemple).

☐ Organisation non gouvernementale, caritative ou à but non lucratif (organisation créée dans le but de fournir des services bénévoles, notamment religieux, éducatifs, artistiques, scientifiques, sociaux ou caritatifs à l'ensemble ou à une partie de la communauté)

☐ Organisation caritative ou à but non lucratif

☐ Organisme statutaire (par exemple : agence gouvernementale, école publique, hôpital)

☐ Société ou organisme privé (par exemple : établissement privé d'enseignement, entreprise de communication ou de média, hôpital privé ou clinique)

☐ Institution au service des membres d'une communauté (société coopérative, société de crédit immobilier ou institution de micro-finance)

☐ Partenariat

☐ Autres – *Précisez :* ____________________

7. Nom de la personne qui présente la demande au nom de l'organisation/institution :
Veuillez donner tous les noms, aussi complets que possibles.

____

8. Nationalité de la personne présentant la demande :

____

9. Comment la personne présentant la demande peut-elle être contactée ?
Veuillez donner autant d'informations que possible.

Numéro(s) de téléphone : ____________________

Rue : ____________________ Numéro/parcelle : ____________________

Boite postale : ____________________ Secteur/quartier/zone : ____________________

Village/commune/ville/camp : ____________________

Comté/paroisse : ____________________

District/province/région : ____________________

Code postal : ____________________ Pays : ____________________

Email: ____________________

10. Profession et titre de la personne présentant la demande :

____

Formulaire participation/réparation destiné aux organisations/institutions

11. Quelle(s) preuve(s) d'identité la personne présentant la demande fournit-elle ?
Veuillez préciser.

____

11. La personne présentant la demande doit fournir une preuve d'identité, par exemple : une carte nationale d'identité, un certificat de naissance, une carte d'électeur, un passeport, un permis de conduire, une carte d'étudiant ou d'employé, une lettre émanant d'une autorité locale, une carte d'enregistrement délivrée dans un camp, une carte délivrée par une organisation humanitaire, un document fiscal, ou tout autre document établissant son identité.

12. En quelle qualité cette personne agit elle au nom de l'organisation/institution ?
Veuillez fournir un document prouvant cette qualité.

☐ Représentant autorisé de l'organisation/institution (par exemple : administrateur ou président de société)

☐ Représentant légal

☐ Autre – *Veuillez préciser :* ________________________

13. Quelle(s) langue(s) la personne présentant la demande parle-t-elle ?

____

14. Quelqu'un aide-t-il la personne présentant la demande à remplir ce formulaire ?

☐ Oui ☐ Non

15. Si oui, comment s'appelle cette personne et à quelle organisation appartient-elle (le cas échéant) ?

____

(nom) *(organisation)*

16. Un interprète aide-t-il la personne présentant la demande à remplir ce formulaire ?

☐ Oui ☐ Non

SECTION B

INFORMATIONS RELATIVES AU(X) CRIME(S) ALLÉGUÉ(S)

17. Qu'est-il arrivé à l'organisation/institution ? Décrivez les événements de manière aussi détaillée que possible.
Si vous avez besoin de plus de place, veuillez présenter les réponses à cette question sur un feuillet supplémentaire.

____

____

____

____

____

____

18. Quand les événements se sont-ils déroulés ?

Si possible, veuillez préciser les jour(s), mois et année(s) ou, si vous ne connaissez pas les dates exactes, donnez toute information qui permettra de les établir.

19. Où les événements se sont-ils déroulés ?

Si nécessaire, joignez un croquis ou une carte indiquant le lieu.

19. Veuillez être le plus précis possible et, si vous le pouvez, indiquez le district, la province ou la ville la plus proche.

20. Selon l'organisation/institution, qui est responsable des événements ?

Dans la mesure du possible, expliquez pourquoi l'organisation/institution pense cela.

SECTION C

INFORMATIONS SUR LES DOMMAGES, PERTES OU PRÉJUDICES SUBIS

21. Le bien endommagé était :
Cochez la ou les cases pertinentes.

- ☐ Consacré à la religion
- ☐ Consacré à l'enseignement
- ☐ Consacré aux arts
- ☐ Consacré aux sciences
- ☐ Consacré à la charité
- ☐ Un monument historique
- ☐ Un hôpital
- ☐ Un lieu ou un objet utilisé à des fins humanitaires
- ☐ Autre – *Précisez :* ____________________

22. Quels dommages directs le bien a-t-il subi du fait des évènements allégués ?
Si vous avez besoin de plus de place, veuillez présenter les réponses à cette question sur un feuillet supplémentaire.

____

____

____

____

____

____

22. Il peut s'agir, entre autres, de dommages causés à des terrains, des bâtiments, des biens meubles (matériel ou équipements), des monuments, cimetières, ou de dommages à l'environnement (par ex. à des sources d'eau)

SECTION D

PARTICIPATION À LA PROCÉDURE

23. L'organisation/institution souhaite-t-elle participer, c'est-à-dire présenter ses vues et préoccupations dans le cadre de procédures devant la CPI ?

☐ Oui ☐ Non

24. Si oui, pourquoi l'organisation/institution souhaite-t-elle participer à la procédure ?

____

____

____

____

23. Généralement, une organisation/institution expose ses vues et préoccupations par l'intermédiaire d'un avocat qui la représente à La Haye. Dans un petit nombre de cas, une personne pourrait participer en personne au nom de l'organisation/institution, mais ça n'est pas une obligation.

SECTION E

RÉPARATIONS

25. L'organisation/institution souhaite-t-elle demander réparation ?
L'organisation/institution veut-elle que quelque chose soit fait en raison de ce qu'elle a subi ?

☐ Oui ☐ Non

26. Si oui, que voudrait l'organisation/institution ?

____

____

____

> 25/26. Qu'attend l'organisation/institution si l'accusé est déclaré coupable ? Les réparations peuvent être tout ce qui peut aider l'organisation/institution réparer le préjudice subi. Il peut s'agir d'une indemnisation, de diverses formes d'assistance, de la restitution des terres ou biens volés et/ou de mesures symboliques ou morales telles que la présentation d'excuses et l'édification de monuments. Veuillez énumérer toutes mesures que l'organisation/institution souhaiterait voir prises.

27. Selon l'organisation/institution, si des réparations sont accordées, qui devrait en bénéficier ?
Cochez plusieurs cases, si nécessaire.

☐ L'organisation/institution

☐ Autres (*veuillez préciser*)

____

SECTION F

REPRÉSENTATION LÉGALE

28. L'organisation/institution a-t-elle un avocat ?

☐ Oui ☐ Non

> 28. Pour représenter des victimes devant la CPI, un avocat doit figurer sur la liste des conseils agréés par la Cour. Les avocats qui ne figurent pas sur cette liste peuvent demander à y être inscrits.

29. Si l'organisation/institution n'a pas d'avocat, souhaiterait-elle que la CPI l'aide à en trouver un ?

☐ Oui ☐ Non

30. En attendant qu'elle en ait un, l'organisation/institution souhaite-t-elle être représentée par les avocats de la Cour chargés de veiller aux intérêts des victimes (Bureau du conseil public pour les victimes) ?

☐ Oui ☐ Non

> 30. Le Bureau du conseil public pour les victimes est un bureau indépendant au sein de la Cour qui veille aux intérêts juridiques des victimes et qui les représente gratuitement.

31. Si l'organisation/institution a un avocat, veuillez fournir ses coordonnées :

Nom : ______________________________

Adresse : ______________________________

____

Email: ______________ Numéro(s) de téléphone : ______________

SECTION G

COMMUNICATION DE L'IDENTITÉ DE L'ORGANISATION/INSTITUTION

Le présent formulaire sera communiqué à la Défense (l'accusé et ses avocats) et au Procureur de la CPI. Les juges peuvent décider qu'il sera communiqué sans que soit révélée l'identité de l'organisation/institution et celle personne présentant la demande.

32. Si l'identité de l'organisation/institution et celle de la personne présentant la demande étaient révélées à la Défense ou au Procureur de la CPI, la personne présentant la demande aurait-elle des raisons de s'inquiéter pour sa sécurité, son bien-être, sa dignité ou sa vie privée, ou pour ceux de toute autre personne ?

☐ Oui ☐ Non

Si oui, quelles sont ces raisons ? ____________________

____

____

32. La personne présentant la demande peut non seulement redouter un danger physique mais aussi s'inquiéter pour son bien-être psychologique, sa réputation, sa vie privée et/ou sa dignité ou ceux de sa famille. L'identité de l'organisation/institution ou de la personne présentant la demande ne sera pas révélée au public tant que la demande est en cours d'examen. Si la demande est acceptée, la question de la communication des informations concernées peut à nouveau être posée à l'organisation/institution.

SECTION H

SIGNATURES

SIGNATURE DE LA PERSONNE PRÉSENTANT LA DEMANDE

Par la présente :

- Je certifie sur l'honneur que les informations figurant dans le présent formulaire sont exactes, dans la mesure de mes connaissances.

Signature de la personne présentant la demande, empreinte de pouce ou autre marque

Date: ____________________ Lieu: ____________________

(jour) (mois) (année)

RAPPEL:

LES DOCUMENTS SUIVANTS DOIVENT ÊTRE JOINTS AU PRÉSENT FORMULAIRE.

Pour l'organisation/institution :

☐ Photocopie de la preuve de la constitution, de la création et/ou de l'immatriculation de l'organisation/institution (OBLIGATOIRE)

Pour la personne présentant la demande :

☐ Photocopie de la preuve d'identité (OBLIGATOIRE)

☐ Photocopie d'un document établissant la qualité lui permettant de représenter l'organisation/institution (OBLIGATOIRE)

REMARQUE :

Le présent formulaire et la procédure de demande sont gratuits.

La CPI ne prélève de frais à aucun stade de la procédure.

Formulaire participation/réparation destiné aux organisations/institutions

Annexe 3 : Formulaire standard de demande de réparations devant la cour pénale internationale réservé aux personnes physiques et aux personnes agissant en leur nom.

Cour
Pénale
Internationale

International
Criminal
Court

FORMULAIRE STANDARD DE DEMANDE DE RÉPARATIONS
DEVANT LA COUR PÉNALE INTERNATIONALE
RÉSERVÉ AUX PERSONNES PHYSIQUES ET AUX PERSONNES AGISSANT EN LEUR NOM

FORMULAIRE DE RÉPARATIONS-1

Veuillez remplir le présent formulaire si vous estimez avoir subi un préjudice du fait de la commission d'un crime relevant de la compétence de la Cour pénale internationale (CPI) et si vous souhaitez obtenir réparation devant la CPI ou si vous agissez au nom d'une telle personne.

Le présent formulaire a été conçu pour fournir les informations nécessaires à la Cour afin qu'elle statue sur votre demande de réparations. Le fait de remplir ce formulaire ne conduira pas automatiquement à l'octroi par la Cour des réparations demandées.

Les informations fournies dans ce formulaire seront transmises aux juges d'une chambre de la CPI qui se prononceront sur votre demande. Veuillez noter qu'en raison de la longueur des procédures pénales, l'examen de votre demande de réparations par la Cour peut prendre un certain temps.

Avant de remplir le présent formulaire, veuillez lire le guide ci-joint qui vous aidera à procéder correctement. Le guide explique :

- ce qu'est la Cour pénale internationale ;
- le but du formulaire et ce qu'il en adviendra ;
- comment remplir chaque section du formulaire (veuillez noter que chaque section du formulaire correspond à la même section dans le guide).

Qui doit utiliser ce formulaire ?

Une victime soumettant une demande de réparation à la CPI.
Pour la CPI, une victime est une personne ayant subi un préjudice en conséquence de la commission d'un crime relevant de la compétence de la Cour.

☞ Les victimes qui sont des personnes morales doivent utiliser le FORMULAIRE DE RÉPARATIONS-2.

Une personne agissant au nom de la victime
Lorsque la victime est mineure ou souffre d'un handicap l'empêchant d'agir en son nom propre, une autre personne peut agir en son nom. Lorsque la victime est décédée, une personne peut également agir en son nom. Par ailleurs il est possible de formuler la demande avec le consentement de la victime. Dans tous ces cas, la personne formulant la demande doit remplir la section B.

Une personne assistant la victime
Aussi bien la victime que la personne agissant en son nom peuvent être assistées par un tiers au moment de remplir ce formulaire. Tel sera par exemple le cas lorsque soit la victime, soit la personne agissant en son nom, sont incapables de lire et d'écrire. Toute personne offrant une telle assistance doit remplir la section I.

Veuillez noter qu'il faut remplir un formulaire par victime.

NOTA BENE

Ce formulaire et le processus relatif à votre demande sont gratuits. En effet, la CPI ne vous fera rien payer, et ce, à quelque stade du processus que ce soit.

Instructions :

En remplissant le formulaire, veuillez tenir compte de ce qui suit :

- Veuillez remplir le formulaire aussi complètement que possible.
- Veuillez dactylographier vos réponses ou les écrire clairement.
- Veuillez joindre des feuillets supplémentaires si l'espace prévu pour répondre aux questions n'est pas suffisant.
- Veuillez signer le formulaire ou apposer l'empreinte de votre pouce ou toute autre marque à l'endroit indiqué à la fin de la section J.
- Veuillez également apposer vos initiales dans la case au bas de chaque page, ainsi que sur chaque page des documents joints, afin d'éviter la perte de certaines d'entre elles.
- Veuillez fournir copie des documents demandés, dans toute la mesure du possible. Votre demande sera prise en considération même si vous ne les avez pas. Si possible, veuillez agrafer ensemble toutes les pages de votre demande ainsi que tous les documents fournis. N'envoyez pas d'originaux à ce stade, mais conservez-les soigneusement car la Cour pourrait vous les demander ultérieurement.

Si vous avez besoin d'aide pour remplir ce formulaire, vous pouvez contacter la CPI ou un de ses bureaux extérieurs afin d'entrer en relation avec une personne qui soit proche de chez vous et capable de vous aider à remplir ce formulaire.

Avertissement concernant la divulgation d'informations :

À un certain stade de la procédure, les informations fournies dans le présent formulaire peuvent être transmises à la Défense ou à d'autres parties, y compris à un État. En outre, ces informations peuvent, en tout ou en partie, être communiquées au public au cours de la procédure. Si, pour des raisons liées à votre sécurité ou à votre bien-être, vous souhaitez que tout ou partie de ces informations ne soient pas communiquées à une partie ni rendues publiques, veuillez cocher les cases correspondantes dans la section H et fournir les renseignements demandés. Les juges se prononceront sur cette requête et leur décision vous sera communiquée.

Le formulaire doit être envoyé directement à l'une des adresses suivantes :

SIÈGE DE LA CPI

Cour pénale internationale
Section de la participation des victimes et des réparations (SPVR)
Boîte postale 19519 - 2500 CM La Haye
Pays-Bas
Fax: + 31 70 515 9100
E-mail: vprsapplications@icc-cpi.int

BUREAUX EXTÉRIEURS DE LA CPI

Bureau extérieur de la CPI à Kampala
Section de la participation des victimes et des réparations (SPVR)
Boîte postale 72735- Kampala
Téléphone: + 256 77 2 706062

Bureau extérieur de la CPI à Kinshasa
Section de la participation des victimes et des réparations (SPVR)
Téléphone: + 243 998011426, + 243 998011403

SECTION A | **3**

INFORMATIONS CONCERNANT LA VICTIME. *Voir la section A du guide.*

Avez-vous déjà rempli une demande de participation ou de réparation auprès de la CPI ?

☐ Oui ☐ Non

Si oui, quand ?

Jour ☐ Mois ☐ Année ☐

Si vous avez un numéro de dossier, veuillez l'indiquer :

VPRS- ☐☐/☐☐ - ☐☐/☐☐

1. **Nom(s) de famille/Post nom :** ____________________

2. **Prénom(s)/Alias :** ____________________

3. **Veuillez fournir les informations suivantes :**

Nom du père : ____________________

Nom de la mère : ____________________

Nom du parent le plus proche ou, si vous avez moins de 18 ans, nom du représentant :

____

4. **Sexe :** ☐ Féminin ☐ Masculin

5. **Âge** ou, s'il est inconnu, âge approximatif : ☐☐

ou **date de naissance** ou, si elle est inconnue, date de naissance approximative :

Jour ☐ Mois ☐ Année ☐

6. **Lieu de naissance :** ____________________

7. **Nationalité(s):** ____________________

8. **A quel groupe ethnique/tribu appartenez-vous ?**

____

____

Initiales du demandeur

N. B. : le formulaire et le processus relatif à votre demande sont gratuits.

4

9. Quelle est votre profession ?

- ☐ Agriculteur (cultivateur, éleveur de bétail)
- ☐ Vendeur (indépendant, commercial)
- ☐ Employé de la fonction publique
- ☐ Professionnel de la santé
- ☐ Enseignant
- ☐ Artisan/travailleur manuel/travailleur occasionnel
- ☐ Salarié(e) d'une ONG ou d'une organisation international
- ☐ Sans-emploi
- ☐ Autre - *Spécifiez :*

____

10. Situation familiale

- ☐ Célibataire
- ☐ Marié(e)
- ☐ Divorcé(e)
- ☐ Veuve/veuf
- ☐ Autre (abandon par le conjoint, union de fait)

____

11. Combien de personnes avez-vous à charge ? *Veuillez en indiquer le nombre.*

____

12. Si vous souffrez d'un ou de plusieurs handicaps, veuillez les indiquer.

____

____

____

Initiales du demandeur

13. Quelles sont les preuves d'identité dont vous disposez ? *Veuillez indiquer le numéro ou tout autre référence et joindre un photocopie, si possible. Veuillez noter que l'une des preuves d'identité suivantes est suffisante. Si vous ne disposez pas de documents, votre demande sera tout de même prise en considération.*

5

Type de preuve d'identité	**Numéro ou autre référence**
☐ Passeport	
☐ Permis de conduire	
☐ Carte d'identité (carte d'étudiant, carte d'employé, etc.)	
☐ Correspondance avec une autorité locale	
☐ Carte de résident d'un camp	
☐ Carte d'une agence humanitaire (HCR, PAM, etc.)	
☐ Avis d'imposition/Quittance	
☐ Carte d'électeur	
☐ Autres. Veuillez spécifier et préciser le numéro ou autre référence :	
☐ Aucun	

14. Où résidez-vous actuellement ? *Veuillez indiquer les informations vous concernant.*

Avenue/Rue : ______________________ Numéro : __________

Quartier/Camp/Zone/Secteur : ______________________

Commune/ Ville /Village/Paroisse : ______________________

État/Province/Canton/Comté : ______________________

Boîte postale : ______________________ Code postal : __________

Pays : ______________________

Si vous êtes une personne déplacée, veuillez indiquer votre lieu de résidence initial :

Commune/Ville/Village : ______________________

Comté/District : ______________________

Pays : ______________________

Initiales du demandeur

6

15. Où souhaitez-vous être contacté(e) ? *Veuillez cocher les cases appropriées.*

☐ Veuillez utiliser l'adresse indiquée à la question 14.

☐ Veuillez contacter la personne agissant en mon nom.
Si vous cochez cette case, veuillez remplir la section B du formulaire.

☐ Veuillez utiliser l'adresse suivante. Veuillez indiquer les informations vous concernant.

Personne à contacter : ____________________

Avenue/Rue : ____________________ Numéro : ____________________

Camp/Zone/Secteur : ____________________

Commune/Ville/Village/Paroisse : ____________________

État/Province/Canton/Comté : ____________________

Boîte postale : ____________________ Code postal : ____________________

Pays : ____________________

☐ Veuillez utiliser le numéro de téléphone suivant *(précisez l'indicatif de la région)* :

____

☐ Veuillez utiliser le numéro de téléphone portable suivant :

____

☐ Veuillez utiliser le numéro de fax suivant *(précisez l'indicatif de la région)* :

____

☐ Veuillez utiliser l'e-mail suivant :

____

16. Quelles langues parlez-vous ?

____

____

17. Veuillez indiquer dans quelle langue vous pouvez recevoir de la correspondance :

☐ Anglais

☐ Français

☐ Autre langue. *Veuillez préciser :* ____________________

☐ Ne sait pas lire.

Initiales du demandeur

SECTION B 7

INFORMATIONS CONCERNANT UNE PERSONNE AGISSANT AU NOM DE LA VICTIME. *Voir la section B du guide.*

Si le présent formulaire est rempli par une personne agissant au nom de la victime (tel qu'expliqué à la page 1 du formulaire), cette personne doit fournir les informations suivantes :

1. Nom(s) de famille/Post nom : ______________________________

2. Prénom(s)/Alias : ______________________________

3. Sexe : ☐ Féminin ☐ Masculin

4. Âge ou, s'il est inconnu, âge approximatif : ☐☐

ou **date de naissance** ou, si elle est inconnue, date de naissance approximative :

Jour ☐ Mois ☐ Année ☐

5. Quelles sont les preuves d'identité dont vous disposez ? *Veuillez indiquer le numéro ou tout autre référence et joindre un photocopie, si possible. Veuillez noter que l'une des preuves d'identité suivantes est suffisante. Si vous ne disposez pas de documents, votre demande sera tout de même prise en considération.*

Type de preuve d'identité	Numéro ou autre référence
☐ Passeport	
☐ Permis de conduire	
☐ Carte d'identité (carte d'étudiant, carte d'employé, etc.)	
☐ Correspondance avec une autorité locale	
☐ Carte de résident d'un camp	
☐ Carte d'une agence humanitaire (HCR, PAM, etc.)	
☐ Avis d'imposition/Quittance	
☐ Carte d'électeur	
☐ Autres. Veuillez spécifier et préciser le numéro ou autre référence :	
☐ Aucun	

Initiales du demandeur

6. Coordonnées de la personne agissant en votre nom. *Veuillez indiquer les informations vous concernant.* 8

Avenue/Rue : Numéro :

Camp/zone/Zecteur :

Commune/ville/village/Paroisse :

État/Province/Canton/Comté :

Boîte postale : Code postal :

Pays :

Numéro de téléphone *(préciser l'indicatif de la région)* :

Numéro de téléphone portable :

Numéro de fax *(préciser l'indicatif de la région)* :

E-mail :

7. Quelles langues parlez-vous ?

8. Veuillez indiquer quelle langue vous pouvez recevoir de la correspondance :

☐ Anglais

☐ Français

☐ Autre langue. *Veuillez préciser :*

☐ Ne sait pas lire.

9. En quelle qualité agissez-vous au nom de la victime ? Cochez les cases appropriées.

J'agis au nom de la victime car :

ⓐ ☐	La victime est mineure	
ⓑ ☐	La victime est handicapée	Type de handicap :
ⓒ ☐	La victime est décédée	Date du décès : Jour ☐ Mois ☐ Année ☐ Disposez-vous d'un certificat de décès, d'une décision de justice confirmant votre capacité à agir ou d'un document équivalent ? ☐ Oui ☐ Non *Si oui, veuillez fournir une photocopie des pièces justificatives.*
ⓓ ☐	La victime m'a donné son consentement	*Dans ce cas la victime doit indiquer son consentement en signant la section J.*

Initiales du demandeur

10. Quels sont vos liens avec la victime ? ______________________________

Pouvez-vous prouver les liens que vous avez avec la victime (certificat de mariage, acte de naissance, livret de famille, testament, décision judiciaire) ?

☐ Oui ☐ Non

Si oui, veuillez fournir une photocopie des pièces justificatives.

SECTION C

SANS OBJET. *Voir la section C du guide*

SECTION D

INFORMATIONS RELATIVES AU(X) CRIME(S) ALLÉGUÉ(S). *Voir la section D du guide.*

Veuillez présenter les réponses à cette section sur un feuillet supplémentaire, si nécessaire.

1. **Veuillez donner une description détaillée du ou des crimes allégués qui sont à l'origine de cette demande (veuillez expliquer en détail ce qui vous êtes arrivé(e)).**

____

____

____

____

____

____

____

____

____

____

____

Quand l'événement ou les événements se sont-ils déroulés ? Si possible, précisez les jour(s), mois et année(s).

____

____

____

____

____

____

Initiales du demandeur

Où l'événement ou les événements se sont-ils déroulés ? Si nécessaire, veuillez joindre un croquis ou une carte indiquant le lieu.

1

2. **Selon vous, qui est responsable de l'événement ou des événements et pourquoi ?**
Soyez aussi précis que possible.

3. **L'événement ou les événements en question ont-ils fait d'autres victimes ?**

☐ Oui ☐ Non

Si oui (et si vous le pouvez), veuillez donner le nom et l'adresse de ces victimes, à moins que vous ne sachiez qu'elles souhaitent rester anonymes, ou que cela ne fasse courir un risque au demandeur ou à quelqu'un d'autre.

4. **Y a-t-il eu des témoins ?**

☐ Oui ☐ Non

Si oui (et si vous le pouvez), veuillez donner le nom et l'adresse de ces témoins, à moins que vous ne sachiez qu'ils souhaitent rester anonymes, ou que cela ne fasse courir un risque au demandeur ou à quelqu'un d'autre.

5. **Avez vous un lien quelconque avec ces témoins (sont-ils des parents, des voisins, des amis, etc.) ?**

☐ Oui ☐ Non

Si oui, précisez :

Initiales du demandeur

SECTION E

INFORMATIONS SUR LES DOMMAGES, PERTES, OU PRÉJUDICES SUBIS. *Voir la section E du guide.*

1. **Veuillez décrire les dommages, pertes ou préjudices subis, et veuillez en donner une brève description (blessures physiques, souffrances psychologiques et angoisses, perte ou dommage d'un bien, etc.).**

____
____
____
____
____
____
____
____
____

2. **Avez-vous été examiné(e) par un médecin après le ou les événements en question ?**

☐ Oui ☐ Non

3. **Avez-vous reçu des soins médicaux ou psychologiques ?**

☐ Oui ☐ Non

4. **Si oui, avez-vous les dossiers retraçant les traitements médicaux ou psychologiques ou y avez-vous accès ?** *Si oui, veuillez cocher les cases correspondantes et fournir des photocopies, si possible.*

☐ Rapports médicaux du médecin, de l'hôpital ou du centre de santé

☐ Radiographies

☐ Ordonnances/factures de produits pharmaceutiques

☐ Autres. *Veuillez préciser :*

____
____

☐ Aucun

5. **Vos problèmes physiques ou psychologiques persistent-ils encore aujourd'hui ?**

☐ Oui ☐ Non

Si oui, veuillez préciser :

____
____

Initiales du demandeur

SECTION F

RÉPARATIONS. *Voir la section F du guide.*

1. **Quelles formes de réparation souhaitez-vous demander ?** *Veuillez vous référer au guide pour le définition des termes cités ci-dessous. Vous pouvez cocher plusieurs cases.*

   ☐ Indemnisation

   ☐ Restitution

   ☐ Réhabilitation

   ☐ Autre. *Veuillez spécifier :*

   ____

   ____

   ____

2. **Blessures physiques**

   Quelles blessures physiques avez-vous subies en conséquence du ou des crimes allégués (amputation, défiguration, perte ou amoindrissement d'un organe, d'un membre, d'une fonction ou d'un système, notamment problèmes sexuels ou liés à la procréation) ?

   ____

   ____

   ____

3. **Souffrances psychologiques et angoisses**

   Présentez-vous l'un des symptômes ou réactions suivants en conséquence du ou des crimes allégués) ?
   Vous pouvez cocher plusieurs cases.

Type de souffrance	Description
☐ Problèmes émotionels (anxiété, angoisses, culpabilité, honte, tristesse, cauchemars, irritabilité, colère, abattement, apathie, désarroi)	
☐ Problèmes psychologiques (images et pensées intrusives, ralentissement de la pensée, problèmes de concentration, problèmes de mémoire, confusion)	
☐ Réactions physiques et modifications du comportement (douleurs, troubles du sommeil, sudation excessive, difficultés respiratoires, palpitations)	
☐ Douleur, plaintes et/ou angoisses résultant d'une agression sexuelle	

Initiales du demandeur

4. Perte ou dégradation d'un bien

Avez-vous subi des pertes ou un dommage en conséquence du ou des crimes allégués ?
Vous pouvez cocher plusieurs cases.

Type de perte	Description
☐ Maison(s)	
☐ Terres	
☐ Biens personnels, notamment les objets de votre foyer	
☐ Animal (animaux)	
☐ Autre	

5. Autres dommages

Avez-vous perdu l'un des éléments suivants en conséquence du ou des crimes allégués ?
Vous pouvez cocher plusieurs cases.

Type de perte	Description
☐ Perte de revenus, salaires impayés, perte de soutien et toute autre perte liée à un emploi. *Veuillez expliquer les conséquences de ces pertes sur vos moyens de subsistance.*	
☐ Perte de vos économies en banque, d'actions et autres titres financiers	
☐ Statut social	
☐ Droits civiques	
☐ Autre	

Initiales du demandeur

6. Si les ressources sont disponibles (qu'elles appartiennent à une personne condamnée par la CPI ou proviennent du Fonds au profit des victimes), qu'est ce qui vous aiderait le plus, votre communauté et vous ? **14**

____

____

____

____

____

____

____

____

SECTION G

REPRÉSENTATION LÉGALE. *Voir la section G du guide.*

Une victime peut être représentée devant la CPI par un représentant légal. La victime est libre de son choix ; son représentant légal doit avoir acquis une expérience pertinente de 10 ans en qualité d'avocat ou de juge au pénal, ou de procureur, et doit maîtriser l'une des deux langues de travail de la Cour (l'anglais ou le français).

1. Avez-vous un représentant légal ?

☐ Oui ☐ Non

Si oui, veuillez donner son nom et ses coordonnées :

Nom : ____

Adresse :

Avenue/Rue : ____________________ Numéro : ________

Camp/Zone/Secteur : ____

Commune/Ville/Village/Paroisse : ____

État/Province/Canton/Comté : ____

Boîte postale : ____________________ Code postal : ________

Pays : ____

Numéro de téléphone *(préciser l'indicatif de la région)* : ____

Numéro de téléphone portable : ____

Numéro de fax *(préciser l'indicatif de la région)* : ____

E-mail : ____

Initiales du demandeur

2. Si non, souhaitez-vous l'assistance de la Cour pour trouver un représentant légal ? **15**

☐ Oui ☐ Non

Note concernant la représentation légale des victimes

La CPI peut aider les victimes à organiser leur représentation légale en leur fournissant une liste de conseils qualifiés. Même si les ressources de la CPI sont limitées au regard de l'aide judiciaire aux frais de la Cour, celle-ci peut fournir une certaine aide financière.

Si vous pensez ne pas avoir les moyens de rémunérer un représentant légal, un formulaire distinct visant à demander l'aide judiciaire aux frais de la Cour est disponible sur le site Internet www.icc-cpi.int ou auprès des bureaux extérieurs de la CPI.

Lorsqu'il y a de nombreuses victimes, les juges d'une chambre peuvent leur demander de choisir un représentant légal commun afin de rendre la procédure plus efficace. Si pour une raison ou une autre, les victimes ne sont pas en mesure d'en choisir un, les juges peuvent demander au Greffier d'en désigner un. Si les victimes ne sont pas satisfaites de ce choix, elles peuvent demander aux juges de la chambre d'examiner la décision du Greffier.

Veuillez noter qu'au sein de la Cour, le Bureau du conseil public pour les victimes peut également être désigné pour représenter une ou plusieurs victimes, ou encore un groupe de victimes, à titre gratuit. Ce Bureau fournit assistance et soutien aux victimes, ainsi qu'aux représentants légaux des victimes, y compris en leur donnant des avis juridiques et en les représentant devant la chambre.

SECTION H

DEMANDE DE NON-DIVULGATION DE CERTAINES INFORMATIONS. *Voir la section H du guide.*

Remplir cette section ne signifie pas automatiquement que votre demande de non-divulgation d'informations sera acceptée. Veuillez noter que la chambre compétente statuera sur cette demande.

1. Veuillez cocher une ou plusieurs des cases ci-dessous si vous souhaitez que votre identité ne soit pas communiquée :

☐ au Procureur ☐ à la Défense ☐ au grand public ☐ à un État ou autre participant

2. Veuillez cocher une ou plusieurs des cases ci-dessous si vous souhaitez que toute information fournie dans ce formulaire, autre que votre identité, ne soit pas communiquée :

☐ au Procureur ☐ à la Défense ☐ au grand public ☐ à un État ou autre participant

Si tel est le cas, précisez les informations concernées :

____

____

____

Si vous avez coché l'une des cases, veuillez indiquer vos raisons :

____

____

____

3. Avez-vous été, votre famille ou vous-même, en contact avec une personne ou une organisation pour évoquer vos inquiétudes en matière de sécurité par suite de la rédaction de ce formulaire ?

☐ Oui ☐ Non

Si oui, veuillez préciser :

____

____

____

Initiales du demandeur

INFORMATIONS SUR LA PERSONNE QUI VOUS A AIDÉ A REMPLIR CE FORMULAIRE.
Voir la section I du guide.

Si vous aidez la victime ou si vous aidez la personne agissant au nom de la victime, veuillez remplir cette section.

1. **Nom(s) de famille/Post nom :** ______

2. **Prénom(s)/Alias :** ______

3. **Adresse**

Avenue/Rue : ______ Numéro : ______

Camp/Zone/Secteur : ______

Commune/Ville/Village/Paroisse : ______

État/Province/Canton/Comté : ______

Boîte postale : ______ Code postal : ______

Pays : ______

Numéro de téléphone *(precisez l'indicatif de la région)* : ______

Numéro de téléphone portable : ______

Numéro de fax *(précisez l'indicatif de la région)* : ______

E-mail : ______

4. **Profession, lieu de travail et intitulé du poste :**

______

5. **Quelles langues parlez-vous ?**

______

6. **En quelle langue avez-vous communiqué avec la victime ?**

______

7. **Un interprète était-il présent ?**

☐ Oui ☐ Non

Si oui, veuillez donner son nom :

______

Initiales du demandeur

SIGNATURES. *Voir la section J du guide.*

SIGNATURE DE LA VICTIME

Si c'est possible, vous devez dater et signer le formulaire ou y apposer l'empreinte de votre pouce ou toute autre marque, que vous agissiez en votre nom propre ou qu'une personne le fasse à votre place ou encore qu'une personne vous aide à remplir ce formulaire ou non.

Je certifie que les informations figurant dans le présent formulaire sont exactes, dans la mesure de mes connaissances.

Signature, empreinte du pouce ou tout autre marque de la victime

Jour ____ Mois ____ Année ____

Fait à : ____________________

Témoins :

Nom(s)/Post nom : ____________________

Signature : ____________________

Initiales du demandeur

18

SIGNATURE DE LA PERSONNE AGISSANT AU NOM DE LA VICTIME ET CONSENTEMENT DE LA VICTIME

Si vous avez coché la case ⓓ à la page 8 *(question 9 de la section B, page 8 - si la victime a consenti à ce que vous agissiez en son nom) :*	Si vous avez coché la case ⓐ, la ⓑ ou la ⓒ à la page 8 *(question 9 de la section B, page 8 - si la victime est mineure, handicapée ou décédée) :*
☞ *La victime doit exprimer son consentement en signant ci-dessous, ou encore en apposant l'empreinte de son pouce ou toute autre marque, et la personne agissant en son nom doit également signer à l'endroit indiqué.*	☞ *La personne agissant au nom de la victime doit signer ci-dessous.*

Consentement de la victime :

Je, ______________________________

Écrire le nom de la victime

consens à ce que

____

Écrire le nom de la personne agissant au nom de la victime

agisse en mon nom en remplissant ce formulaire.

Signature ou empreinte du pouce ou toute autre marque de la victime

Signature ou empreinte du pouce ou toute autre marque de la personne agissant au nom de la victime

Jour ______ Mois ______ Année ______

Fait à : ______________________________

Témoins :

Nom(s)/Post nom : ______________________________

Signature : ______________________________

Initiales du demandeur

N. B. : le formulaire et le processus relatif à votre demande sont gratuits.

RAPPEL

Avant de soumettre ce formulaire, veuillez le relire et cocher les cases ci-dessous :

☐ J'ai joint les documents suivants au formulaire.

1. ______________________________

2. ______________________________

3. ______________________________

☐ J'ai apposé mes initiales sur chaque page du formulaire et sur toutes les pages des documents l'accompagnant.

Veuillez indiquer le nombre total de pages du formulaire comprenant les pages additionnelles ainsi que les photocopies des documents : __________

Pour la victime :	**Pour la personne agissant au nom de la victime :**
☐ J'ai fourni une photocopie d'une pièce d'identité en réponse à la question 13 de la section A. ☐ J'ai fourni les coordonnées requises dans ma réponse à la question 15 de la section A. ☐ J'ai signé ou apposé ma marque dans la première case de la section J.	☐ J'ai fourni une photocopie d'une pièce identité dans ma réponse à la question 5 de la section B. ☐ J'ai fourni les informations requises dans ma réponse à la question 6 de la section B. ☐ J'ai fourni un certificat de décès ou une décision de justice confirmant ma capacité à agir si la personne est décédée. ☐ J'ai fourni une photocopie des pièces justificaties attestant mon lien avec la victime comme requis à la question 10 de la section B. ☐ J'ai signé ou apposé ma marque dans la deuxième case de la section J.

Qu'adviendra-t-il de votre demande ?

Dès que la CPI aura reçu votre formulaire, elle vous enverra un accusé de réception, accompagné d'un numéro de dossier à utiliser dans toute communication avec la Cour. Si vous envoyez des informations complémentaires, veuillez utiliser ce numéro de dossier afin d'assurer la mise à jour correcte de votre demande. Veuillez également noter qu'en raison de la longueur des procédures pénales, il se peut que l'examen de votre demande par la chambre compétente prenne un certain temps.

Initiales du demandeur

Annexe 4 : Formulaire de demande d'inscription sur la liste des assistants des conseils

Print Form

Cour
Pénale
Internationale

International
Criminal
Court

ANNEXE 4

Formulaire de demande d'inscription sur la liste des assistants des conseils

L'intéressé(e) doit remplir le présent formulaire et répondre à toutes les questions. Le formulaire et les justificatifs exigés doivent être envoyés à l'adresse suivante :

Greffe de la Cour pénale internationale, Direction des victimes et des conseils
Boîte postale 19519, 2500 CM La Haye, Pays-Bas

Renseignements personnels	
Nom :	**Adresse complète :**
Prénom(s) :	**Adresse professionnelle :**
Sexe : ☐M ☐F	
Autres noms utilisés actuellement ou dans le passé : (p. ex. nom de jeune fille)	**Autres adresses :**
Date de naissance :	**Téléphone (domicile) :**
Ville et pays de naissance :	**Téléphone (bureau) :**
Nationalité actuelle :	**Téléphone (portable) :**
Nom complet de votre père :	**Télécopieur (domicile) :**
Nom complet de votre mère :	**Télécopieur (bureau) :**
Nom de jeune fille de votre mère :	**Adresse électronique :**

1 / 8

Maanweg 174, 2516 AB The Hague, The Netherlands – Maanweg 174, 2516 AB La Haye, Pays-Bas | www.icc-cpi.int
Telephone – Téléphone +31(0)70 515 85 15 / Facsimile – Télécopie +31(0)70 515 85 55

Êtes-vous apparenté(e) à d'autres personnes inscrites sur la liste des conseils, des enquêteurs ou des assistants ? ☐ Non ☐ Oui (Veuillez préciser)	**Des membres de votre famille ont-ils des liens avec des personnes ayant demandé à être représentées devant la CPI ?** ☐ Non ☐ Oui (Veuillez préciser)
Êtes-vous apparenté(e) à des personnes ayant demandé à être représentées devant la CPI ? ☐ Non ☐ Oui (Veuillez préciser)	**Êtes-vous apparenté(e) à des membres du personnel de la CPI ?** ☐ Non ☐ Oui (Veuillez préciser)

Connaissances linguistiques

Quelle est votre langue maternelle ?

Autres langues
(Veuillez indiquer votre niveau : couramment/très bien/bien/élémentaire)

Langue(s)	Lu	Écrit	Parlé	Compris

Quel est votre niveau de connaissance :	
du système de *common law* ? ☐ Excellent ☐ Très bon ☐ Bon ☐ Élémentaire (Veuillez préciser) :	**du droit international et des procédures ?** ☐ Excellent ☐ Très bon ☐ Bon ☐ Élémentaire (Veuillez préciser) :
du système romano-germanique ? ☐ Excellent ☐ Très bon ☐ Bon ☐ Élémentaire (Veuillez préciser) :	**du droit pénal et des procédures au pénal ?** ☐ Excellent ☐ Très bon ☐ Bon ☐ Élémentaire (Veuillez préciser) :

Formation	
Études supérieures et universitaires : [diplômes obtenus (années, université, institutions ou autres) et spécialisation]	**Veuillez donner l'adresse complète et les coordonnées des institutions dans lesquelles vous avez étudié et/ou vous étudiez actuellement.**
	Autres études ou informations pertinentes :

Niveau d'expérience | Veuillez préciser :	
Années d'expérience en matière de procédure pénale :	**Avez-vous travaillé ou travaillez-vous actuellement pour un tribunal ad hoc ou une cour spéciale de l'Organisation des Nations Unies ?** ☐ Non ☐ Oui (Veuillez préciser)
Votre domaine d'expertise et le nombre d'années d'expérience :	
Nombre total d'années d'expérience :	**Avez-vous déjà été témoin-expert ?** ☐ Non ☐ Oui (Veuillez préciser)
Veuillez donner la liste des publications	**Autres activités liées aux procès pénaux :**

importantes dont vous êtes l'auteur en matière de droit international ou de droit et procédures pénales, de droit international humanitaire ou de droits de l'homme :	

Connaissances informatiques	
Comment qualifieriez-vous vos connaissances informatiques : ☐ Excellentes ☐ Très bonnes ☐ Bonnes ☐ Élémentaires **Avez-vous déjà utilisé des outils informatisés de gestion des documents ?** ☐ Non ☐ Oui (Veuillez préciser) **Comment qualifieriez-vous votre connaissance des systèmes informatisés de gestion des documents ?** ☐ Excellentes ☐ Très bonnes ☐ Bonnes ☐ Élémentaires (Veuillez préciser)	**Veuillez donner la liste des outils ou du matériel informatiques que vous utilisez dans le cadre de votre travail :** **Veuillez donner la liste de tout logiciel que vous utilisez :**

Renseignements supplémentaires
(Veuillez répondre aux questions s'il y a lieu)

Avez-vous fait l'objet de mesures disciplinaires de la part d'un barreau ou du service administratif de contrôle dont vous relevez ?

☐ Non

☐ Oui (Veuillez préciser)

Avez-vous déjà été condamné(e) pour des infractions criminelles, autres que des infractions mineures au Code de la route ?

☐ Non

☐ Oui (Veuillez préciser)

Nom, numéros de télécopie et de téléphone, adresse électronique du barreau ou du service administratif de contrôle auprès duquel vous êtes inscrit(e) :

Êtes-vous actuellement poursuivi(e) au pénal ?

☐ Non

☐ Oui (Veuillez préciser)

Êtes-vous opposé(e) à ce que le Greffier de la Cour pénale internationale entre en rapport avec l'association, l'organe directeur, des institutions et/ou des personnes susmentionnés ?

☐ Non

☐ Oui (Veuillez expliquer pourquoi)

Pour qu'elle soit traitée comme il se doit, veuillez joindre à votre demande :

1. **Un curriculum vitae détaillé**
2. **Un extrait de casier judiciaire délivré par les services compétents du ou des États dans lesquels vous êtes domicilié(e), indiquant, le cas échéant, l'existence de condamnations pénales**
3. **Une copie lisible de votre acte de naissance**
4. **Une copie lisible de votre passeport ou document de voyage**
5. **Deux photos d'identité**

Le cas échéant, veuillez également joindre les documents suivants :

6. **L'original ou la copie certifiée conforme du certificat délivré par le barreau ou le service administratif de contrôle dont vous relevez ou vous êtes membre**
7. **Une lettre officielle publiée par l'institution où vous agissez comme professeur, en certifiant votre condition et spécialité**
8. **Un certificat de membre en règle dûment complété**

N.B. : Pour tous ces documents, vous devez soumettre l'original en anglais ou en français ou, s'il est dans une autre langue, l'accompagner d'une traduction certifiée conforme.

Veuillez indiquer si vous avez des préférences concernant l'éventuel poste que vous pourriez obtenir.

Préférences :

Défense	**Victimes**	**Autres**	**Aucune**
☐ Oui	☐ Oui	☐	☐
☐ Non	☐ Non	(Veuillez préciser)	
		☐	

Si vous deviez être inscrit(e) sur la Liste d'assistants, seriez-vous opposé(e) à ce que votre nom figure dans la liste du même nom publiée, entre autres, sur le site Internet de la Cour ?

☐ Non

☐ Oui

Veuillez fournir ci-dessous dans l'espace réservé à cet effet tout renseignement supplémentaire que vous estimez pertinent et qui devrait être porté à l'attention de la Cour pénale internationale.

Je certifie sur l'honneur avoir vérifié les renseignements fournis ci-dessus et déclare qu'à ma connaissance, ils sont exacts. Je comprends que l'admission sur la Liste des assistants tenue par le Greffe de la Cour pénale internationale repose sur ces informations et que, si l'une quelconque des informations que j'ai fournies dans le présent formulaire se révélait incorrecte ou fausse ou s'il s'avérait ultérieurement que j'ai dissimulé des informations pertinentes, la Cour serait libre, sans préavis, de résilier ma désignation et de radier mon nom de la Liste des assistants. Dans l'éventualité où je ferais ultérieurement l'objet de procédures pénales ou disciplinaires, je m'engage à en informer pleinement le Greffier de la Cour.

Je m'engage à n'effectuer aucun acte relevant du partage d'honoraires avec toute personne nécessitant une représentation, avec ses parents, amis ou associés.

Date : ____________________ **Signature**

INDEX ALPHABÉTIQUE

(Les numéros renvoient aux paragraphes)

TABLE DES MATIÈRES

DROIT INTERNATIONAL
AUX ÉDITIONS L'HARMATTAN

Dernières parutions

LA NATIONALITÉ ET L'APATRIDIE EN AFRIQUE

Charles Lasserre Yakite

Le droit à la nationalité est un droit humain fondamental reconnu par le droit international. Les apatrides ne peuvent se prévaloir de la protection de la nationalité et sont donc vulnérables à la privation de leurs droits. Les États africains doivent élaborer des cadres législatifs et mettre en place des politiques nationales pour lutter contre l'apatridie. Cet ouvrage vise à faire des recommandations à l'Union africaine et aux organisations internationales intéressées pour résoudre l'épineux problème de nationalité et de l'apatridie.

(Coll. Études africaines, 156 p., 17 euros)

ISBN : 978-2-343-15353-7, EAN EBOOK : 9782140104725

LE GÉNOCIDE DES LARIS AU CONGO

Dominique Kounkou

Dans toute l'histoire politique du Congo, les Lari ont connu persécutions, crimes et génocide. Quelle idéologie de la haine a justifié la programmation de leur extermination ? L'auteur, au moyen d'une enquête en continu, découvre que l'impunité de Sassou Nguesso, de son fils Christel et de tous les exécuteurs d'ordres les pousse à commettre des crimes de sang et des crimes économiques. En outre, les présidents français et les réseaux financés par l'argent des Congolais, détourné par Sassou et son fils ne seraient-ils pas les complices de ce vaste génocide des Laris?

(120 p., 14 euros)

ISBN : 978-2-343-15760-3, EAN EBOOK : 9782140100512

DROIT DU CONTENTIEUX INTERNATIONAL AFRICAIN
Jurisprudences et théorie générale des différends africains

Saidou Nourou Tall

Préface de Ahadzi Nonou Koffi - Avant-propos de Mamadou Badji

Cet ouvrage de référence, très documenté, mêle à la fois la théorie générale du droit des contentieux et l'originalité et/ou spécificités des juridictions et justiciables africains. Il est une remarquable contribution à la compréhension et à la complexité des contentieux internationaux et de leur règlement sous le prisme du Droit.

(562 p., 50 euros)

ISBN : 978-2-343-15555-5, EAN EBOOK : 9782140097843

LE DROIT MARITIME DANS LA ZONE CEMAC

Eric Dibas-Franck

Volontairement limité au Droit maritime dans la communauté économique et monétaire de l'Afrique centrale (CEMAC), cet ouvrage a pour ambition de faire le point sur la construction du droit maritime dans cette zone en scrutant le Code communautaire de la marine marchande. Les grands problèmes contemporains du Droit maritime comparé ou international y trouvent des réponses précises. Le livre est également enrichi d'une jurisprudence inédite.

(Coll. Affaires maritimes et Transports, 258 p., 26 euros)

ISBN : 978-2-343-14948-6, EAN EBOOK : 9782140096082

L'AMÉNAGEMENT CONVENTIONNEL DE LA SOCIÉTÉ COMMERCIALE EN DROIT FRANÇAIS ET EN DROIT OHADA

Wendkouni Judicaël Djiguemdé

Préface de Bernard Saintourens

Toute législation en matière économique se doit d'être souple et adaptée à l'évolution du monde des affaires. Le droit des sociétés OHADA n'échappe pas à ce principe.Cette étude participe de l'élaboration d'un régime juridique adapté, permettant de sécuriser les aménagements conventionnels, signe d'une contractualisation du droit des sociétés.

(Coll. Le Droit aujourd'hui, 458 p., 42 euros)

ISBN : 978-2-343-14563-1, EAN EBOOK : 9782140096013

L'OCTROI DE MER

L'ultime réforme

Fred Le Breton

Survivance du passé colonial, l'octroi de mer est un impôt qui touche les Régions Ultra Périphériques (RUP) de Guadeloupe, Guyane, Martinique, Mayotte et La Réunion. La Communauté européenne ne voulant pas de restriction à la libre-circulation des marchandises, beaucoup prédisent la disparition prochaine de cet impôt. Cet ouvrage présente la lente mais inéluctable évolution de cette question qui, depuis des siècles, a toujours été au centre de la vie politique et économique dont seule une réponse juridique et fiscale de taille est attendue.

(352 p., 33 euros)

ISBN : 978-2-343-13752-0, EAN EBOOK : 9782140074141

LA COUR PÉNALE INTERNATIONALE

Entre nécessité de justice et impératif de paix

Dindio Konaté

Préface de Francis Dacko - Postface de Gaelle Carayon

La Cour pénale internationale (CPI), avancée notable en ce XXIè siècle, apparaît sous les feux des projecteurs. Au-delà des critiques dont elle fait l'objet, se posent la question de la justice et de la paix, deux notions que la Cour doit s'efforcer de conjuguer. L'avènement de la CPI a suscité beaucoup d'espoirs, mais pour que celle-ci joue pleinement son rôle, elle doit effectuer sa mue et se débarrasser des limites tant textuelles qu'opérationnelles qui minent son action. Certes, imparfaite, la CPI n'en demeure pas moins à ce jour le modèle le plus achevé d'une juridiction internationale pénale.

(Coll. Harmattan Côte-d'Ivoire, 226 p., 23 euros)

ISBN : 978-2-343-13616-5, EAN EBOOK : 9782140057724

DROIT DE L'INTÉGRATION AFRICAINE

Organisations communautaires en Afrique de l'Ouest, rapports entre les organisations sous-régionales, l'Union africaine et l'Organisation des Nations unies, défis prioritaires de l'intégration en Afrique

Kémoko Diakité

Préface de Abdoulaye Sakho

Cet ouvrage se veut une contribution à la réflexion sur les organisations d'intégration en Afrique, notamment ouest-africaine telles que la CEDEAO, l'UEMOA et l'OHADA. Il met en exergue le régime juridique des actes de la CEDEAO, de l'UEMOA et de l'OHADA, fait une analyse actualisée du droit communautaire matériel et évoque les réformes institutionnelles récentes des différentes organisations.

(192 p., 20 euros)

ISBN : 978-2-343-10024-1, EAN EBOOK : 9782140046858

LA PROBLÉMATIQUE DE LA RÉPRESSION DES CRIMES DE GUERRE ET DES CRIMES DE GÉNOCIDE EN AFRIQUE

Taïcha Maïga

La répression des crimes internationaux, dont les crimes de guerre et de génocide, constitue une préoccupation majeure pour la communauté internationale. Mais la mise en oeuvre d'une stratégie pénale commune est devenue problématique. La détermination de l'Union africaine et des États africains dans la voie de l'africanisation de la répression des crimes internationaux les a conduits à créer la Cour africaine de justice, des droits de l'homme et des peuples (CAJDHP) et les Chambres africaines extraordinaires (CAE). Cette africanisation de la répression des crimes internationaux permettra-t-elle cependant la fin de l'impunité en Afrique ?

(Coll. Harmattan Sénégal, 376 p., 37,5 euros)

ISBN : 978-2-343-12934-1, EAN EBOOK : 9782140048401

JUSTICE SOCIALE ET PAIX EN AFRIQUE

Réflexions sur les voies du droit

Halidou Yacouba

Face au malaise et à la crise endémique que traverse le processus démocratique africain, il importe de jeter un regard analytique et réflexif sur la problématique de la paix en Afrique. Cet ouvrage montre que la construction d'une paix civile et politique laisse entrevoir que sa condition première, originelle et fondamentale, c'est la justice entendue à la fois comme pratique du bien et application du droit.

(Coll. Études africaines, 296 p., 31 euros)

ISBN : 978-2-343-13042-2, EAN EBOOK : 9782140047138

LA DIFFUSION DU DROIT INTERNATIONAL PÉNAL DANS LES ORDRES JURIDIQUES AFRICAINS

Herman Blaise Ngameni

Préface de Franck Latty

L'Afrique est le terrain de prédilection du pluralisme juridique qui favorise la juxtaposition de l'ordre juridique moderne et l'ordre juridique traditionnel. L'articulation du droit international pénal avec les ordres juridiques africains est une condition de sa diffusion. Il importe pour les États africains de favoriser une coopération effective avec les juridictions pénales internationales qui ne sera possible qu'au sein de régimes politiques démocratiques. Ceci est nécessaire pour un véritable universalisme du droit international pénal.

(Coll. Études africaines, 682 p., 49 euros)

ISBN : 978-2-343-12855-9, EAN EBOOK : 9782140046162

L'EXPLOITANT DE BANQUE ET LE DROIT AU TCHAD

Thomas Dingamgoto

De toutes les activités entrepreneuriales, le secteur bancaire est de celles qui font l'objet d'un encadrement législatif scrupuleux et d'une veille règlementaire permanente. Si l'histoire du droit bancaire tchadien est étroitement liée à celle du droit bancaire français, les textes législatifs et règlementaires des activités bancaires au Tchad ont connu des évolutions internes notables. Pour l'exploitant de banque comme pour l'ensemble des acteurs de la chaîne économique et financière, ces mutations rendent indispensables l'appropriation de ces normes nouvelles.

(Coll. Études Eurafricaines, 674 p., 49 euros)

ISBN : 978-2-343-16034-4, EAN EBOOK : 9782140104879

L'ÉGALITÉ DE L'HOMME ET DE LA FEMME DANS LE MARIAGE

Etude comparée des droits du Bénin, du Burkina Faso et du Mali

Aïssata DABO

Des États africains ont rénové leurs législations sur le mariage dans l'idée de les conformer au dispositif juridique international, qui place désormais l'égalité homme-femme au centre des débats. Toutefois, l'objectif est largement dévié par le pluralisme juridique qui demeure, en droit et en fait, un frein pour l'indifférenciation des droits des sexes. Cet ouvrage se propose de rechercher la mesure de l'égalité, en matière de mariage, réellement promue par les droits béninois, burkinabè et malien.

(Coll. Études africaines, 614 p., 49 euros)

ISBN : 978-2-343-15377-3, EAN EBOOK : 9782140105197

LE CONTENTIEUX DE L'ANNULATION AU CONGO

Lovane Lhakhy-Tsamby

Dans ce livre, l'auteur examine la question relative au contentieux de l'annulation, au Congo. Lorsqu'un acte administratif est entaché d'illégalité, il est susceptible d'annulation. Au Congo, l'annulation d'un acte administratif illégal relève de la compétence exclusive de la chambre administrative de la Cour suprême. La Cour constitutionnelle est exceptionnellement compétente pour annuler un acte administratif entaché d'illégalité lorsqu'il est pris dans le domaine électoral. Elle n'est pas juge de la légalité des actes administratifs au même titre que le juge administratif ordinaire.

(Coll. Harmattan Congo-Brazzaville, 120 p., 14 euros)

ISBN : 978-2-343-15430-5, EAN EBOOK : 9782140104305

PROTECTION DE LA QUALITÉ DES EAUX DOUCES AU CANADA ET DANS L'UNION EUROPÉENNE

Le partage des compétences

Claire Joachim

Cet ouvrage analyse l'organisation des rapports entre les ordres juridiques par le droit constitutionnel canadien et le droit de l'Union européenne. Cette étude est innovante car : la grille d'analyse du droit constitutionnel canadien a été appliquée à l'Union européenne. Ce qui met en évidence des mécanismes similaires dans le partage des compétences. Le domaine de la protection de la qualité des eaux douces a été choisi pour révéler les enjeux de ces relations dans une perspective globale. Ce travail fait ressortir que l'intégration européenne est accentuée par une centralisation des compétences. Ainsi, la sphère du pouvoir des états membres se vide progressivement de sa substance. Le droit entrerait donc en mutation à l'aune de la protection de l'environnement.

(Coll. Le Droit aujourd'hui, 546 p., 49 euros)

ISBN : 978-2-343-10974-9, EAN EBOOK : 9782140104541

LE BIEN-ÊTRE ANIMAL : DE LA SCIENCE AU DROIT

Sous la direction de Sophie Hild et Louis Schweitzer

Chercheurs, experts, membres de la Commission européenne ou du ministère de l'Agriculture se sont succédé pour répondre à plusieurs questions du plus haut intérêt : quelle définition scientifique donner au bien-être de l'animal ? Sur quels critères l'évaluer ? Quels droits nationaux ou internationaux le prennent-ils en compte ? Quels animaux sont concernés ? Quels obstacles s'opposent au souci d'assurer le bien-être animal ? Les réponses données conforteront les démarches à conduire en faveur de dispositions réglementaires nouvelles.

(Coll. Colloques et rencontres, 364 p., 37 euros)

ISBN : 978-2-343-15918-8, EAN EBOOK : 9782140104329

DROITS FONCIERS DES FEMMES ET DES CADETS SOCIAUX EN CÔTE D'IVOIRE

Cellule de Suivi et d'Analyse de la Mise en Oeuvre de la Loi sur le Foncier Rural

Le séminaire-atelier "Sécurisation des droits fonciers des femmes et cadets sociaux en milieu rural" tenu à Grand-Bassam en 2017 avait pour objectif d'identifier les dispositions, existantes ou à adopter, pour améliorer la sécurisation des droits fonciers des femmes et des cadets sociaux en milieu rural. Comment comprendre la nature des obstacles qui y nuisent, identifier et clarifier les dispositions qui existent dans le cadre juridique et institutionnel de la Côte d'ivoire ? les services centraux et décentralisés de l'Administration, Chambre des Chefs et Rois Traditionnels de Côte d'Ivoire, partenaires internationaux de développement, organisations professionnelles agricoles, notaires, juristes, géomètres, chercheurs, ONG, presse etc, tous sont concernés par cette problématique.

(Coll. Harmattan Côte-d'Ivoire, 192 p., 22 euros)

ISBN : 978-2-343-15394-0, EAN EBOOK : 9782140103728

Structures éditoriales du groupe L'Harmattan

L'Harmattan Italie
Via degli Artisti, 15
10124 Torino
harmattan.italia@gmail.com

L'Harmattan Hongrie
Kossuth l. u. 14-16.
1053 Budapest
harmattan@harmattan.hu

L'Harmattan Sénégal
10 VDN en face Mermoz
BP 45034 Dakar-Fann
senharmattan@gmail.com

L'Harmattan Cameroun
TSINGA/FECAFOOT
BP 11486 Yaoundé
inkoukam@gmail.com

L'Harmattan Burkina Faso
Achille Somé – tengnule@hotmail.fr

L'Harmattan Guinée
Almamya, rue KA 028 OKB Agency
BP 3470 Conakry
harmattanguinee@yahoo.fr

L'Harmattan RDC
185, avenue Nyangwe
Commune de Lingwala – Kinshasa
matangilamusadila@yahoo.fr

L'Harmattan Congo
67, boulevard Denis-Sassou-N'Guesso
BP 2874 Brazzaville
harmattan.congo@yahoo.fr

L'Harmattan Mali
Sirakoro-Meguetana V31
Bamako
syllaka@yahoo.fr

L'Harmattan Togo
Djidjole – Lomé
Maison Amela
face EPP BATOME
ddamela@aol.com

L'Harmattan Côte d'Ivoire
Résidence Karl – Cité des Arts
Abidjan-Cocody
03 BP 1588 Abidjan
espace_harmattan.ci@hotmail.fr

L'Harmattan Algérie
22, rue Moulay-Mohamed
31000 Oran
info2@harmattan-algerie.com

L'Harmattan Maroc
5, rue Ferrane-Kouicha, Talaâ-Elkbira
Chrableyine, Fès-Médine
30000 Fès
harmattan.maroc@gmail.com

Nos librairies en France

Librairie internationale
16, rue des Écoles – 75005 Paris
librairie.internationale@harmattan.fr
01 40 46 79 11
www.librairieharmattan.com

Librairie l'Espace Harmattan
21 bis, rue des Écoles – 75005 Paris
librairie.espace@harmattan.fr
01 43 29 49 42

Lib. sciences humaines & histoire
21, rue des Écoles – 75005 Paris
librairie.sh@harmattan.fr
01 46 34 13 71
www.librairieharmattansh.com

Lib. Méditerranée & Moyen-Orient
7, rue des Carmes – 75005 Paris
librairie.mediterranee@harmattan.fr
01 43 29 71 15

Librairie Le Lucernaire
53, rue Notre-Dame-des-Champs – 75006 Paris
librairie@lucernaire.fr
01 42 22 67 13

www.ingramcontent.com/pod-product-compliance
Lightning Source LLC
LaVergne TN
LVHW011015061026
849535LV00006B/1889
* 9 7 8 2 3 4 3 1 6 7 1 8 3 *